Nelles Verlag

Norwegen

Autoren:
Gerhard Lemmer,
Elke Frey, Helga Rahe

KARTENVERZEICHNIS

NORWAY
FRØYA
SMØLA
Kristiansund
Ålesund
Åndalsnes
Måløy
Nordfjordeid
Førde
Florø
Lavik
Gald-høpiggen
2469
2464
2083
Dombås
Oppdal
Otta
Trondheim
155
Steinkjer
Stjørdalshalsen
Røros
Tynset
Koppang
Tännäs
Lillehammer
Hamar
Elverum
Gjøvik
Geilo
Lærdalsøyri
Voss
Bergen
87
96
Hardangervidda Nasjonalpark
Haukeligrend
Skare
Haugesund
Stavanger
Sandnes
Egersund
Flekkefjord
Mandal
Evje
Kristiansand
Langesund
Kragerø
Larvik
Oslo
45
Drammen
Fredrikstad
Strømstad
144
141
42
74
59
E 6
E 14
E 16
E 18
E 39
E 134
E 4
E 22
E 12
E 75
JÄMTLAND
1796
Östersund
Strömsund
Örnsköldsvik
Härnösand
Lunde
Sundsvall
Ånge
Hudiksvall
Ljusdal
Söderhamn
Sveg
Mora
Malung
Falun
Borlänge
Avesta
Gävle
Uppsala
Västerås
Stockholm
Norrtälje
Eskilstuna
Örebro
Norrköping
Linköping
Vimmerby
Västervik
Mariestad
Vättern
Vänern
Jönköping
Falköping
Borås
Göteborg
Uddevalla
Säffle
Karlstad
Torsby
Norra Ny
425
Oskarshamn
Byxelkrok
ÖLAND
Visby
Fårösund
GOTLAND
Ljugarn
Burgsvik
Gulf of
BALTIC SEA
ÅLAND
HIIUMAA S.
SAAREMAA S.
Haapsalu
Kuressaare
Pärnu
ESTONIA
Tallinn
Ainaži
Riga
Jelgava
LATVIA
Ventspils
Pāvilosta
Roja
174
Vaasa (Vasa)
Jakobstad Pietarsaari
Kurikka
Kristinestad
Pori
Rauma
Turku/Åbo
Nokia
Tampere
Hämeenlinna
Jyväskylä
249
Jämsä
Lahti
Järvenpää
Vantaa Vanda
Espoo Esbo
Helsinki Helsingfors
SKAGERRAK
Skagen
Frederikshavn
Hirtshals
JÜTLAND
DENMARK
København Kiel
Hanstholm
NORTH SEA
Newcastle

Liebe Leserin, lieber Leser,

AKTUALITÄT wird in der Nelles-Reihe groß geschrieben. Unsere Korrespondenten dokumentieren laufend die Veränderungen der weltweiten Reiseszene, und unsere Kartografen berichtigen ständig die auf den Text abgestimmten Karten. Da aber die Welt des Tourismus schnelllebig ist, können wir für den Inhalt unserer Bücher keine Haftung übernehmen (alle Angaben ohne Gewähr). Wir freuen uns über jeden Korrekturhinweis! Unsere Adresse: Nelles Verlag, Machtlfinger Str. 11, D-81379 München, Tel. (089) 3571940, Fax (089) 35719430, E-Mail: Info@Nelles-Verlag.de, Internet: www.Nelles-Verlag.de

LEGENDE

- ★★ Top-Attraktion (in Karte) / ★★ (in Text)
- ★ sehr sehenswert (in Karte) / ★ (in Text)
- ❽ Orientierungsnummer in Text und Karte
- ⑧ Orientierungsnummer in Text und Stadtplan
- Öffentliches bzw. bedeutendes Gebäude
- Hotel, Restaurant
- Einkaufszentrum, Markt
- Kirche
- Busstation, Parkplatz
- Borgund (Ort) / Vøringfossen (Sehenswürdigkeit): in Karte gelb Unterlegtes wird im Text erwähnt
- internationaler Flughafen / nationaler Flughafen
- 18: Entfernung in Kilometer
- Nationalpark
- UNESCO Welterbe
- Glittertinden 2470: Berggipfel (Höhe in Meter)
- Touristeninformation
- Hospital, Postamt
- Fußgängerzone
- U-Bahn mit Haltestelle
- Staatsgrenze
- Autobahn
- Fernverkehrsstraße
- Hauptstraße
- Landstraße
- Fahrweg
- Eisenbahn
- Fährlinie
- E 6 / 14: Straßennummern

NORWEGEN

Ausgabe 2008
ISBN 978-3-88618-813-0
Druck: Bayerlein, Germany

Herausgeber: Günter Nelles
Chefredakteur: Berthold Schwarz
Project Editor: Gerhard Lemmer
Bildredaktion: K. Bärmann-Thümmel
Lithos: Priegnitz
Kartografie: Nelles Verlag GmbH

- N10 -

6 VON OSLO NACH TRONDHEIM

7 DER LANGE WEG ZUM NORDKAP

8 FJORDE AM EISMEER

9 LOFOTEN, VESTERÅLEN UND SVALBARD

10 FEATURES

11 REISE-INFORMATIONEN

GESCHICHTE UND KULTUR NORWEGENS

Von den ersten Siedlern zu den Wikingern

Die Vor- und Frühgeschichte Norwegens lag lange im Dunkeln. Erst in den letzten Jahrzehnten ist sie verstärkt Gegenstand archäologischer Untersuchungen geworden. So geht man heute davon aus, dass mit dem Abschmelzen des Eispanzers der letzten Eiszeit vor ca. 10 000 v. Chr. die Westküste Norwegens von Süden nach Norden allmählich besiedelbar wurde. Dieser Prozess ist u. a. dem Golfstrom zu verdanken, der die norwegische Küste bis hinauf nach Spitzbergen erwärmt.

Dass die Besiedlung der Westküste in relativ kurzen zeitlichen Abständen erfolgte, beweisen altsteinzeitliche Funde, die sowohl am Oslofjord im Süden des Landes als auch am Altafjord jenseits des Polarkreises gemacht worden sind. Ob die Neuankömmlinge über die vereiste See des Kattegat wanderten oder bereits mit Booten entlang der Küste ruderten, ist noch ungeklärt. Fest steht, dass 7000 v. Chr., nach dem Abschmelzen des Eises und damit der Entlastung der Skandinavischen Halbinsel, durch Landhebung eine Landverbindung von Mitteleuropa nach Skandinavien entstand, über die eine neue Steinzeitkultur einwanderte. Die Blütezeit dieser Kultur lag im 5. Jtsd. v. Chr., als die Töpferei eingeführt wurde und wohl auch schon ein lebhafter Handel mit Grünsteinwerkzeugen entlang der Küste bis in die Höhe des heutigen Trondheim im Gange war. In dieser „Küchenabfall“ (*Køkkenmøddinger*) genannten Kultur lebten die Bewohner überwiegend vom Fischfang und vom Sammeln von Muscheln, wie Funde aus damaligen Abfallgruben belegen.

Vorherige Seiten: Dieser Blick auf den Lysefjord lohnt die Mühe des Aufstiegs. Schulkinder in Oslo bei der Parade zum Nationalfeiertag. Links: Frühes Zeugnis der Silberschmiedekunst der Wikinger (10. Jh., Vendel-Stil).

Im Neolithikum, der jüngeren Steinzeit (ca. 3000-1500 v. Chr.), finden sich dann Anfänge von Ackerbau und Viehzucht. Die Keramik entwickelte sich weiter („Trichterbecherkultur“), kam jedoch über ein bescheidenes Stadium nicht hinaus. In dieser Zeit entstanden die frühen einfachen Felszeichnungen, wie man sie zum Beispiel heute am Ekeberg bei Oslo oder besonders schön im neuen Freilichtmuseum in Alta bewundern kann.

Funde aus der Bronzezeit in Norwegen (1500-500 v. Chr.) sind überaus spärlich. Der Grund dafür ist, dass Zinn in Norwegen praktisch nicht vorkommt und daher teuer eingetauscht werden musste. Die Felszeichnungen der Bronzezeit beweisen allerdings, dass die Bewohner Norwegens Rad, Pflug und Wagen kannten, Gegenstände, die sich gut aus Holz fertigen ließen. In diese Zeit fällt auch die Weiterentwicklung der Ski-Technik, die später auch von den Wikingern übernommen wurde. Statt zweier gleichlanger Schneebretter benutzte man einen 3 m langen Gleitski und einen nur 1 m langen Schubski. Die Religion dürfte ein Sonnenkult gewesen sein, wie Sonnenräder in den Felszeichnungen nahe legen.

Für die Eisenzeit (500 v. Chr.-300 n. Chr.) waren die Voraussetzungen in Norwegen deutlich besser: Gibt es doch vielerorts so genannte Sumpferze, die sich einfach verhütten lassen, wenn man diese Technik erst einmal beherrscht. Das neue Metall wurde fast ausschließlich in der Waffenproduktion eingesetzt. Dies belegt, dass kriegerische Auseinandersetzungen zwischen den einzelnen Siedlergruppen damals an der Tagesordnung waren. In der Endphase der Eisenzeit, mit der großen europäischen Völkerwanderung, gelangten die ersten Germanen nach Skandinavien.

Den Begriff *Scandinavia* hat Plinius der Ältere im ersten Jahrhundert nach Christus geprägt. In der einschlägigen Literatur wird „Skandinavia" am häufigsten mit „Schadens-Insel" oder „Insel der Dunkelheit" übersetzt.

Der Siedlungsraum der Germanen dehnte sich schnell bis zum Polarkreis aus. Sie lebten an Buchten der Fjordenden (*vik*, Stamm des Wortes „Wikinger"). Von hier aus brach man zu Eroberungszügen und Jagdausflügen auf. Das schnelle Wachstum der Bevölkerung, der Mangel an landwirtschaftlich nutzbaren Böden und die ständigen Kleinkriege zwischen den Stämmen waren Gründe für die Raub- und Entdeckungsfahrten der Wikinger. Bereits im 9. Jh. fielen sie in Frankreich ein, plünderten die Klöster an der Seinemündung und belagerten sogar Paris, bis der französische König Karl der Einfältige, der so einfältig gar nicht war, im Jahr 911 den Wikingeranführer Rollo zum Herzog der Normandie machte, allerdings erst, nachdem dieser zum Christentum übergetreten war.

Damit endeten die Plünder- und Kaperfahrten der Wikinger, zumindest in der Normandie, wo die Nordmänner – französisch sprechende Wikinger – bald zur Herrschaftsschicht gehörten. Dem französischen König waren sie lehenspflichtig. Bedingt durch die familiären Bande entwickelte sich ein reger „Ausbildungstourismus" von Norwegen in die Normandie. Viele junge Wikingeradlige erhielten ihre ersten Kenntnisse römisch geprägter Verwaltung, der Rechtsprechung und der Militärorganisation in der Normandie, wo sie auch das Christentum kennen lernten.

Ende des 9. Jh. besiedelten die Wikinger die Färöer, die Orkneys und Island; um 930 gründeten sie auf diesen Inseln ein eigenes Staatswesen mit getrennter richterlicher und gesetzgebender Gewalt. Um 985 entstanden die ersten Siedlungen auf Grönland, und etwa

Oben: Eine der vielen Steinsetzungen am Altertumsweg bei Fredrikstad. Rechts: Seetüchtiges Begräbnisboot im Wikingerbootsmuseum auf Bygdøy, Oslo.

zur Jahrtausendwende entdeckte Leif Erikson „Vinland“ an der neufundländischen Küste Amerikas, wo bis ins 14. Jh. Siedlungen der Wikinger existierten, bis sie von Indianern überrannt und aufgegeben wurden.

Vieles was man heute über die Wikinger zu wissen glaubt, wurde erst in späterer, christlicher Zeit aufgeschrieben. Fest steht aber, dass sie auch die portugiesische Küste heimsuchten sowie im Mittelmeerraum Sizilien, Malta, Zypern und Byzanz. Einige gelangten auch zum Schwarzen Meer über die Ostsee und die osteuropäischen Flüsse; auf diesen ca. 2000 km mussten sie ihre Boote über die Wasserscheiden tragen. Solche Fahrten setzen sehr gute nautische und navigatorische Fähigkeiten voraus und die Wikinger waren ausgezeichnete Seeleute. Ihre langen, wendigen Drachenboote waren die seetüchtigsten Schiffe jener Zeit.

Nicht nur für die zu Hause bleibenden Frauen und Kinder musste Schutz gewährleistet und Nahrung organisiert werden, auch für unterwegs wollte Vorsorge getroffen sein. Erst von den Stützpunkten in der Normandie aus wagte man sich an die portugiesische Küste, und erst der Stützpunkt Sizilien ermöglichte weitere Fahrten ins östliche Mittelmeer. Die Wikingerbasis Grönland war Voraussetzung für den Sprung nach Amerika, und ohne das russische Wikingerreich Gardarike hätte es kein Wikingerfürst gewagt, zum Schwarzen Meer aufzubrechen. All dies setzte eine funktionierende soziale Infrastruktur voraus, die die Chronisten den Wikingern gerne absprachen.

Es ist daher wahrscheinlicher, dass der Expansionsdrang der Wikinger der Not in ihrem eigenen Land entsprang. Wer so wenig Land hat, das er bestellen kann, wer die Früchte des Meeres nur begrenzt konservieren kann und auch sonst kaum über nennenswerte Tauschgüter verfügt, muss auf andere, eben kriegerische Art versuchen, an tauschbare Güter zu kommen oder sich einen anderen Lebensraum suchen.

Dass die Wikinger durchaus zur Auswanderung bereit waren, belegt die Tatsache, dass sie dort, wo die politischen Gegebenheiten günstig waren, auch sesshaft geworden sind. Dies zeigt ihre Ansiedlung etwa in der Normandie, in Sizilien und Gardarike.

Das Mittelalter

Die Schlacht am Hafrsfjord (in der Nähe von Stavanger) um 872 war die letzte einer Reihe von Schlachten, in denen sich Harald Hårfagre (Schönhaar) gegen alle Kleinreiche durchsetzte und somit zum ersten Mal als einziger König ein geeintes Reich regierte. Die erste Reichsgründung war jedoch von kurzer Dauer. Ihr folgte eine neue Periode von Kleinkönigen, die ständig Krieg gegeneinander führten und deren bekanntester sinnigerweise Erik Blutaxt hieß. Später riss Håkon Jarl (*Jarl* war im Mittelalter der Titel des höchsten Beamten der norwegischen Krone) im Verbund mit dem Dänenkönig Harald Blauzahn die Macht an sich, er zerstritt sich jedoch mit ihm, schlug ihn in der Schlacht von Hjørungavåg und wurde nach wenigen Jahren der Alleinherrschaft nach einem Bauernaufstand entmachtet.

Dies war die Stunde des Olav Tryggvasson (Olav I.), eines Wikingerhäuptlings aus dem Trøndelag, der im Gegensatz zu anderen Thronprätendenten nachweislich ein echter Urenkel Harald Schönhaars war. Nachdem er raubend und plündernd die Küsten der Nord- und Ostsee heimgesucht hatte, ließ er sich vom Bischof von Winchester taufen. Er gründete Nidaros (Trondheim) und versuchte mit Hilfe englischer Missionare und brachialer Gewalt, das Christentum in seinem Reich durchzusetzen. Dies stieß auf den Widerstand der Bevölkerung, an deren Spitze sich die Söhne von Håkon Jarl setzten, die sich mit den schwedischen und dänischen Königen verbündeten, ohne aber deren Annexionsgelüste zu bedenken.

Rechts: Harald Hårfagre (Schönhaar) zerschneidet die Fesseln des Riesen Dofri, der ihm die Kraft zur Reichseinigung verleiht; Buchminiatur, Island, 14. Jh.

Olav fand seinen Alliierten in diesem Bürgerkrieg in dem späteren Polenkönig Boleslav, stellte mit ihm eine Flotte auf und segelte seinen Widersachern entgegen. Bei Svolder (die genaue Lage des Ortes ist nie recht geklärt worden) wurde er gestellt, er unterlag, sprang über Bord und ertrank. Dies alles ereignete sich im Jahr 1000, dem ersten gesicherten Datum der norwegischen Geschichte.

Norwegen war nun teils von Dänemark und teils von Schweden abhängig. Im unbesetzten Rest des Landes regierten die Jarl-Brüder mehr schlecht als recht. Auch das erzwungene Christentum verlor seine Anhänger, überall begann man wieder heidnische Götter zu verehren.

Ebenfalls als Nachkomme Harald Schönhaars bezeichnete sich ein junger Mann, der 1015 in Nidaros auftrat, die Königswürde beanspruchte und erlangte. Auch dieser Olav hatte seine Feuertaufe auf Wikingerzügen in die Nord- und Ostsee bestanden. Zeitweilig hatte er den englischen König im Kampf gegen die Dänen unterstützt, danach in der Normandie Verwaltung gelernt und war zum Christentum übergetreten.

Er begann sofort, die norwegische Ständewirtschaft straff zu organisieren, christianisierte ähnlich brutal wie Olav Tryggvasson, schuf eine kirchliche Verwaltung mit einem Kirchengesetz und unterstellte den Klerus dem Erzbischof von Bremen. Weil sein Reich noch immer von den Dänen – Knut dem Großen – und von den Schweden bedroht war, heiratete er die Tochter des schwedischen Königs, um zumindest seine außenpolitische Position zu festigen.

Innenpolitisch wurde Olavs Stellung immer mehr in Frage gestellt. Wenn auch breite Teile des Volkes seiner Staatsreform zustimmten, war diese nicht im Interesse des Adels, dessen Rechte stark beschnitten worden waren. So konspirierte man gegen Olav, wobei

sogar die verdeckte Hilfe des Dänenkönigs nicht verschmäht wurde. Dieser Fehler sollte sich später bitter rächen, hatte doch Knut ganz eigene Interessen – die Annexion Norwegens.

Nach einer ersten gewonnenen Seeschlacht, die Olav mit Hilfe des schwedischen Schwagers, der nun regierte, bestritten hatte, entzog dieser ihm seine Unterstützung, so dass Olav seine Flotte in der Ostsee zurücklassen und sich zu Fuß nach Norwegen durchschlagen musste. Dort kam es zur offenen Rebellion gegen den König. Als diesem das Wasser bis zum Halse stand, holte Knut zum Gegenschlag aus. Er erschien mit seiner Flotte an der Südküste Norwegens, Olav musste kapitulieren; er floh ins russische Wikingerreich Gardarike, wo der Schwager seiner Frau regierte.

Knut setzte nach seinem Triumph einen Statthalter in Norwegen ein und kümmerte sich fortan ausschließlich um seine weiteren Königreiche, Dänemark und England. Als der Statthalter starb, sah Olav die letzte Chance, sein Reich zurückzugewinnen. Er sammelte in Schweden ein bunt zusammengewürfeltes Söldnerheer und machte sich nach Nidaros auf. Kurz vor dem Ziel, bei Stiklestad, wurde er von einem Bauernheer gestellt, verlor die Schlacht und fand am 29. Juli 1030 den Tod. Zunächst nur in einer Sandbank verscharrt, wurde Olav später zum Schutzpatron Norwegens.

Knut der Däne, sich seiner norwegischen Besitzungen nunmehr sicher, ließ die Steuern kräftig erhöhen und erreichte damit, dass die Bauern und der Adel, die sich vorher gegen Olav gestellt hatten, nunmehr gegen die Dänen Front machten. Sie holten Olavs Sohn Magnus aus Gardarike und wählten ihn 1035 zum norwegischen König.

In der Zeit zwischen Olavs Tod und der Inthronisierung seines Sohnes sollen sich an und um Olavs Grab zahllose Wunder ereignet haben, und zwar sowohl an der Sandbank als auch an seiner späteren Grabstätte in der Kirche Sankt Clemens in Nidaros. Dies war der Auftakt zu einer beispiellosen Verehrungskampagne, die Olav nicht nur zum Heiligen, sondern auch zum ewigen König Norwegens werden ließ. Olav

war somit binnen kürzester Frist vom abgehalfterten, marodierenden König ohne Land und Volk zum Nationalheiligen und Symbol des norwegischen Freiheitskampfes emporgestiegen.

Sohn Magnus förderte diese Verehrung nach Kräften, färbte doch auch ein Teil des väterlichen Glanzes auf ihn ab. Auf Rat seiner *Skalden* (Berater) verzichtete er auch auf die Rache an den ehemaligen Feinden seines Vaters, er milderte strenge Durchführungsbestimmungen von Gesetzen und erlangte so schon zu Lebzeiten den Beinamen „der Gute". Nach Absprache mit Hardeknut, dem Sohn des Dänenkönigs Knut der Große, wurde Magnus sogar dessen Nachfolger und war für fünf Jahre (1042-47) König von Dänemark, Norwegen und England.

Ihn beerbte Harald Hardråde (der Gestrenge), ein jüngerer Stiefbruder Olavs des Heiligen, den Magnus in seinen letzten Regierungsjahren als Mitregent eingesetzt hatte. Er konnte allerdings Dänemark nicht unter seiner Krone halten, und beim Versuch, seine englischen Thronansprüche durchzusetzen, fiel er in der Schlacht bei Stamford Bridge (1066). In diesem Waffengang hatte er seinen englischen Gegenspieler Harold so geschwächt, dass dieser drei Wochen später die Schlacht von Hastings verlor und so der Normannenfürst Wilhelm (der Eroberer) englischer König werden konnte. In die norwegische Geschichte ist Harald Hardråde als Gründer von Oslo eingegangen, dem er mit dem heiligen Hallvard auch einen Stadtheiligen gab.

Ebenfalls Stadtgründer war sein Sohn und Nachfolger Olav Kyrre (der Friedliche): Er gründete 1070 die Stadt Bergen und bestimmte ihr eine Patronin, die heilige Sunniva. Sie war eine irische Prinzessin, die aus Angst vor der Heirat mit einem heidnischen Fürsten nach Norwegen geflohen und dort gestorben war. Daneben machte Olav Kyrre die wichtigsten norwegischen Städte, Bergen, Oslo und Nidaros, zu Bischofssitzen und damit unabhängig vom Bremer Klerus.

Die Zeit der Bürgerkriege

Die friedliche Periode dauerte bis 1130, dem Zeitpunkt, als der letzte Enkel Olavs starb. Diese hatten als Olav IV. (bis 1115), Øystein (bis 1122) und Sigurd (bis 1130) gemeinsam und ohne Streit oder Kämpfe das Land regiert. Sigurd *Jorsalfari* (Jerusalemfahrer) hatte gar auf einem Kreuzzug in Lissabon, Sizilien, im Heiligen Land, in Byzanz und Zypern das norwegische Königtum mit Erfolg repräsentiert. Øystein gelang es, Jämtland (heute schwedisch) zurückzugewinnen.

Dieser Blüte des Landes folgten dann wieder 32 Jahre bürgerkriegsähnlicher Zustände. Der Hauptgrund dafür war, dass Norwegen über keine verbindliche Thronfolgeregelung verfügte. Zwar sollte ein König von Harald Hårfagre

Oben: Blick ins romanische Langhaus des Doms von Stavanger. Rechts: Das Birkebeinerne-Denkmal in Lillehammer.

abstammen, aber da eheliche und uneheliche Söhne einen gleichberechtigten Thronanspruch hatten, war die Zahl der echten oder selbst ernannten Abkömmlinge spätestens in der zweiten Generation völlig unüberschaubar geworden. Die Entscheidung über die Thronfolge lag beim Thing, der Volks- und Gerichtsversammlung. Häufiger wählte man den Kompromiss, zwei oder gar drei Könige gleichzeitig regieren zu lassen. Aber auch der König selbst hatte die Möglichkeit, seinen Nachfolger zu bestimmen. Er setzte den Auserkorenen einfach als Mitregenten ein, der so in das Amt hineinwachsen konnte.

Nach dem Jahr 1150 stieg die Zahl der Thronbewerber, und da Harald Hårfagre und seine Nachfolger über ihre sexuellen Abenteuer nicht Buch geführt hatten, war es unmöglich, echte von unechten Thronfolgern zu unterscheiden. Dabei förderte der mystische Glaube, dass sich echtes, stärkeres Königsblut ohnehin durchsetzen werde, die Auseinandersetzungen zwischen den Thronrivalen. Diese hatten ihre jeweiligen Verbündeten, die glaubten, in dieser Konkurrenz ihr eigenes politisches Süppchen kochen zu können. So spielte jeder die anderen solange gegeneinander aus, bis am Ende das blanke Chaos regierte. Schließlich zog man die Notbremse.

Mit dem Erzbischof von Nidaros an der Spitze schufen die Bischöfe und Adligen eine neue Thronfolgeordnung, die nur ehelichen Söhnen Thronrechte gab. Zugleich wählte man einen Enkel von Sigurd Jórsalfari zum König und krönte ihn als Magnus IV. in der eben erst begonnenen Domkirche von Nidaros. Es war die erste Königskrönung im Dom von Trondheim, der auch Krönungsstätte blieb, als die Hauptstadt nach Oslo verlegt wurde.

Doch noch immer traten selbsternannte Thronprätendenten auf, die aber alle geschlagen oder getötet wurden. Die Anhänger des letzten selbst ernannten Aspiranten, die *Birkebeinerne* genannt wurden, weil sie aus Armut Schlappen und Gamaschen aus Birkenrinde trugen, flüchteten nach Schweden und trafen dort auf Sverre Sigurdsson. Dieser Priester von den Färöer-Inseln erklärte sich flugs zum Königssohn und setzte sich an die Spitze der Bewegung. 1177 krönte er sich selbst, eine Handlung, die erst sieben Jahre später legalisiert wurde.

Er restituierte das Erbkönigtum, setzte Reformen im Rechts- und Verwaltungswesen durch und ernannte sich selbst auch zum obersten Kirchenherrn. Dies missfiel den Bischöfen, die sich unter der Führung des Bischofs von Oslo zur so genannten Baglerpartei (*Bargell* = Bischofsstab) zusammenschlossen und gegen die zur Volksbewegung angewachsenen Birkenbeine Front machten. Der Streit eskalierte, und es kam schließlich zum Bürgerkrieg, der auch nach Sverres Tod (1202) Fortsetzung fand mit dem Ergebnis, dass es daraufhin zwei norwegische Königreiche gab, das der Bagler und das der Birkebeiner.

Die gefestigte Königsmacht

Als man 1217 den 13-jährigen Enkel Sverres, Håkon Håkonsson (Håkon IV.), zum König ausrief, dauerte es noch sechs Jahre, bis er ernannt werden konnte. Den anfänglichen Widerstand gegen seine Würde brach sein Vormund und Ratgeber Skule Jarl, der sich aber mehr und mehr als eigentlicher Regent aufspielte. Selbst als Håkon IV. seinem obersten Kronbeamten die Regierungsgewalt über ein Drittel des Reiches übertrug, ihm die Herzogswürde verlieh und auch noch seine Tochter heiratete, war Skule nicht zufrieden zu stellen. Mehr noch: Er blies zur offenen Rebellion. In der entscheidenden Schlacht in der Nähe von Nidaros vom König gestellt, fiel Skule Jarl 1240. Mit ihm endet auch das Zeitalter der Bürgerkriege in Norwegen.

Zweifellos war Håkon IV. einer der bedeutendsten Könige des hohen Mittelalters. Unter seiner Regierung, die er von Bergen aus führte, erreichte das Land seine größte Ausdehnung, Teile des heutigen Mittelschweden gehörten dazu, die Inselgruppen im Nordatlantik und später, nach friedlicher Absprache, auch Grönland und Island. Offiziell verlor Island erst unter dem Druck der militärischen Gegebenheiten seinen Status als Freistaat, als Håkons Sohn Magnus VI. 1263 zum König von Island gekrönt wurde.

So erfolgreich die Außenpolitik Håkons auch war, handelspolitisch hatte er eine weniger glückliche Hand. Zwar schloss er 1223 einen für beide Seiten günstigen Handelsvertrag mit England ab, aber 1250 auch den ersten Kontrakt mit der Stadt Lübeck, der „Königin der Hanse“. Dieser Vertragsabschluss war Voraussetzung für die Handelskolonie der Hanse in Bergen. Mit diesem und den folgenden Verträgen mit der Hanse ging der norwegische Handel weitgehend in deutsche Hände über.

Håkon straffte die Verwaltung, indem er die obersten Reichsbeamten ständig an seinem Hof versammelt

Oben: Festsaal der Kaufleute in der Schøtstuene, Bergen. Rechts: Die Håkonshalle in der Festung Bergenhus, Bergen.

hielt; sie bildeten den so genannten Reichsrat. Seine steinerne Festhalle (Håkonshalle), die er zur Hochzeit seines Sohnes Magnus errichten ließ, ist, wenn auch häufig zerstört und wiederaufgebaut, noch heute existent und stellt das Wahrzeichen Bergens dar.

Das 12. und 13. Jh. war auch die Zeit, in der Norwegens eigenständiger Beitrag zur europäischen Kirchenarchitektur, die Stabkirchen, entstand. Ihr Stil geht zurück auf die ursprünglichen Berufe ihrer Baumeister, die Schiffszimmerleute waren.

Håkons Sohn Magnus VI., der „Gesetzesverbesserer" (*Lagabøtir*) genannt wurde, weil er ein detailliertes bürgerliches Gesetzbuch einführte, regierte ebenfalls von Bergen aus, bevor Håkon V. 1300 die Residenz und auch die Hauptstadt nach Oslo verlegte. Håkon V. hatte keine Söhne, so dass ihm ein Enkel als Magnus VII. auf den Thron folgte, der als Sohn des schwedischen Königs bis 1355 auch dieses Reich regierte und überwiegend in Schweden residierte. Hauptproblem dieser Zeit war jedoch die große Pest, die die Hälfte der 350 000 Einwohner Norwegens dahinraffte.

Die Zeit der Unionen

Die kurze Union mit Schweden war Auftakt zur längsten Allianz in der skandinavischen Geschichte, der Kalmarer Union. Der Sohn Håkons VI. wurde in jungen Jahren König von Dänemark, weil seine Mutter Margarete Tochter des dänischen Königs war. Bis zu seinem frühen Tod regierte er auch Norwegen. Die Regentschaften übernahm dann seine Mutter. Sie wurde damit zur ersten Königin Norwegens und Dänemarks und gilt als die eigentliche Initiatorin der Kalmarer Union. Die ersten Gründungsverträge wurden bereits 1380 geschlossen, aber es dauerte noch weitere 17 Jahre, bis man die divergierenden Interessen unter einen Hut gebracht hatte. Erst dann konnte ein gemeinsamer König gewählt werden. Man fand ihn in Erich von Pommern, der 1397 in Kalmar die Krone erhielt.

Margarete hatte damit ihren Großneffen und Wunschkandidaten als Kö-

nig durchgesetzt. Die Union bestand offiziell bis 1523, dann erzwangen die Schweden unter Gustav Vaasa ihre neuerliche Unabhängigkeit, Norwegen allerdings blieb Dänemark bis 1814 verbunden.

Dieses Bündnis ging eindeutig zu Lasten Norwegens, dem nur die Rolle eines Juniorpartners zugeteilt war, zeitweise gar der Status einer Kolonie. Mit der Reformation, die von den Dänen im Jahr 1536 per Edikt durchgesetzt wurde, verlor Norwegen sogar seine klerikale Selbständigkeit: Dänische Pastoren lenkten die Verwaltung und die Kirchen. Dänisch war Amts-, Kirchen- und Schulsprache, Norwegisch lebte nur noch als Dialekt. Der Adel hatte sich in Kleinkriegen selbst ausgerottet, und das Wirtschaftsleben war fest in der Hand der deutschen Hansekaufleute. So konnte Christian III. auch widerspruchslos im dänischen Reichstag erklären, dass Norwegen aufgehört habe, als eigenständige Nation zu existieren, es sei vielmehr ein Teil des Dänenreichs geworden.

Oben: Auf Kupfer gegründet – die Bergbaustadt Røros. Rechts: Der Dichter Henrik Ibsen (1828-1906), Gemälde von Erik Werenskiold, 1895.

Erst gegen Ende des 16. Jh., in der nachkolumbischen Entdeckerzeit, stieg die Nachfrage nach Holz, des damals wichtigsten Exportproduktes Norwegens, in Europa sprunghaft an. Die Hanse begann, ihre Privilegien zu verlieren. Mit Christian IV. bestieg ein ausgesprochen norwegenfreundlicher Regent den dänischen Thron. Die ökonomische Situation Norwegens besserte sich. Christian IV. ließ das abgebrannte Oslo wieder aufbauen, das dann seinen Namen trug (Christiania). 1641 gründete er die Stadt Kristiansand. Er holte deutsche Bergbaufachleute nach Norwegen, um das Silber in Kongsberg und das Kupfer in Røros abbauen zu lassen – Maßnahmen, die Norwegen eine breitere ökonomische Basis geben sollten. Seine Entscheidungen führten dazu, dass 1660 Norwegen als eigenständiges Reich anerkannt wurde. Ein norwegisches Gesetzbuch (*Norske Lov)* wurde eingeführt, allerdings nur eine übersetzte Ausgabe des dänischen Gesetzbuchs. Die dänischen Statthalter, oftmals mit Norwegerinnen verheiratet, handelten nicht mehr ausschließlich im Interesse Kopenhagens.

Der Rückschlag war der große Nordische Krieg 1700-1720, in dem sich Schweden einige Provinzen Dänemarks und Norwegens einverleibte und damit zur vorherrschenden Macht in Skandinavien wurde. Doch um 1740 hatte sich Norwegen wieder erholt. Mit dem wachsenden internationalen Handel, besonders nach Übersee, florierte auch das norwegische Reedereiwesen, gleichzeitig setzte die Renaissance der norwegischen Nationalbesinnung ein. In den napoleonischen Kriegen wurde Norwegen von Dänemark an die Seite Frankreichs gezwungen; die Engländer blockierten mit der Kontinentalsperre auch die norwegischen Häfen. Export und Import kamen völlig zum Erliegen. Auch der Binnenhandel Norwegens, damals überwiegend auf dem Seeweg abgewickelt, brach völlig ein. Die Divergenz der Interessenlagen von Dänen und Norwegern trat offen hervor, und auch Beschwichtigungsversuche der Dänen, wie die Gründung der Universität von Christiania, konnten die Volksbewegung „Weg von Dänemark" nicht stoppen.

Die Neuzeit

Mit der Niederlage Napoleons in Waterloo wähnte sich Norwegen am Ziel seiner Unabhängigkeitsträume, aus denen es jäh gerissen wurde, als der dänische König im Kieler Frieden von 1814 Norwegen an die antinapoleonischen Schweden abtreten musste. Diese Entscheidung stieß in Norwegen auf heftigen Widerstand, dem sich sogar der noch amtierende dänische Statthalter und spätere Dänenkönig Christian VIII. anschloss. Trotzig beriefen die Norweger eine Versammlung ein, die in Eidsvoll eine eigene Verfassung verabschiedete. Sie lehnte sich an die Ideen

Montesquieus an (Gewaltenteilung). Diese Verfassung vom 17. Mai 1814 ist modifiziert noch heute gültig, und der Tag ihrer Verabschiedung ist Nationalfeiertag.

In zähen Verhandlungen mit Schweden einigte man sich in Moss dahingehend, dass beide Staaten mit eigenen Gesetzen und Parlamenten unter einer Krone vereinigt werden sollten. Da mit Karl XIII. das schwedische Königshaus ausgestorben war, wählten sich die Schweden mit Jean Baptiste Bernadotte einen napoleonischen General zum König, der bei den Verhandlungen zum Kieler Frieden die schwedischen Interessen äußerst geschickt vertreten hatte. Dieser Wahl schloss sich das norwegische Parlament (*Storting*) im gleichen Jahr an. In der Regentschaftszeit des Bernadotte fand in Norwegen ein beachtlicher Wirtschaftsaufschwung statt. Die Küstenfischerei wurde zur Hochseefischerei, küstennahe Industrien entstanden, aber auch die Landflucht nahm zu.

Die politische Konsequenz dieser Entwicklung war das Entstehen der „In-

telligenzpartei“, die die Interessen der Beamten und des Großbürgertums vertrat, sowie der „Bauernpartei“, der Partei der Landbewohner. Der Gegensatz der Parteien manifestiert sich sogar in der Sprache: Während die Intelligenzler das vom Dänischen abgeleitete *Riksmål* sprachen, bevorzugten die Bauern das auf dem Altnorwegischen basierende *Landsmål*. In den 70er Jahren des 19. Jh. entstand in Konkurrenz zu beiden vorgenannten Parteien eine „Linkspartei“ genannte Arbeiterpartei, der die Reform des parlamentarischen Systems und weitgehende demokratische Reformen zu danken sind. Auch kulturell begann Norwegen zu dieser Zeit, eigene Wege zu gehen. Namen wie Ibsen, Bjørnson, Grieg und Munch sind Synonyme für diese Entwicklung.

Da aber im Ausgang des 19. Jh. die wirtschaftliche Entwicklung nicht Schritt mit dem Bevölkerungswachstum halten konnte und die aus Irland importierte Kartoffelpest ein Übriges tat, wurde Norwegen zu einem klassischen Auswanderungsland. Allein in den letzten 20 Jahren des 19. Jh. suchte eine dreiviertel Million Norweger ihr Heil jenseits des Atlantiks, ein Prozess, der sich zu Beginn des 20. Jh. fortsetzte und dazu führte, dass heute mehr als eine Million Norweger in Nordamerika leben.

Oben: April 1940 – die deutsche Okkupationsmacht vor dem Bahnhof von Kristiansand. Rechts: Eine Bohrplattform – Sinnbild des Reichtums durch Ölförderung.

Politisch begann zu dieser Zeit auch die entscheidende Auseinandersetzung mit Schweden, weil die Norweger sich weiterhin mit der Rolle des untergeordneten Partners begnügen mussten. Der Streit über die Vertretung in auswärtigen Angelegenheiten eskalierte, als sich Oscar II. weigerte, ein vom *Storting* verabschiedetes Gesetz zum Pass- und Konsularwesen zu unterzeichnen. Per Volksabstimmung beschlossen die Norweger, die Union mit Schweden aufzulösen. Schweden musste diesem Begehren stattgegeben, und seit dem Vertrag von Karlstad (1905) ist Norwegen wieder selbstständig. Die erste Schwierigkeit der neuen Nation lag darin, dass man über kein eigenes Fürstenhaus verfügte und damit gezwungen war, einen außernorwegischen Prinzen zum König zu ernennen. Die Rolle übernahm der Dänenprinz Karl, der als Håkon VII. am 22. Juni 1906 in Trondheim gekrönt wurde. In den folgenden Jahren entwickelte Norwegen die Anfänge seiner vorbildlichen Sozialgesetzgebung und des Wahlrechts, das seit 1913 auch für Frauen gilt. Im Ersten Weltkrieg blieb Norwegen neutral, verlor aber durch den unbeschränkten deutschen U-Bootkrieg einen großen Teil seiner Handelsflotte, die im Auftrag der Alliierten fuhr.

1920 trat Norwegen dem Völkerbund bei und erhielt im gleichen Jahr die Oberhoheit über Spitzbergen (*Svalbard*). Die Norweger annektierten 1929 die Insel Jan Mayen, mussten aber ihre Ansprüche auf Grönland 1933, nach einer Entscheidung des Haager Gerichtshofs, aufgeben.

Als nach Ausbruch des Zweiten Weltkrieges ein Überfall Hitlerdeutschlands befürchtet wurde, knüpfte Håkon VII. über seine englische Ehefrau Kontakte zur britischen Regierung, mit dem Ziel, englische Truppen in Norwegen zu stationieren, um einen möglichen Überfall abwehren zu können. Hitlers Wehrmacht kam diesem Unterfangen zuvor und okkupierte die entscheidenden Häfen kurz vor den Engländern. Die Versenkung der „Blücher" im Oslofjord am 20.4.1940 gab der norwegischen Regierung die Gelegenheit, unter Mitnahme aller wichtigen Akten über Tromsø nach England auszureisen.

In Norwegen übernahm die Nazi-Marionette Vidkun Quisling nominell die Macht. Von England aus organisierte Håkon den Widerstand gegen Quisling und die Okkupanten, dem sich Tausende von Norwegern anschlossen; ein Teil der Bevölkerung aber kollaborierte, offen oder verdeckt, mit den Nazis. Ein Beispiel dafür ist der bekannte Dichter Knut Hamsun, den nur sein hohes Alter und sein erzwungener Aufent-

halt in einem Altenheim vor einer Verurteilung schützten.

Offiziell hat die norwegische Regierung, und darunter versteht man ausschließlich die Exilregierung in London, nie kapituliert. So ist es verständlich, dass Håkon VII. in Tromsø seinen Fuß an dem Ort wieder auf norwegischen Boden setzte, wo er ihn gezwungenermaßen hatte verlassen müssen.

Nach dem Zweiten Weltkrieg wurde Norwegen eines der Gründungsmitglieder der UN in San Francisco. Die norwegische Regierung wurde bis 1965 von der Arbeiterpartei gestellt. Seit dieser Zeit wechselt die Macht zwischen den Bürgerlichen und der Arbeiterpartei. Norwegen wurde Gründungsmitglied der EFTA, weigerte sich aber nach deren Auflösung mehrmals, der EU beizutreten. Binneninteressen, wie die 1977 auf 200 Seemeilen ausgeweitete Fischereizone, bestimmen noch heute die norwegische Interessenlage.

Im gleichen Zeitraum wurden die europäischen Meere durch einen Vertrag in Öl- und Gasförderzonen aufgeteilt, deren größte und ertragreichste Norwegen zugeschlagen wurde. Der Öl- und Erdgas-Boom hat es zum reichsten Land Skandinaviens werden lassen; seit der ersten Ölkrise in den 1970er Jahren sind die Überschüsse förmlich explodiert. Den Spitznamen „Scheichs des Nordens" erhielten die Norweger, weil sie sich jeder Preiserhöhung der OPEC anschlossen, ohne Mitglied zu sein.

König ist heute Harald V., der 1991 die Nachfolge seines überaus beliebten Vaters Olav V. angetreten hat. Der König hat nominell noch das Recht, aufschiebenden Einspruch gegen Gesetzesvorhaben einzulegen, er ist Oberbefehlshaber der Streitkräfte, Oberhaupt der lutherischen Staatskirche und verleiht im Dezember den Friedensnobelpreis. Die Wogen um die Heirat des Kronprinzen Haakon mit der Bürgerlichen und allein erziehenden Mutter Mette-Marit 2001 haben sich spätestens seit der Geburt von Thronfolgerin Ingrid Alexandra im Jahr 2004 geglättet.

Die norwegische Regierung stellte vom Ende des Zweiten Weltkriegs bis 1965 immer die norwegische Arbeiterpartei, deren Regierungschefs auch die Weichen zum norwegischen Sozialstaat stellten. Dieser wurde auch von den bürgerlichen Parteien, die 1965, 1981 und 1989 die Regierungsverantwortung übernahmen, nie grundsätzlich in Frage gestellt. Die sozialdemokratische Ministerpräsidentin Gro Harlem Brundtland (1981-96) musste 1994 eine Niederlage hinnehmen, als 52,4% der Norweger gegen den EU-Beitritt stimmten.

Angesichts der hohen Steuerbelastung der Norweger fiel es der Arbeiterpartei immer schwerer, ihre Sparpolitik zu verteidigen. Nach zwei Intermezzi von Kjell Magne Bondeviks Christlicher Volkspartei stellte die Arbeiterpartei 2005 mit Jens Stoltenberg aber wieder den Ministerpräsidenten, in Koalition mit der linken Fortschritts- und der grünen Zentrumspartei.

Rechts: Dank klimatischer Gunstlage gedeihen am Sørfjord die Äpfel prächtig.

GEOGRAFIE
Warum die Fjorde so tief sind

Norwegens Fjorde sind ein zweifaches Symbol. Sie sind Sinnbild für die verführerische Schönheit der Landschaft, und sie kennzeichnen die enge Verzahnung von Land und Meer, auf die sich die Norweger seit der Besiedlung des Landes eingestellt haben. *Fjord* hängt mit dem Wort „fahren" zusammen und weist auf die frühe Notwendigkeit hin, die in das Land einschneidenden Gewässerarme zu überqueren oder sie als Verkehrswege zu den spärlichen Siedlungsplätzen an ihren Ufern zu nutzen. Die beschränkten Anbauflächen in diesem skandinavischen Gebirgsland und der Atlantik mit seinem nordöstlichen Ausläufer, dem Europäischen Nordmeer, wurden der hauptsächliche Lebensraum der Norweger seit der Jungsteinzeit.

Nicht auszudenken, wie es den Norwegern ginge ohne den Atlantik. Sein Wasser heizt sich in den subtropischen Bereichen der seichten Karibik und des Golfs von Mexiko besonders gut auf. Als warme Drift verlässt der Golfstrom die amerikanischen Küstengewässer, führt unter dem Namen „Nordatlantikstrom" an Schottland und Island vorbei, und seine Fortsetzung bestreicht die gesamte norwegische West- und Nordküste. Nach einer so langen Reise hat er hier zwar keine subtropischen Temperaturen mehr, aber auch wenn er auf der Höhe des Nordkaps am 71. Breitengrad noch 5 °C warm ist, reicht dies aus, alle wichtigen skandinavischen Häfen am Europäischen Nordmeer und an der Barentssee ständig eisfrei zu halten. Welch eine Naturgunst den Norwegern hier zuteil wird, machen erst Vergleiche mit Regionen entsprechender Breitenlage in Alaska, Sibirien oder Grönland deutlich: Um das Kap Farvel im Süden Grönlands treiben auf 60° n. Breite, also mehr als 1200 km weiter südlich als das europäische Nordkap, sogar zur Sommerzeit noch Eisblöcke!

Zu Norwegen gehört die Inselgruppe Svalbard, sie reicht bis 81° n. Breite und damit an das Nördliche Eismeer. Selbst hier, an der Westküste der Hauptinsel Spitzbergen, mildert die von Süden kommende vergleichsweise „warme" Drift den arktischen Einfluss, findet aber im Norden Spitzbergens ihr Ende.

Der Nordatlantik zählt klimatisch zur gemäßigten Zone der Westwinde. Sie lenken das warme Oberflächenwasser des Golfstroms in die west- und nordeuropäischen Küstenbereiche. Der vorherrschende feuchtwarme Westwind überträgt Temperatur und Feuchtigkeit an die lange norwegische Westküste und schafft hier auf einer Nord-Süd-Distanz von mehr als 1000 km erstaunlich geringe Temperaturunterschiede. Die Stadt Bergen auf 60° n. Breite hat eine durchschnittliche Januartemperatur von 2 °C, der auf 70° n. Breite an der Barentssee gelegene Hafenort Vardø mit -5 °C nur sieben Grad weniger. Die entsprechenden Julitemperaturen, 14 °C für Bergen und 9 °C für Vardø, zeigen eine noch geringere Differenz während des Sommers. Überraschend krasse Unterschiede findet man in Norwegen dagegen in West-Ost-Richtung. Nur rund 300 km östlich von Bergen zeigt Oslo mit Durchschnittstemperaturen von -4 °C im Januar (fast wie Vardø 1200 km weiter nördlich!), aber 18 °C im Juli schon eher kontinentales Klima. Das Nordmeer beeinflusst hier die Temperaturen kaum mehr.

Schuld an der Blockade der atlantischen Einflüsse ist die an ihrer Westseite bis über 2000 m hohe Barriere des Kaledonischen Gebirges und der Hochflächen im Westen Norwegens. Statt warmer Winter, kühler Sommer und hoher Niederschläge (Bergen fast 2000 mm, einige westliche Bergregionen 3000 mm pro Jahr) gibt es östlich davon Winterkälte, Sommerhitze und recht große Trockenheit (im Gudbrandsdal jährlich 300 bis 400 mm).

Die natürliche Vegetation hält sich an die Grenzen, die Temperatur, Niederschlag und Böden festlegen. In der Gegend von Oslo und auf einem schmalen Saum am Fuß der Berge entlang der Südküste Norwegens wachsen noch die für Mitteleuropa typischen Laubbäume: Eiche, Ulme, Esche, Hasel- und Winterlinde. Auch entlang des klimatisch begünstigten Westküstenstreifens, besonders an windgeschützten und der Sonne zugewandten Lagen in manchen Fjordbereichen, können diese Bäume noch gedeihen. Sogar Obstbaumkulturen wie die Kirschplantagen am Sørfjord, der südöstlichen Verlängerung des Hardangerfjords, werden dadurch möglich. Eichen haben sich bis etwa 64° n. Breite ausgebreitet, ca. 80 km nördlich von Trondheim.

Der nordasiatisch-nordeuropäische Nadelwaldgürtel, die Taiga, dringt von Osten her mit Kiefern und Fichten nach Norwegen ein und bedeckt etwa 30% des Landes. Birke, Eberesche, Espe (Aspe, Zitterpappel), Erle und Weidenarten durchsetzen ihn und zeigen im Herbst ein grandioses Farbenspiel vor dem Hintergrund der dunkelgrünen Nadelbäume. Die nordasiatische Fichte (*Picea abies obovata*) bildet den Hauptbestand. Ihre schlanke Form und die leicht herabhängenden Zweige verringern die Gefahr des Schneebruchs im Winter. Eine gewisse Schneebedeckung ist bei der Fichte aber erwünscht, das schützt sie bei winterlichem Frost vor Austrocknung.

Ihren nördlichsten natürlichen Fichtenwald besitzen die Norweger im Nationalpark Saltfjellet-Svartisen etwa auf dem Polarkreis (66° 33' n. Breite). Die Kiefer als der kälteresistentere Baum wagt sich weiter nach Westen, Norden und auch in die Höhe vor. Am vorwitzigsten sind die Kiefern im Stabbursdalen-Nationalpark nahe dem Porsangerfjord auf 70° n. Breite. In diesem kleinen Nationalpark wächst der nördlichste Kiefernwald der Erde. Doch die 10 km^2 große Nadelwaldinsel wird bereits vom Fjellbirkenwald umgeben.

Die Fjellbirke (*Betula tortuosa*) löst den Nadelwald da ab, wo die Wuchsbedingungen für ihn nicht mehr ausreichen: in Richtung auf die Arktis und in größeren Höhen. Sie ist der Charakterbaum der sanft gewellten Hochfläche Finnmarksvidda in Nord-Norwegen. In diesem riesigen Gebiet vollzieht sich der Übergang von der Taiga zum arktischen Vegetationsgürtel der Tundra, der nur am nördlichen Küstenrand der Halbinseln Nordkinn und Varanger an der Barentssee vertreten ist. Der Dauerfrostboden der Tundra verhindert den Baumwuchs. Die kurze Vegetationsperiode, in der der Oberboden auftaut, lässt nur niedrige Wuchsformen zu. Häufige Pflanzen sind Zwergbirken (*Betula nana*), heideartige Sträucher, Moose und Flechten.

Rechts: Das Gestein der Lofoten ist mehr als eine Milliarde Jahre alt (Austvågøy).

Die Übergangszone zwischen Taiga und Tundra heißt Waldtundra, denn einerseits wächst hier die Fjellbirke, andererseits bestehen weite Flächen aus Kahlfjell, der baumlosen, von Mooren durchsetzten Heidelandschaft, die im Süden Norwegens die höheren Teile der nicht vergletscherten Gebirge bedeckt, im hohen Norden dagegen bis in Meeresspiegelhöhe reicht.

Die Vegetationszonen von Süden nach Norden über Laubwald, Fichten, Kiefern und Fjellbirken bis zur Tundra findet man mit gewissen Einschränkungen auch als Höhenzonen des Pflanzenwuchses im Gebirge wieder.

Durch den markanten West-Ost-Gegensatz in Norwegens Klima gestalten sich die Höhenstufen stark asymmetrisch. Das wintermilde Klima entlang der Nordmeerküste fördert zwar die mitteleuropäischen Laubbäume, aber die Pflanzen der Taiga, denen harte Winterfröste wenig ausmachen, lieben die kontinentale Sommerhitze. Ihnen ist der westnorwegische Küstenstreifen im Sommer unsympathisch kühl.

Die Höhengrenze der Fjellbirke im östlichen, also kontinentalen Jotunheimen, Norwegens höchster Gebirgsregion, liegt bei 1200 m (die der Kiefer bei 1000 m), an der Westküste auf gleicher geografischer Breite sinkt sie unter 500 m (die der Kiefer auf 400 m). Die

Kiefer wagt sich weiter nach Westen vor als die Fichte. Neuerdings beobachtet man die natürliche Ausdehnung der Areale der Nadelbäume, auch nach Norden, und schreibt sie der derzeitigen Klimaerwärmung zu, ein Vorgang, der sich in erdgeschichtlicher Zeit allerdings schon häufiger abgespielt hat.

Leicht ist es nicht, die Erdgeschichte Norwegens zurückzuverfolgen, denn seit über 400 Millionen Jahren und länger unterliegen seine Gesteine der Abtragung. Das 323 878 km^2 große Land, das an Schweden, Finnland und Russland grenzt, liegt gemeinsam mit diesen Ländern auf dem Baltischen Schild. Diesen gab es bereits in der Erdurzeit, bevor höhere Lebewesen unsere Erde bevölkerten.

Bis zur sprunghaften Entwicklung des Lebens im Kambrium vor ca. 600 Mio. Jahren hatten sich auf diesem alten Schild zahlreiche Gebirge gebildet, die jedoch im Laufe der Zeit abgetragen worden waren. Die Gebiete östlich des Tanafjords mit den Halbinseln Nordkinn und Varanger und die südliche Finnmarksvidda zählen zum Baltischen Schild in Nordnorwegen. Ausgeglichen und leicht wellig ist die uralte Oberfläche, doch an manchen Stellen hält sie auch Überraschungen bereit: So fanden Geologen z. B. am Aufschluss Bigganjarga, am Varangerfjord Tillite, vorzeitliche Moränen, die darauf hinweisen, dass es schon in vor-kambrischer Zeit Vereisungen gegeben haben muss.

Eine noch größere Fläche des Baltischen Schildes ragt von Mittelschweden her in das südöstliche Norwegen hinein: Teile der Hedmark, die Gebiete östlich und westlich des im Perm eingesackten Oslograbens, der größte Teil der Hardangervidda und der Telemark, der gesamte Süden des Landes fast bis Stavanger. Vorwiegend bilden harte Gneise und Granite die Oberfläche. Gustav Vigeland benutzte den feinkörnigen, hellen Granit vom Iddefjord östlich des Oslofjords für seine Skulpturen im Frogner-Park. Silber aus Kongsberg, Nickel aus Evje und viele weitere Bodenschätze stammen aus Bergwerken dieser alten Gesteinswelt.

Weit über eine Milliarde Jahre altes Material bildet den Kern der beiden In-

selgruppen der Lofoten und Vesterålen, eine Welt für sich, die den Geologen immer noch Kopfzerbrechen bereitet. *Lofotveggen*, die Lofotenwand, die, aus der Ferne betrachtet, wie ein einheitlicher Wall erscheint, ist bei näherer Begutachtung ein Komplex, der sich in zahlreiche Gruppen von stark erodierten Tiefengesteinen auflöst.

Die gesamte übrige Küstenregion vom Nordkap bis Stavanger, in einem großen Bogen sogar von Spitzbergen bis Schottland und Irland, hat sich vor 420 bis 400 Mio. Jahren zum Kaledonischen Gebirge aufgefaltet, an den Baltischen Schild angeschlossen und ihn teilweise kräftig überfahren. Es mag schwer fallen, sich vorzustellen, dass sich damals Hunderte von Metern dicke Gesteinspakete über das Grundgebirge gewälzt haben – allerdings dauerte dies einige Jahrmillionen. Beweise für solche Bewegungen der Steine gibt es in

Oben: Der Svartisen Gletscher bei Mo i Rana. Rechts: Die spektakulären Fjorde Norwegens, einst Gletschertäler, sind ein Geschenk der Eiszeit (Geirangerfjord).

Norwegen an vielen Stellen. Zwei Beispiele: Einer der markanten Berge der sonst recht gleichförmigen Hardangervidda ist der Hårteigen (1691 m) im westlichen Teil des größten Gebirgsplateaus von Europa. Dessen Untergrund besteht aus Gneisen des Baltischen Schilds, auf seiner Ebene lagerten sich später Sedimente ab, zuoberst glatte Phyllite, eine ideale Fläche, auf die die kaledonischen Gebirgsmassen von Westen her aufglitten. Doch 400 Millionen Jahre Wind und Wetter haben der neuen Oberfläche kräftig zugesetzt und sie im Ostteil der Vidda zum Verschwinden gebracht, so dass dort der alte Schild wieder zum Vorschein kam. Nicht so beim Hårteigen. Ein besonders widerständiger Gneishut, Rest der kaledonischen Überschiebungsdecke, krönt ihn und schützt an dieser begrenzten Stelle alle darunter liegenden Schichten, die Geologen nun einmessen und nachzählen können.

Ein anderes Bild ergibt sich im Saltfjellet-Svartisen-Nationalpark. Das vergletscherte Gebiet des Svartisen und seine unmittelbare Umgebung gehören zur kaledonischen Decke, östlich davon hat die Verwitterung ein horizontales Fenster geschaffen, das einen Durchblick zum Baltischen Schild erlaubt – es ist, als ob man durch ein Loch im Strumpf den nackten Fuß erblickt.

Hält man sich die Hunderte Millionen von Jahren der Abtragung in Norwegen vor Augen, erstaunt es sehr, wie gebirgig das Land ist. Die höchsten Spitzen liegen im Jotunheimen: der Glittertind mit 2464 m und der Galdhøpiggen mit 2469 m. Viele weitere Gipfel entlang des kaledonischen Gebirges machen einen alpinen Eindruck. Zwei Ereignisse haben dies bewerkstelligt: die Landhebung im Tertiär und die letzte Eiszeit.

Schon die Kreidezeit (vor 130-70 Millionen Jahren) war eine sehr bewegte geologische Epoche. Auf der Nordhalbkugel der Erde gab es damals nur einen einzigen Kontinent. Den spaltete

von Süden her ein Riss im Erdmantel, aus dem unaufhörlich Magma quoll, während in die Kluft Wasser eindrang – der junge Atlantik. Die endgültige Trennung von Amerika und Europa fand vor 58 Millionen Jahren statt: das Europäische Nordmeer entstand. In Nordeuropa kippte dabei der skandinavische Block auf der Westseite ein wenig in die Höhe, während die Ostseite sanft abdachte. Der größte Teil der Flüsse des damaligen Skandinavien nahm daraufhin den gemütlichen, langen Lauf vom hochgehobenen Westteil des Blocks nach Osten, der auch heute noch an den vielen schwedischen Flüssen zu beobachten ist, die in den Bottnischen Meerbusen münden. Diejenigen aber, die in die entgegengesetzte Richtung entwässerten, sägten sich zwangsläufig kräftig in die Gebirgswelt ein: Je höher diese sich erhob, umso stärker und tiefer mussten die Flüsse ihre Täler einschneiden, die klammähnliches Aussehen oder einen V-förmigen Querschnitt erhielten.

Das Tertiär (vor ca. 70 bis 2 Millionen Jahren) hatte zunächst ein besonders warmes, tropisches Klima, weitaus wärmer als unser heutiges, das sich im Lauf der Zeit aus Gründen, die bisher unbekannt sind, abkühlte. Das jüngste geologische Zeitalter, das Quartär, ist die Epoche der Eiszeiten, die den norwegischen Landschaften den letzten Schliff bescherten. Mehrere Kälte- und Wärmeperioden lösten einander ab, wobei das Klima zu den Warmzeiten oft wärmer als heute war. Weltweit sank der Meeresspiegel um bis zu 100 m, als Skandinavien, wie heute Grönland, von einem mehrere Kilometer dicken Eisschild bedeckt war. Er drückte die Landmasse Nordeuropas nicht nur kräftig in die Tiefe, sondern veränderte auch ihre Oberflächenformen unter dem Eis. Da wurden lockere Sedimente weggeräumt, die nackten Gesteinsrücken geschliffen und gekratzt. Gletscherzungen nahmen auf der atlantischen Seite die schmalen Flusstäler als ihre Leitlinien und hobelten sie zur U-Form aus, die sogar tief unter den Meeresspiegel reichen konnte, bevor sie an einem höher gelegenen Gesteinsriegel in das Europäische Nordmeer kalbten.

Die letzte Eiszeit begann vor ungefähr 100 000 Jahren, und ihr Eis war vor ca. 10 000 Jahren bis auf wenige Reste geschmolzen. Der Meeresspiegel stieg dadurch an, die tiefen, steilen Gletschertäler füllten sich mit Wasser: Lang gestreckte Seen und die berühmten Fjorde waren das Ergebnis. Noch weitere Geschenke hinterließ die vergangene Eiszeit: In der Landschaft Jæren, südlich von Stavanger, lagerten die Gletscher fruchtbares Moränenmaterial ab, in die flachen Buchten um Trondheim und Oslo drang beim Meeresspiegelanstieg Wasser ein, in dem sich tonige Sedimente absetzten. Als sich das Land nach der Entlastung vom Eis hob (im Oslofjord um ca. 200 m) und trockenfiel, wurden sie zur Grundlage für besonders ertragreiche Äcker.

Am gesamten Küstenstreifen von Stavanger bis in den hohen Norden bietet die *strandflate*, eine wie abgehobelt erscheinende Plattform, oft am Fuß steil aufsteigender Berge, in vielen Fällen die einzige Möglichkeit für einen Siedlungsplatz. Über ihre Entstehung rätseln die Geografen noch. Auf Lofoten und Vesterålen bilden die Strandplatten einen überaus dramatischen Gegensatz zu den von den eiszeitlichen Gletschern dekorativ angenagten steilen Bergmassiven.

Ein großer Teil des nordeuropäischen Gletscherschutts ist, stellenweise kilometerdick, im nördlichen Ost-, Mittel- und Westeuropa aufgehäuft worden. Wo aber blieben all die Massen von verwittertem Gestein und organischen Rückständen, die Skandinavien in Hunderten von Millionen Jahren durch Erosion verloren hat? In regelmäßiger Abfolge findet man diese Sedimente von Erdaltertum, -mittelalter und -neuzeit sowohl auf dem norwegischen Kontinentalschelf, als auch, ausgebreitet wie ein geologisches Lehrbuch, auf Spitzbergen. Die Vesterålen Andøya zeigt auf einem sehr begrenzten Gebiet auf ihrer Ostseite die Ramså-Schichten, darunter auch einige Kohlenflöze, aus Jura und Kreide. Die großen Kohlevorkommen auf Spitzbergen sind heiß be-

Oben: Die Alternative zum Fischfang – Lachszucht im tiefen Fjord (bei Reine).

gehrt, und ihren Ölreichtum verdanken die Norweger den Ablagerungen auf dem Schelf in der Nordsee und dem Nordatlantik.

WIRTSCHAFT UND SOZIALSTAAT

In Mitteleuropa hält sich immer noch hartnäckig die Vorstellung, die Norweger würden ihr Geld als Fischer, in der Land- und Forstwirtschaft, als Seeleute und als Arbeiter auf Ölplattformen verdienen. Dies ist ein Trugbild. Spätestens seit dem Ende der Weltwirtschaftskrise der 1920er Jahre hat ein tiefgreifender Strukturwandel stattgefunden: Industrie und Dienstleistungssektor wurden kontinuierlich ausgebaut, die Mechanisierung der Land- und Forstwirtschaft ließ die Zahl der dort Beschäftigten rapide sinken. Heute sind in diesem Bereich nur noch sieben Prozent der Norweger tätig, weniger als in klassischen Industrieländern wie England, Frankreich oder Deutschland. Dies hatte große Abwanderungsbewegungen aus den landwirtschaftlich geprägten Gebieten zur Folge. So leben heute von den 4,6 Millionen Norwegern fast 60% in Städten und über 70% in so genannten Dichtorten (*Tettsteder)* mit über 200 Einwohnern. Um die abgelegenen Landstriche nicht völlig entvölkern zu lassen, werden erhebliche Mittel aufgewendet. So sind die Subventionen für Arbeitsplätze in der Landwirtschaft mit 260 000 Kronen pro Jahr die höchsten Europas. Es gibt Prämien für die Aufforstung von Ackerflächen, das Mähen von Bergweiden und Wegrändern als Landschaftsschutzmaßnahme, aber auch direkte Subventionen für den Anbau von Kartoffeln, Sommerweizen und Gerste, Obst und anderem.

In den klassischen Fischereigebieten – z. B. um die Lofoten und Vesterålen – versucht man mit immensem Kapitaleinsatz neue Arbeitsplätze zu schaffen, um die Arbeitsplatzverluste durch den Rückgang der Fangquoten auszugleichen. Hier setzt man besondere Hoffnung auf Fischzucht in Hydrofarmen, für die großzügige Kredite gewährt werden. Schon 1990 wurden 150 000 t Zuchtlachs erzeugt, allerdings sinken mit dem Erfolg auch die Preise, darüber hinaus gefährden entwichene Zuchtlachse und deren Krankheiten den Wildlachsbestand. Versuche mit der Zucht von Seezungen und Hummern waren bisher weniger erfolgreich.

Selbst die Forstindustrie kommt nicht ohne Subventionen aus, drückt doch ein gewaltiges Überangebot von Holz, besonders aus den Regenwaldgürteln der Erde, den Preis. Hier versucht man, von der Rolle als Rohholzproduzent wegzukommen und Fertigprodukte wie Verbundholzhallen, Holzhäuser und Möbel zu produzieren und die Produktionsabfälle zu Spanfaserplatten zu verarbeiten.

Nennenswerte Bodenschätze gibt es kaum, wenn man von den großen Öl- und Gasfunden im Nordatlantik einmal absieht. So muss Norwegen praktisch alle industriellen Rohstoffe importieren. Allerdings verfügte das Land schon lange vor dem Ölboom über preiswerte Energie in Form von Wasserkraft. 23% des nutzbaren Wasserkraftpotentials Europas befinden sich in Norwegen, davon sind 60 % erschlossen. Da sich elektrischer Strom nur schlecht speichern und über weite Entfernungen nur unter großen Verlusten transportieren lässt, setzte man in Norwegen vor allem auf stromintensive Industrien wie die Verhüttung von Magnesium und Aluminium, aber auch von Eisen. Daneben wird Strom überall dort als Energieträger eingesetzt, wo immer es noch vertretbar erscheint. So wird in Norwegen fast ausschließlich mit Strom geheizt – sogar die Bürgersteige in Trondheim – und gekocht. Der weitere Ausbau der Wasserkraft stößt in letzter Zeit verstärkt auf Widerstand. Norwegen kann seinen Strombedarf bequem decken, die Preise sind vergleichsweise niedrig. Doch der freie nordische Strommarkt

seit 1996 und der zunehmende Stromexport nach Mitteleuropa haben 2002 dazu geführt, dass die norwegischen Stromnutzer die Bedenklichkeit ihrer Energieverschwendung am eigenen Leib zu spüren bekamen: Statt für den Winter ausreichend Wasser in den Staubecken zu behalten, produzierten Norwegens Stromerzeuger im Sommer fleißig für den Auslandsmarkt. Außergewöhnlich geringe Regenfälle im Sommer und Herbst und ein nachfolgend strenger Winter ließen Norwegens Wasserreserven für die Energiegewinnung noch zusätzlich schrumpfen. Die Elektrizität wurde knapp und teuer. Norwegen muss sich entscheiden: Entweder Stromexportbeschränkung oder weiterer Ausbau. Durch letzteren könnten jedoch ganze Landstriche ihre Attraktivität verlieren.

Der industrielle Sektor ist gegenüber dem Bereich der Dienstleistungen auf dem Rückzug. Seit den 1960er Jahren ist die Zahl der Arbeitsplätze in Industrie und Gewerbe von 60 auf 30 % zurückgegangen; der Dienstleistungsbereich hingegen auf fast zwei Drittel aller Arbeitsplätze angestiegen.

Oben: Für die Zukunft der Kinder ist im norwegischen Sozialstaat gut gesorgt. Rechts: Eine der vielen Infrastrukturmaßnahmen – die Tjeldsundbrücke auf den Vesterålen.

Zwar verlagern sich weltweit zunehmend Arbeitsplätze aus der Industrie in den Bereich von Dienstleistungen, doch wird in Norwegen diese Entwicklung noch durch das System des Sozialstaates gefördert: Für mitteleuropäische Verhältnisse extrem hohe Steuern, die progressiv bis zu 80 % des Einkommens steigen, ermöglichen die gesellschaftliche Verwendung von privat erwirtschaftetem Einkommen. So werden die Risikofälle des Lebens, wie Krankheit, Alter, Arbeitsunfähigkeit und Arbeitsplatzverlust nicht über Versicherungssysteme, sondern aus dem Steuereinkommen gewährleistet. Die Ansprüche auf Heilbehandlung, ein „Volksrente" genanntes Mindesteinkommen, Arbeitslosengeld etc. sind gesetzlich abgesichert. Ebenso werden die Ansprüche auf Kindergarten- und Krippenplätze, Ganztagsschulen und Schulmahl-

zeiten, Lehrmittel und Schulbusse, aber auch Umschulungs- und Qualifizierungsmaßnahmen für Arbeitnehmer aus dem Steueraufkommen finanziert. Für diese Maßnahmen stellt der Staat auch das Personal.

Ziel all dieser Bemühungen ist es, jedem Einwohner Norwegens ein eigenes Einkommen zu ermöglichen, also die Vollbeschäftigung aller arbeitsfähigen Einwohner des Landes. So errechnet Norwegen die Arbeitslosenquote auf gänzlich anderer Basis als sonst in Mitteleuropa üblich: Jeder zwischen 15 und 67 Jahren, dem offiziellen Rentenalter, gilt als Arbeitsuchender. Davon werden Schüler, Studenten, Wehrpflichtige, Kranke, Invaliden, Mütter im Mutterschaftsurlaub und Strafgefangene abgezogen. Für den Rest sollen Arbeitsplätze vorhanden sein oder geschaffen werden.

Die Zahl derer, für die diese Bemühungen zumindest vorübergehend vergeblich sind, misst sich in der Arbeitslosenquote, die derzeit bei 5 % liegt. Würde beispielsweise die Bundesrepublik Deutschland nach gleichen Kriterien messen, läge die Quote dort bei über 30 %.

Weiteres Ziel staatlicher Maßnahmen ist die Verbesserung der Lebensbedingungen in den schwach besiedelten Landstrichen, um die Landflucht zu stoppen. Kulturhäuser mit umfangreichen Volkshochschulprogrammen, geförderten Musik- und Laienspielgruppen und kostenlose kommunale Kinos und Büchereien gehören ebenso dazu wie aufwändige medizinische Versorgungssysteme. Auch der verkehrsmäßige Anschluss kleiner Inseln mit kaum 100 Einwohnern durch Brücken- und Tunnelbauwerke an das Festland gehört zu den Maßnahmen zur Verbesserung der Lebensqualität.

Die sozialen Sicherungssysteme wie auch das Bemühen, jeden in die Arbeitswelt zu integrieren, sind extrem teuer. Da sowohl die direkten Steuern (Lohn- und Einkommenssteuer) als auch die indirekten (Mehrwertsteuer) die Schmerzgrenze erreicht haben, mussten Norwegens skandinavische Nachbarn bereits daran gehen, die Sozialsysteme zu kürzen. Norwegen hingegen kann sich seinen Sozialstaat noch leisten, weil die Überschüsse der Öl- und Gasproduktion in der Nordsee die Binnenlandsdefizite ausgleichen. Dieses Defizit lag 1987 bei 80 Milliarden Kronen, rund 20 000 Kronen pro Einwohner. Seit 1971 im Ekofiskfeld südwestlich von Stavanger die ersten Öl- und Gasfunde gemacht wurden, spielen diese in der Wirtschaft Norwegens die entscheidende Rolle. Nachdem vor Tromsø Probebohrungen bereits erfolgreich waren, vermutet man jenseits des 65. Breitengrades ergiebige Vorkommen, die die langsam zur Neige gehenden südnorwegischen Vorräte ersetzen sollen. Erdöl- und Erdgassuche in der Barentssee werden seit 2005 vorangetrieben.

Die Absicht, die Öl- und Gasförderung in den hohen Norden auszudehnen, birgt allerdings innenpolitische Sprengkraft. Dies stößt auf den erbitterten Widerstand nordnorwegischer Fischer, die die Verschmutzung ihrer Fanggründe befürchten.

Drei Überlegungen bestimmen die Öl- und Gaspolitik: Erstens sollen die begrenzten Vorräte langsam und gründlich gefördert werden, d. h. kein Öl-Förderbeginn, bevor nicht die entsprechende Erdgaspipeline gebaut ist, um die Ressourcen nicht zu verschenken. Zweitens soll sich der Abbau unter norwegischer Kontrolle vollziehen, um den Einfluss der multinationalen Konzerne so gering wie möglich zu halten. Drittens sollen die Öl- und Gaserlöse dazu dienen, Zukunftsinvestitionen auf dem Festland zu bezahlen, um auch für die Nach-Öl-Zeit gerüstet zu sein: Seit 1995 fließen Gelder in den sogenannten „Zukunftsfonds“, Grundstock für die Investitionen kommender Generationen. Die Überschüsse aus der Ölförderung sind riesig, der im Fonds angesparte Betrag erreichte 2006 ca. 185 Mrd. €.

Rechts: Auch die Angst der Fischer um ihre Fanggründe verhinderte Norwegens EU-Beitritt.

Bemängelt wird nun die Zurückhaltung im Ausgeben des Gelds.

Schuld daran ist u. a., dass das Straßennetz mit Milliardeninvestitionen ausgebaut wurde und noch weiter ausgebaut wird. Die Eisenbahnverbindungen wurden verbessert und in den Ballungsgebieten neue Nahverkehrssysteme installiert. Die Flotte der Postschiffe der Hurtigrute, die die Küstenschifffahrt betreibt, wurde modernisiert und hat heute Kreuzfahrtschiff-Standard. Viele innernorwegische Fährverbindungen wurden durch Brücken oder Tunnels ersetzt. Diese Investitionen begünstigen den Tourismus, der in den letzten Jahren einen gewaltigen Aufschwung erlebt hat.

Durch die bessere Infrastruktur wird aber auch die Tendenz verstärkt, in immer kürzerer Zeit immer größere Strecken zurücklegen zu wollen. So hat sich die durchschnittliche Aufenthaltsdauer von Norwegentouristen von zunächst 17 auf nunmehr 13 Tage verkürzt, eine Entwicklung, die dann durch größere Touristenkontingente aufgefangen werden muss – dabei wird jedoch Norwegens wunderschöne Landschaft bereits jetzt stellenweise stark belastet.

Auch der Bau weiterer Touristenzentren stößt auf Widerstand. Immer neue Hotels, die nur drei bis vier Monate im Jahr genutzt werden, verursachen horrende Kosten, die, auf die Preise abgewälzt, Touristen eher abschrecken als einladen. Daneben zeigt der Blick auf die europäische Einkommensstatistik, dass das Hochpreisland Norwegen seinen Anteil am europäischen Tourismus bereits ausgeschöpft haben dürfte. Neue Hotels werden daher nur zu einem Preiswettbewerb untereinander führen, die geringeren Gewinne müssen dann durch größere Umsätze ausgeglichen werden, ein Prozess, den Norwegen eigentlich vermeiden wollte. Die Kritiker dieser Entwicklung setzen daher mehr auf eine Art sanften Tourismus mit weniger Gästen bei einer verlängerten Saison.

Ein weiteres Problem für die Wirtschaft Norwegens ist sein Verhältnis zur EU. Letztmalig 1994 haben die Norweger den Beitritt, den alle skandinavischen Nachbarn inzwischen vollzogen haben, abgelehnt. Trotz eines Freihandelsabkommens sind Norwegens Grenzen neuerdings Außengrenzen der EU mit den entsprechenden Abgaben. Norwegens Unternehmer verlangen daher massiv nach Exportsubventionen, um ihre angestammten Exportkunden in Skandinavien und Resteuropa nicht zu verlieren. Dabei wird auch mit der Verlagerung von exportorientierten Arbeitsplätzen ins EU-Ausland gedroht. Ganz sicher hat Norwegen durch seinen Nichtbeitritt erhebliche Probleme zu erwarten.

Zu verdanken ist diese Entscheidung einer höchst merkwürdigen Koalition von landwirtschaftlichen und Fischereiinteressen mit der Ölwirtschaft, die äußerst geschickt norwegische Urängste zu wecken verstand. Die Schreckensvision vom Untergang der norwegischen Landwirtschaft wurde an die Wände gemalt, es war die Rede davon, dass südeuropäische Fischer die arg geschrumpften Fischbestände Norwegens vollends ausplündern würden, und, dies war wohl die größte Angst, dass Norwegens Öleinnahmen von Brüssel an europäische Randstaaten wie die ärmeren EU-Länder in Süd- und Osteuropa verteilt würden. Norwegens Zoll- und Passunion mit Schweden, Finnland und Dänemark existiert allerdings weiter, und niemand hat bisher ihre Auflösung gefordert. Es wird für Norwegen daher ein Sonderstatus gefunden werden müssen, der letzten Endes auf eine Quasi-Mitgliedschaft bei nomineller Nichtmitgliedschaft hinauslaufen dürfte.

Auch das Ende des Kalten Krieges bringt Probleme mit sich. Das NATO-Mitglied Norwegen hat eine gemeinsame Grenze mit Russland, daher sind in Nordnorwegen eine Vielzahl militärischer Anlagen konzentriert, die nach dem Zerfall des Warschauer Pakts überflüssig geworden sind und abgebaut werden. Den dort tätigen spezialisierten Arbeitskräften adäquate Ersatzarbeitsplätze zu schaffen, erfordert große, teure Anstrengungen.

SCANDINAVIAN SEAWAYS

OSLO
Die Stadt und ihr Fjord

SVINESUND
HALDEN
MOSS
OSLO

SVINESUND, HALDEN UND MOSS

Der **Oslofjord** zieht sich vom Skagerrak über rund 130 km nach Norden bis zur Hauptstadt Oslo. Die Ufer sind bewaldet und zumeist nicht sehr steil. Nach dem Abschmelzen der letzten eiszeitlichen Gletscher ließen sich hier die ersten Siedler nieder. Heute ist der Oslofjord eines der dichtest bebauten Gebiete Norwegens. Besonders die Bewohner der Hauptstadt unterhalten im äußeren Fjordbereich unzählige Wochenend- und Ferienhäuser.

Wer auf dem Landweg von Mitteleuropa nach Norwegen reist, kommt auf der E6 von Süden über den 60 m tiefen **Svinesund** ❶. Er ist ein beliebter Liegeplatz für alle Arten von Sportbooten. Den Sund überspannt seit 2005 eine neue, 704 m lange Ein-Bogen-Brücke. Die grandiose Aussicht aus 60 m Höhe ist nur von kurzer Dauer, denn ein Halt auf der E6 ist nicht gestattet.

2 km weiter zweigt in **Løkkeberg** der *Riksveien* (R 21) nach **Halden** ❷ ab. Die bis 1927 **Fredrikshalden** genannte Stadt ist heute Mittelpunkt der ostnorwegischen Holzveredelungsindustrie und des Holzhandels. Sie entstand unterhalb der **Festung Fredriksten**, die von Dänen und Norwegern nach dem Verlust Schonens an die Schweden (Friede von Roskilde 1658) gegen diese errichtet worden war. In der Folgezeit war sie häufig Schauplatz kriegerischer Auseinandersetzungen zwischen den ehemaligen Bündnispartnern der Kalmarer Union. In der Festung, die einen herrlichen Ausblick über die Landschaft bietet, erinnert eine eiserne **Pyramide** an den Tod des Schwedenkönigs Karl XII., der hier im Jahr 1718 von einem Querschläger getroffen wurde. Hier ist auch das **Stadtmuseum** mit Erinnerungsstücken aus dieser Zeit untergebracht. Des Weiteren sind das **Stadttheater** mit seiner Barockbühne aus den 1830er Jahren sowie der Herrenhof **Rød Herregård** sehenswert.

Vorherige Seiten: Bei schönem Wetter bleibt hier kein Platz frei – die Aker Brygge am Hafen von Oslo. Links: Früh übt sich, wer ein richtiger Norweger werden will.

Von der E6 ab Skjeberg lohnt sich ein Abstecher nach **Fredrikstad** ❸, der alten Festungsstadt an der Mündung der **Glåma**, am Eingang des Oslofjords. Am sog. **Altertumsweg** (*Oldtidsveien*), haben sich Felszeichnungen aus der Bronzezeit bei **Solberg**, **Begby** und **Hornnes** erhalten, aus der Eisenzeit die 200 Grabhügel des **Storedal Feldes** beim gleichnamigen Ort. **Sarpsborg** ❹ am Ende des Altertumsweges gilt als Gründung des hl. Olav. Hier liegt am Rande der heutigen Bebauung der **St.**

Karte S. 42, Info S. 52-53

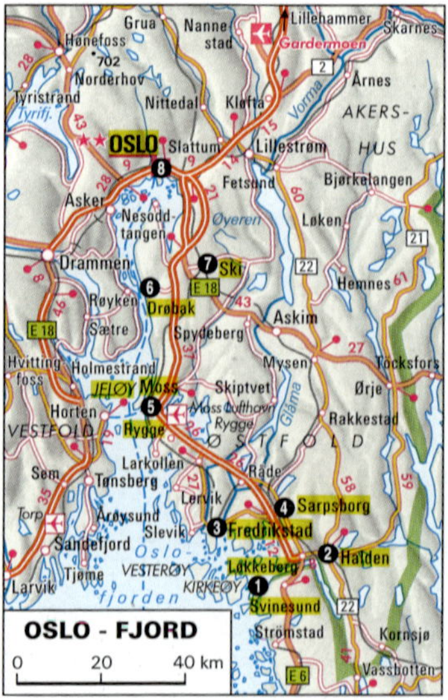

Olavswall, das einzige erhaltene Befestigungswerk der Wikinger in Norwegen. Die **Nikolaskirche**, die König Øystein im 12. Jh. errichten ließ, markiert den Übergang von der heidnischen zur christlichen Zeit. Runensteine, Kopfskulpturen und ein romanisches Taufbecken sind zu bewundern.

Modern ist der 2008 in Rygge direkt neben der E6 eröffnete Flugplatz **Moss Lufthavn Rygge** – ideal für Ferienflieger nach Ost- und Südeuropa, aber auch für einige innernorwegische Flüge.

13 km nördlich liegt **Moss ❺**. Nach der Verabschiedung der Eidsvoll-Verfassung 1814 wurde hier im **Konventionsgården** die im Kieler Frieden erzwungene Union mit Schweden ausgehandelt. Die norwegische „Begeisterung" zeigt sich am Ergebnis der Volksabstimmung zur Auflösung der Union 90 Jahre später: 368 000 Stimmen für die Trennung, 184 dagegen. Auf der Moss vorgelagerten **Insel Jeløy**, die durch eine Brücke mit dem Festland verbunden ist, liegt das **Herrenhaus Alby** mit der weithin bekannten **Galleri F 15** für zeitgenössische Kunst.

10 km westlich der E6 liegt der Badeort **Drøbak ❻** mit seiner schönen Holzkirche aus dem 18. Jh. und der Inselfestung **Oscarsborg**. Von hier, der engsten Stelle des Fjordes, hat am Tag der deutschen Invasion ein norwegischer Soldat die Kanone „Moses" abgefeuert und damit die „Blücher" versenkt. Dies gab dem König und der Regierung die Zeit, Oslo unter Mitnahme wichtiger Dokumente schleunigst zu verlassen und über Tromsø ins Exil zu gehen.

Zurück auf der E6 gelangt man nach wenigen Kilometern nach **Ski ❼**, dem Ort, von dem die Schneebretter ihren Namen haben, weil man in dieser Gegend die ältesten Felszeichnungen von Menschen mit eben jenen Brettern an den Füßen gefunden hat. Die Gegend um Ski selbst ist beliebtes Naherholungsgebiet der Osloer Bürger. Damit ist die norwegische Metropole praktisch erreicht. Die Stadt verlangt, wie Bergen und Trondheim, Mautgebühr für jede Einfahrt.

**OSLO

Norwegens Hauptstadt **Oslo ❽** breitet sich auf einer Fläche von stattlichen 450 km² aus, allerdings sind nur 90 km² davon bebaut. Es gibt in Oslo mehr Bauernhöfe mit Kühen, Pferden, Schweinen und Hühnern als in allen anderen Hauptstädten Europas zusammen. Oslo hat heute 550 000 Einwohner, der Großraum 1,5 Millionen. Es ist die älteste Hauptstadt Skandinaviens, gegründet um 1050 von Harald Hardråde, dem Gestrengen. Er soll außer dem Kampf gegen die Dänen keine weltlichen Vergnügungen gekannt haben – das sei der Stadt noch heute anzumerken, spotten die skandinavischen Nachbarn.

Hardråde machte den Mönch Hallvard zum Stadtheiligen. Dieser hatte eine des Diebstahls bezichtigte schwangere Frau schützen wollen, war mit ihr

Rechts: Die Festung Akershus.

Stadtplan S. 44-45, Info S. 52-53

geflohen, wurde gestellt und, von drei Pfeilen durchbohrt, mit einem Mühlstein um den Hals in den **Drammensfjord** geworfen. Da sein Leichnam aber nicht unterging, bekam er ein ordentliches Begräbnis, und an seinem Grab fanden fortan viele Wunder statt. Auf einem Thron sitzend, Pfeile und Mühlstein in den Händen und die beschützte Frau zu seinen Füßen, ziert er noch heute das Stadtwappen Oslos.

Sein Schrein wurde zuerst in der Marienkirche aufgestellt, die Hardråde in seiner Stadt hatte bauen lassen. Nachdem Oslo unter Olav Kyrre Bischofssitz geworden war, wurden die Reliquien in die erste Domkirche, die Hallvardskirche, überführt. Diese wurde im 17. Jh. abgerissen, um mit ihren Steinen die ***Festung Akershus** ① zu verstärken. Diese Festung gilt als eines der wichtigsten Bauwerke des norwegischen Mittelalters. An ihrer Stelle, auf der **Halbinsel Akernes**, stand wohl schon das Bollwerk des Hardråde, das von Håkon V. ausgebaut und zur Residenz umgestaltet wurde, als er 1300 den Regierungssitz von Bergen und die Hauptstadt von Trondheim hierher verlegte. Damals gründete auch die Hanse eine Niederlassung in Oslo.

Nach der großen Pest von 1349 und in der nach 1397 folgenden Kalmarer Union verlor Oslo an Bedeutung; der große Brand von 1624 zerstörte es gänzlich. Erst Christian IV. (1588-1648) von Dänemark ließ die Stadt neu errichten und gab ihr seinen Namen, Christiania. Ab 1877 hieß sie dann Kristiania, erhielt aber 1925 ihren alten Namen Oslo zurück. Hauptstadt- und Residenzfunktionen kamen 1814 mit der Trennung von Dänemark zurück; „richtige" Hauptstadt ist Oslo erst wieder seit der Auflösung der Union mit Schweden im Jahr 1905.

Vom mittelalterlichen Oslo, dessen Zentrum östlich von Akershus am Fuß des **Ekebergs** lag, ist außer der Festung nur noch wenig erhalten geblieben oder ausgegraben worden. Dies ist nicht weiter erstaunlich, liegen doch auf dem Areal der mittelalterlichen Stadt heute der Bahnhof und große Fernstraßenkreuzungen. Zugänglich sind daher nur noch die Grundmauerreste der **Hall-**

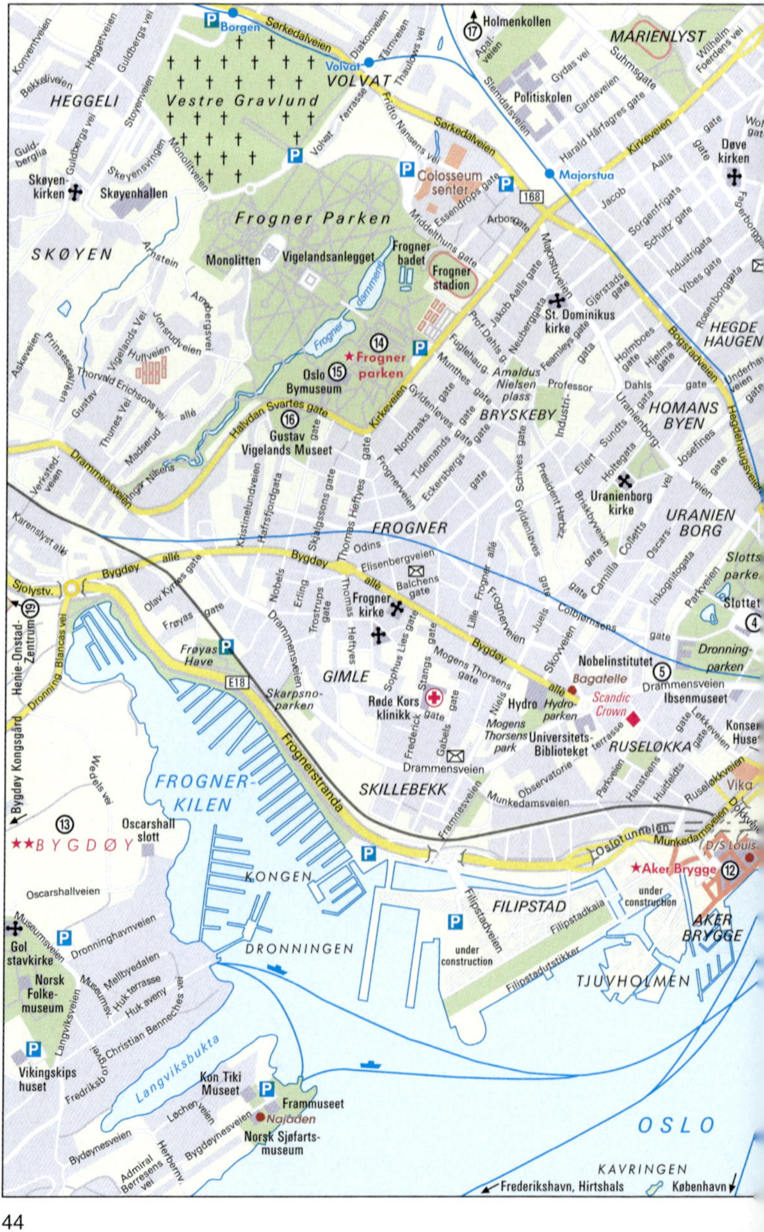

Borgen
Sørkedalveien
Vestre Gravlund
VOLVAT
Volvat
Diakonveien
Tårnveien
Thaulows vei
Holmenkollen
17
MARIENLYST
Wilhelm Foerdens vei
Konventveien
Heggetveien
Guldbergs vei
Bekkeliveien
HEGGELI
Stoyenveien
Volvat terrasse
Fridtjof Nansens vei
Apalveien
Slemdalsveien
Gydas vei
Suhmsgate
Politiskolen
Gardeveien
Harald Hårfagres gate
Kirkeveien
Døve kirken
Guldbergs vei
Guld-berglia
Monolittveien
Skøyensvingen
Skøyen-kirken
Skøyenhallen
Colosseum senter
Essendrops gate
Majorstua
168
Arbos gate
Jacob Aalls gate
Sorgenfrigata
Schultz' gate
Fagerborggata
Frogner Parken
SKØYEN
Arnstein
Monolitten
Vigelandsanlegget
Frogner badet
Frognerdammene
Frogner stadion
Middelthuns gate
Majorstuveien
Gjørstads gate
Industrigata
Vibes gate
Rosenborggata
Amundbergsvei
Jonsrudveien
Hullveien
Vigelands Vei
Prinsessealléen
Askeveien
Frogner
14
★Frogner parken
Oslo Bymuseum
15
St. Dominikus kirke
Neubergata
Prof. Dahls g.
Fuglehaug.
Fearnleys gate
Holmboes gate
Hjelms gate
Bogstadveien
HEGDE HAUGEN
Underhaugsveien
Thorvald Erichsons vei
Gustav
Thunes Vei
allé
Halvdan Svartes gate
16
Gustav Vigelands Museet
Kirkeveien
Gyldenløves gate
Munthes gate
Amaldus Nielsen plass
Professor Dahls gate
Industrigata
BRYSKEBY
Uranienborg-
HOMANS BYEN
Hegdehaugsveien
Madserud
Drammensveien
Ingar Nilsens
Verksted-veien
Kristinelundveien
Hafrsfjordgata
Skjalgssons gate
Thomas Heftyes gate
Frognerveien
Nordraaks gate
Tidemands gate
Eckersbergs gate
Schives gate
President Harbitz
Briskebyveien
Eilert Sundts gate
Holtegata
Uranienborg kirke
Josefines gate
URANIEN BORG
Karenslyst allé
FROGNER
Odins
Gyldenløves gate
Camilla Colletts
Oscars gate
Inkognitogata
Parkveien
Slottsparken
Slottet
Bygdøy allé
Elisenbergveien
Balchens gate
Frogner allé
Sjølystv.
19
Olav Kyrres gate
Frøyas gate
Nobels
Erling
Trostrups gate
Thomas Heftyes
Frogner kirke
Sophus Lies gate
Lille Frognerveien
Juels gate
Skovveien
Colbjørnsens gate
4
Dronningparken
Henie-Onstad-Zentrum
Dronning Blancas vei
Frøyas Have
Drammensveien
E18
GIMLE
Stangs gate
Mogens Thorsens gate
Nobelinstitutet
5
Bagatelle
Scandic Crown
Drammensveien
Ibsenmuseet
Skarpsno-parken
Røde Kors klinikk
Frederick Stangs gate
Gabels gate
Niels Juels gate
Hydro
Hydro-parken
Mogens Thorsens park
Universitets-Biblioteket
terrasse
RUSELØKKA
Lokkeveien
Konserthuset
Bygdøy Kongsgård
Wedels vei
Frognerstranda
Drammensveien
FROGNER-KILEN
SKILLEBEKK
Observatorie
Munkedamsveien
Parkveien
Hansteens
Huitfeldts
Ruseløkkveien
Vika
Dokkveien
13
Oscarshall slott
★★BYGDØY
Framnesveien
Oslotunnelen
Munkedamsveien
D/S Louise
★Aker Brygge
12
KONGEN
Filipstadveien
FILIPSTAD
under construction
Oscarshallveien
Museumsveien
Dronninghavnveien
Gol stavkirke
Norsk Folke-museum
Museumsv.
Mellbyedalen
Huk terrasse
Huk aveny
DRONNINGEN
Filipstadkaia
Filipstadutstikker
under construction
AKER BRYGGE
TJUVHOLMEN
Christian Benneches vei
Langviksveien
Vikingskips huset
Fredriksborgvei
Langviksbukta
Kon Tiki Museet
Frammuseet
Løchen veien
Najaden
Norsk Sjøfarts-museum
Bygdøynesveien
Herbernv.
Admiral Børresens vei
OSLO
KAVRINGEN
Frederikshavn, Hirtshals
København

SAGENE
Inst. for folkehelse
Lindern gate
Eugène Hanssens g.
Geitmyrsveien
Lovisenberggata
Lovensberg Kirke
Vøyenbrua
Søren Jaabæks gt.
Ildalen
Sandakerveien
Torshovgata
Torshov-parken
Vossegata
Marcus Thranes gate
Holstsgate
Vogts gate
Presidentgata
TORSHOV
Mailundveien
Stensgata
General Birchs gate
Colletts gate
Vøyensvingen
Maridalsveien
Beierbrua
Biermannsgate
Rosenhoffgata
Sophies gate
Anton Schjøhts gate
Stens-parken
BOLTELØKKA
Johannes Bruns gate
Ullevålsveien
Vallegata
Sagveien
Kingos gate
Sannerbrua
Sannergata
Christiesgate
Fagerheimgata
København gata
Chr. Michelsens gate
Thereses gate
Snorres gate
Eugenies gate
Wilhelms gate
Colletts gate
Geitmyrsveien
Herman Foss gate
Fougstads gate
Waldemar Thranes gate
Uelands gate
Darres gate
Øvre foss
Hesselbergs gate
Schleppegrells gate
Dælenenggata
St. Hans-haugen
ILA
Steenstrups gate
Paulus kirke
Dælenenga idrettsplass
Kobenhavngata
Stockholm gata
Louises gate
Bislett idrettsplass
Sophies gate
BISLETT
ST. HANS HAUGEN
Bjerregaards gate
Seilduksgata
Toftes gate
RODELØKKA
Colletts gate
Frydenlundgata
Schwensens gate
Waldemar Thranes gate
Akersbakken
GRÜNERLØKKA
Helgesens gata
Karlstadgata
Gøteborggata
Fjellgata
Langgata
Pilestredet
Bislettgata
Gamle Aker kirke
Grüners gate
Markveien
Thorvald Meyers gate
Helgesens gate
Tromsøgata
Sophies gate
Akersbakken
Teknologisk-institut
Maridalsveien
Akerselva
Fossveien
Sofienberg-parken
SOFIENBERG
Sofienberg kirke
Sofienberggata
Høgskolen i Oslo
Stensberggata
Vår Frelsers Gravlund
Akersveien
Grüner Hagen Park
Sofienberggata
Toftes gate
Sars gate
Finnmarkgata
Riks-Hospitalet
Ullevålsveien
Møllerveien
Grünerbrua
Nordre gate
Rathkes gate
Sverdrups gate
Trondheimsveien
Monrads gate
Welhavens gate
Pilestredet
Kunst-industri Museet
Fredensborgveien
FREDENS BORG
Markveien
Meyers gate
Herslebs gate
Holbergsgate
Nordahl Bruns gate
St. Olavs kirke
Jakobs kirke
Ankerbrua
Botanisk hage
St. Olavs gate
HAMMERS BORG
Osterhaus gate
Hausmanns gate
Lakkegata
Wexels plass
Sars gate
Historisk Museum
Munchs gate
Akergata
Margreta-kyrkan
Bernt Ankers gate
Anker
Storgata
Christians Krogs gate
Frederiksg.
Kristian IV's gate
Nasjonal-galleriet
Tinghuset
Henrik Ibsens gate
Calmeyers gate
Vahls gate
Urtegata
TØYEN
Munch-museet
Universitet
Universitetsg.
Bristol
Regjerings-Bygning
Møllergata
Torggata
Nylandsveien
Nordby gate
Motzfeldts gate
Hersleb gate
Tøyen kirke
Hagegata
Nationaltheatret
Karl Johans gate
Paleet
Oslo Nye Teater
Opera
Storgata
Brugata
Tøyengata
Tøyen Munch Museet
Continental
National-teatret
Eidsvoll plass
Grand
Stortinget
VATERLAND
Deichmans gata
Stenners gata
Grønlandsleiret
Urtehaug gata
ENERHAUGEN
Grueg gate
Fridtjof-Nansens Plass
Nobels gate
Stortinget
Stor-torvet
Jernbane-torget
Grønland
Tøyenbekken
Borggata
Eiriks gat.
Freds-enter
Tordenskiolds g.
Rosenkrantz gate
Slottsg.
Biskop Gunnerus' gate
Oslo Sentral-stasjon
Schweigaards gate
GRØNLAND
Sigurds gate
Magnus gate
Rådhuset
Øvre Vollgate
Domkirke
Prinsens gate
Olsens gate
Grønland kirke
Åkebergveien
Severres gate
Rådhusgata
Akersg.
Tollbugata
Øvre Nedre
Småflaske-museet
Dronningens gate
Skippergata
Østbane-hallen
Platous gate
Hollender gata
Grønlandsleiret
Grønlands park
Rådhusgata
Engebret Café
City
Fred Strandg.
Teater-museet
Film museet
Børsen
Toll-museet
Jarlegata
Piper-vika
Akershusstranda
KVADRATUREN
Kongens gate
Museet for samtidskunst
Paléкaia
Rostocker-gata
Schweigaards gate
Langkaia
Oslo gate
Hjemmefront-museet
Akershus
Kirke-gata
Astrup Fearnleymuseet
Operaen
Akerselva
Nylandsveien
under construction
Arups gate
Ruin-parken
St. Halvards gate
Slotkirke
Oslotunnelen
Skippergata
Bjørvika
Bispegata
Festnings-plassen
Bispe-vika
Trebrygga
GAMLEBYEN
Forsvars-museet
Middelalder-parken
E18
Gamlebyen Gravlund
Dyvekes vei
Vippetangen
Sørengkaia
LOENGA
Alnagata
Fiske-hallen
Vippetangkaia
under construction
Sørengutstikker
Havneveien
Fransiskanerklosteret
SØRENGA
Mosseveien
Kongsveien
FJORDEN
Lohavn
København
OSLO
0
250 m

Oben: Mit Schwung in die Zukunft! Skateboardfahrer vor dem Rathaus von Oslo.

vardskirche (Oslogate 13) und der **Ladehof**, der auf den Resten des **Bischofspalastes** steht. Dieser wiederum wurde auf den Grundmauern einer frühen Olavskirche errichtet.

Außerdem sind nur noch die mittelalterlichen Ruinen eines ehemaligen **Zisterzienserklosters** auf der Insel Hovedøya im Fjord erhalten geblieben. Den heute „Altstadt“ genannten Teil Oslos bildet die Fläche zwischen Hauptbahnhof *(Sentralstasjon)*, Karl Johansgate, Rathaus und Fjord. Die Gebäude dieses Viertels **Kvadraturen** mit seine rechtwinkligen Straßenzügen entsprechen zwar nicht mehr denen der Anlage Christians IV., doch die Anordnung der Straßen folgt noch immer dem ursprünglichen Bauplan.

Die Innenstadt

Das Wahrzeichen Oslos ist das monumentale ***Rathaus** ②. Der 1931 begonnene und erst 1950 eingeweihte Ziegelsteinbau umfasst ein Hauptgebäude und zwei 60 m hohe Türme, deren östlicher ein Glockenspiel trägt. Der Bau wurde nach Plänen von A. Arneberg und M. Poulsen errichtet. Die Fassade ist mit Skulpturen und Reliefs geschmückt, die Szenen aus der norwegischen Geschichte und Gegenwart zeigen. An der Innenausstattung haben u.a. Sørensen, Krohg und Edvard Munch mitgearbeitet. Im Rathaus sind Teile der Stadtverwaltung, der Plenarsaal des Stadtparlaments und eine interessante Sammlung offizieller Gastgeschenke untergebracht. Im großen Saal findet alljährlich das Friedensnobelpreisdinner statt. Die große Halle, das „Wohnzimmer“ für alle Osloer Bürger, besticht durch ihre hervorragende Akustik und wird daher auch als Konzertsaal benutzt.

Ebenfalls an Alfred Nobel und an die zahlreichen Ideen und Aktivitäten zur Friedensstiftung und -erhaltung erinnert das südwestlich gegenüber dem Rathaus am Brynulf Bulls plass eingerichtete **Nobels Fredssenter** (Nobels Friedenszentrum).

Auf der Rückseite des Rathauses – dort ist auch der Eingang für normalen Publikumsverkehr und zu Besichtigungen – liegt der architektonisch angepasste, hufeisenförmige **Fridtjof-Nansen-Platz** mit der Touristeninformation in Nr. 5.

Nach wenigen Schritten nordwärts durch die **H. Heyerdahlsgate** mit ihren Souvenirgeschäften erreicht man die **Karl Johansgate**, die Flanier- und Einkaufsstraße Oslos. Hier pulsiert im Sommer das städtische Leben. Die unter Karl XIV. Johan angelegte Straße verbindet Hauptbahnhof und Storting (Parlament) mit dem Schloss. Vom Rathaus kommend, sieht man links das **Nationaltheater** ③. Der klassizistische Bau stammt aus dem 19. Jh., sein Inneres ist teilweise im Jugendstil gehalten. Vor dem Theater stehen die Standbilder der Nationaldichter Henrik Ibsen und Bjørnstjerne Bjørnson. Rechts vom Nationaltheater der so genannte **Studenterlunden**, früher ein kleiner Innenstadtpark mit Musikpavillon, heute ein Treffpunkt für Straßenmusikanten, mit einem Biergarten. Wendet man sich nun nach links, sieht man innerhalb des neuen „Betonzentrums" nur noch ein altes Gebäude, das ehemalige *Hotel Majestic,* an das die älteren Osloer keine guten Erinnerungen haben, war es doch während der Besatzungszeit Sitz der Gestapo.

An das westliche Ende der Karl Johansgate schließt sich die Auffahrt zum **Schloss** ④ an. Von 1825 bis 1848 errichtet, wird es seit Olav V. nur noch zum Arbeiten und Repräsentieren benutzt. Gewohnt hat der alte König auf seinem Bauernhof auf der Insel Bygdøy, der jetzige wohnt auf dem Holmenkollen. Vor dem Schloss steht ein Reiterstandbild von 1875 seines Bauherrn, Karl XIV. Johan. Die Auffahrt ziert eine Statue des Mathematikers Niels Henrik Abel, geschaffen von Gustav Vigeland; vom gleichen Künstler stammt auch das Standbild der Dichterin Camilla Collett hinter dem Schloss. Es kann im Sommer zeitweilig besichtigt werden, der Schlosspark ist immer zugänglich, viel Aufmerksamkeit findet die **Wachablösung** täglich um 13.30 Uhr.

Das kleine gelbe Haus am Ende des Parks ist das **Nobelinstitut** ⑤. Alfred Nobel hat testamentarisch festgelegt, dass der Friedenspreis seiner Stiftung in Oslo vergeben werden soll, und so ist es auch nach der Trennung von Norwegen und Schweden geblieben.

Schlendert man die Karl Johansgate auf der nördlichen Seite zurück, gelangt man zuerst zur alten, von Friedrich VI. 1811 gegründeten **Universität** ⑥. Heute ist hier nur die juristische Fakultät untergebracht. In der **Aula**, die bemerkenswerte Wandbilder von Edvard Munch schmücken, wurde früher der Friedensnobelpreis verliehen. Seit 1991 findet die Zeremonie im Rathaus statt.

Im Block hinter der Universität steht die ***Nationalgalerie** ⑦ (Eingang Universitetsgate 13) mit einer bedeutenden Sammlung norwegischer Maler, u.a. Munchs „Schrei", alter Meister wie Rubens, El Greco und Rembrandt und moderner Franzosen wie Cezanne, Degas und Gauguin. In dem schönen Jugendstilbau nebenan ist das ***Historische Museum** ⑧ untergebracht (Eingang Fredriks gate 2), dessen Glanzstück die umfangreiche Sammlung aus der Wikingerzeit des 9. bis 11. Jh. ist.

An der Ecke Karl Johansgate – Rosenkrantzgate befindet sich das **Neue Theater** ⑨, das größte Theater Oslos, bekannt für seine Revuen und Musical-Inszenierungen. Das scheinbare Ende der Prachtstraße Oslos bildet das Gebäude des ***Storting** ⑩. Seinen **Plenarsaal** schmückt ein Monumentalgemälde von Oscar Wergeland, das die *Verfassungsversammlung von Eidsvoll* darstellt. Daher heißt der Platz vor dem Parlament **Eidsvollplatz**.

Am **Wessels plass** nebenan steht das bemerkenswerte **Haus der Freimaurerloge** von 1839 mit seinem berühmten Empiresaal, der für Musik- und an-

dere kulturelle Veranstaltungen Verwendung findet *(Gamle Logen)*.

Zwischen Storting und Bahnhof sind Karl Johansgate und Seitenstraßen Fußgängerzone mit vielen Geschäften. Etwa 200 m östlich des Parlaments prangt auf dem **Stortorvet**, dem großen Markt, ein Standbild des Dänenkönigs Christian IV. An seiner Südseite steht die 1697 geweihte ***Domkirche** ⑪. Ihr Turm wurde in der Mitte des 19. Jh. vom Hamburger Architekten Alexis de Chateauneuf umgebaut. Bemerkenswert sind die **Deckengemälde** von Lous Mohr (*Dreifaltigkeit*, 1938), der barocke Altar, die Kanzel (um 1700) und die Silberskulptur *Das letzte Mahl* vom Arrigo Minerbi in der 1950 angebauten **Erlöserkapelle**. Seit 2006 wird der Dom restauriert, auch zur Saison 2008 war er noch nicht zu betreten.

Hinter der Domkirche liegen die im 19. Jh. entlang der alten Kirchenschutzmauern errichteten **Basarhallen**, die heute ein Zentrum des Kunstgewerbes sind. Hier endet auch der belebte Teil der Karl Johansgate. Südlich davon liegt das Viertel **Kvadraturen** mit seinen schönen Häusern aus dem 17. bis 19. Jh. Eine fruchtbare Mischung aus Geld und Kunst: Die Reederfamilie Fearnley und die reiche Kaufmannsfamilie Astrup z. B. sind Stifter des **Astrup-Fearnley-Museums** in der Dronningens gate 4. Moderne Kunst ab Mitte des 20. Jh. ist seine Spezialität.

Im beherrschenden Jugendstil-Granitbau von 1906 der ehemaligen Zentrale der Norwegischen Staatsbank am Bankplassen 4 zeigt das **Museum für Zeitgenössische Kunst** *(Museet for samtidskunst)* in prächtigen Räumen Werke aus staatlichem Besitz ab dem Zweiten Weltkrieg. Rundum erneuert und um einen modernen Pavillon erweitert zeigt das **Architekturmuseum** am Bankplassen 3 seit 2008 Wechselausstellungen zu Architektur und Design.

Einen Streifzug durch die Geschichte des Theaters seit dem 18. Jh. bietet das **Theatermuseum** in den Obergeschos-

Oben: Sehen und gesehen werden – Sommervergnügen auf der Karl Johansgate. Rechts: Ausdauer ist gefragt – die Wache vor dem Schloss von Oslo.

sen des *Gamle Rådhus*, zwei Blocks weiter am Christiania torv, dem Marktplatz des alten Christiania. Tatsächlich diente das Gebäude ab 1641 als Rathaus und gilt als das älteste noch vorhandene Bauwerk von Kvadraturen.

Eine moderne Brunnenskulptur auf dem Platz, „Handschuh von Christian IV.", erinnert an den tatkräftigen und bauwütigen Dänenkönig, der dem damaligen norwegischen Wirtschaftsleben starke Impulse gab.

Südwärts gelangt man zur ***Festung Akershus** (①). In die mittelalterliche Festung hatte sich Christian IV. ein Renaissanceschloss bauen lassen. Heute wird es zu Repräsentationszwecken genutzt. Besichtigt werden kann der **Saal Christians IV**. und die **Schlosskirche** mit der **Krypta**, der letzten Ruhestätte der Familie Håkons VII. Innerhalb der Festung liegen auch das Militärmuseum und das **Museum des norwegischen Widerstands** (*Norges Hjemmefrontmuseum*).

In der Bucht **Bjørvika** östlich der Akershus-Halbinsel eröffnete 2008 Oslos neues **Opernhaus** aus Glas und Carrara-Marmor (Architekturbüro Snøhetta). Ein Wohnviertel und 20 000 Arbeitsplätze werden dies ehemalige Hafenquartier völlig verändern. Ebenso wächst westlich der Festung Akershus, am jenseitigen Ufer der Hafenbucht **Pipervika**, als weiterer Teil der **Fjordstadt** auf der Halbinsel **Tjuvholmen** ein neues multifunktionelles Viertel heran. Den westlichen Kaibereich wertete man schon vor Jahren auf: ***Aker Brygge** ⑫, der frühere Hallenkomplex der Aker-Werft, lockt tagsüber Shopper und abends Gourmets und Kneipenbummler an, um die auch die **Restaurantschiffe** am Kai werben.

Die **Museumsinsel Bygdøy

Vor der Südseite des Rathauses gehen die Boote für Hafenrundfahrten, zu Ausflugsinseln im Oslofjord und zur „Museumsinsel" ****Bygdøy** ⑬ ab. Sie

ist eine Halbinsel und daher auch mit dem Auto oder der Buslinie 30 zu erreichen. Das Boot legt beim **Frammuseum** an. Davor liegt die *Gjøa*, mit der Amundsen 1903-06 die Nordwestpassage bewältigte. Die *Fram* diente erst Nansen für seine Drift im Nordpolarmeer, dann seinem ehemaligen Ersten Offizier Amundsen bei dessen erfolgreichem Wettlauf zum Südpol. Direkt daneben steht das **Museum der Kon-Tiki**, jenes Floßes, mit dem sich Thor Heyerdahl 1947 von Südamerika nach Polynesien treiben ließ.

Vom **Bygdøynesveien** geht man zum **Wikingerschiffmuseum** an der **Huk Aveny**. Drei je 20 m lange und nach ihren Fundorten benannte Boote sind hier ausgestellt. Solche Gefährte dienten den Wikingern in vorchristlicher Zeit als Schiffe für Expeditions- und Kaperfahrten oder als Grabstätten für Häuptlinge. Die ausgestellten Schiffe waren Begräbnisstätten, wie die hier ebenfalls präsentierten Grabbeigaben beweisen. Hinter dem Schiffsmuseum liegt das Freilichtmuseum **Norsk Folkemuseum**. Aus allen Landesteilen stammen

die Häuser, Bauernhöfe, Handwerksbetriebe, alte Apotheken oder Dorfläden. Im Haupthaus sind Gebrauchsgegenstände aus dem Land der Samen (Lappland) und das Arbeitszimmer Henrik Ibsens ausgestellt. Höhepunkte dieses Museums sind die **Stabkirche von Gol** aus dem 13. Jh., die man hier wiedererrichtet hat, und die sogenannte **Raulandstue** (14. Jh.) aus dem Numedal.

In der **Villa Grande**, einst Wohnsitz eines Reeders in der Huk Aveny, residierte zur Besatzungszeit Vidkun Quisling. Hier befasst sich heute das **Holokaustzentrum** mit den Themen Völkermord und religiöse Minoritäten. Von der Insel **Dronningen** (mit Restaurant) kann man per Boot zum Rathausplatz zurückfahren.

Die Vigeland-Anlage

Um zum ***Frognerpark** ⑭ und zur darin gelegenen **Vigeland-Anlage** zu gelangen, kann man einen Spaziergang machen oder öffentliche Verkehrsmittel benutzen. Zu Fuß kommt man z. B. in 25 Minuten von der Schlossauffahrt durch den **Schlosspark** und durch **Wergelandsveien**, **Hegdehaugsveien** und **Bogstadveien** zur Station **Majorstuen**. Es sind belebte Straßen mit vielen alten restaurierten Bürger- und Diplomatenhäusern.

Benutzt man die *T-Bane* (U-Bahn), steigt man an der Station Majorstuen aus. Schlendert man ein Stückchen den **Kirkeveien** hinab, ist bald das von Vigeland selbst gestaltete Tor zu seinem Park erreicht. Das Gelände wurde Vigeland in den 1920er Jahren von der Stadt Oslo zur Verfügung gestellt, um Platz für sein Hauptwerk zu schaffen, das er im Gegenzug der Bevölkerung von Oslo schenkte.

Vigeland war 1869 in Südnorwegen als Gustav Thomsen geboren worden. Vigelands Vater, ein trunksüchtiger, pietistischer Mann, pflegte seine Kinder am Karfreitag nur aus dem Grund zu peitschen, weil man am Leidenstag des Herrn gefälligst auch zu leiden habe. Der Sohn floh von zu Hause und

Oben: Im Frognerpark – Kinder begreifen Vigeland spielend.

Stadtplan S. 44-45, Info S. 52-53

meißelte sein Leben lang gegen diese Kindheit an, um am Ende feststellen zu müssen, dass sich die Spuren der Vergangenheit nicht tilgen ließen und ihm Dinge wie Liebe und Zärtlichkeit trotz aller Bemühungen fremd geblieben waren. Auch Stationen wie Trondheim, Kopenhagen oder Paris brachten ihn in der Bewältigung seiner persönlichen Probleme nicht weiter.

Nach Oslo zurückgekehrt, stürzte er sich auf sein Hauptwerk, jenen Park, der das Leben in allen Facetten symbolisieren sollte. 650 Skulpturen und Reliefs aus Granit und Bronze hat er dazu selbst geschaffen oder entworfen. Sie präsentieren sich als die **Brückengruppe**, die **Brunnengruppe** und als **Säule des Lebens**, ein 17 m hoher Monolith aus 121 miteinander verschlungenen Leibern, und als **Rad des Lebens**. Wenn auch die handwerkliche Meisterschaft besticht, so sind seine Interpretationen – besonders von Frauen und Kindern – mehr als bedrückend. Thomas Hobbes' Erkenntnis, dass der Mensch des Menschen Wolf sei, ist hier Stein geworden.

Links vom Eingang liegt das **Stadtmuseum** ⑮ mit Dokumenten zur Stadtgeschichte, unweit davon das **Vigelandmuseum** ⑯ mit dem ehemaligen Atelier Vigelands, in dessen Turm die Urne des Künstlers steht.

Holmenkollen – Der Hausberg Oslos

Stilecht gelangt man mit der T-Bane 1, der Holmenkollenbahn, auf den **Holmenkollen** ⑰; ab Nationaltheater dauert die Fahrt eine halbe Stunde. An schönen Wochenenden sollte man früh aufstehen, um lange Wartezeiten zu vermeiden. Im Winter umziehen den 370 m hohen Berg über 1000 km gespurte Loipen, ein bedeutender Teil von ihnen ist sogar beleuchtet. Im Sommer werden sie als Wanderwege genutzt.

Die berühmte **Holmenkollenschanze** ist in die Jahre gekommen: 2008 wurde die berühmteste Sprungschanze Norwegens zum letzten Mal bei einem großen Sportfestival in ihrer alten Form benutzt, dann wird das Skisportareal mehrere Jahre intensiv renoviert, um zur Weltmeisterschaft 2011 modernsten Ansprüchen zu genügen.

Zur Schanze führt ein **Lift**, im Schanzentisch gibt es ein Restaurant. Darunter ist im **Skimuseum** die Entwicklung der Schneebretter mit Fundstücken illustriert. Man sieht auch Teile von Nansens Polarausrüstung – sein Standbild ziert den Eingang. Meist dicht umlagert ist der Skisprungsimulator.

An der Auffahrt zur Schanze steht König Olav V. auf Skiern mit seinem Pudel Troll: Die Statue ist ein Geschenk der Einwohner Oslos zu seinem 80. Geburtstag, denn der König war ein begeisterter Skiläufer und ständiger Sonntagsgast am Holmenkollen.

Die Hauptstraße führt weiter bergauf zum **Fernsehturm** (*Tryvannstårnet*) auf dem Gipfel. Von der Aussichtsplattform hat man bei klarem Wetter einen herrlichen, weiten Blick über die Stadt und den Fjord. Kostenlos ist dieser Blick vom **Denkmal des Wegebaudirektors Kråg** am Voksenkollveien.

Der Maler und die Eisprinzessin

Zwei weitere Museums-Highlights seien noch empfohlen: Im ***Munch-Museum** ⑱, Tøyengate 53, im Osten der Stadt, ist der Nachlass des expressionistischen Malers Edvard Munch ausgestellt, u.a. Gemälde, Skulpturen, Grafiken und Aquarelle. Das nahe Multi-Kulti-Viertel **Grønland** und die Bars und Kneipen in **Grünerløkka**, Oslos angesagtem Viertel östlich der Akerselva, locken Künstler und Genießer an.

Westlich der Stadt, erreichbar über die E18 Richtung Drammen oder per Drammenbahn bis Blommenholm, liegt das **Henie-Onstad-Zentrum** ⑲, eine bedeutende internationale Kunstsammlung, die Eiskunstläuferin und Olympiasiegerin Sonja Henie mit ihrem vierten Gatten zusammengetragen hat.

SVINESUND

Norwegische Seite der E 6, Tel. 6919 0990, Sept.-Mai Mo-Fr 9-15.30, Sa 9-14 Uhr; sonst Mo-Fr 8.30-20.30, Sa. 9-16, So 10-17 Uhr. Norwegen- und Schweden-Infos.

HALDEN

Torget 2, www.visithalden.com, Tel. 69190980, Mo-Fr 9-15.30, Ende Juni-Mitte Aug. bis 16.30 Uhr.

Festung Fredriksten, **Museen**: Ende Mai-Aug. 10-17 Uhr, Sept. So 12-15 Uhr, **Rød Herrenhaus**, Führungen 20.6.-20.8, Di-So, Sept. nur So, Tel. 69185411; **Theater**, nur Gruppen, Anm. Tel. 69185411.

FREDRIKSTAD

Tøyhusgaten 41, 1632 Gamle Fredrikstad, www.opplevfredrikstad.com, Tel. 69304600, Mitte Juni-Mitte Aug. Mo-Fr 9-17, Sa, So 12-17 Uhr, sonst Mo-Fr 9-16.30 Uhr.

MOSS

Skoggt. 52, Tel. 69241520, www.visitmoss.no, Mo-Fr 9-16, Sa 10-14 Uhr.

INSEL JELØY

Herrenhaus Alby (Galerie), Di-So 11-17 Uhr, www.galleriF15.no.

DRØBAK

Sjøtorget, Havnegt. 4, Tel. 64935087, www.visitdrobak.no.

Festung Oscarsborg, Museum, Führungen im Sommer, Fähre u. a. auch ab Oslo; www.oscarsborg.no, Tel. 64904161.

OSLO

VisitOSLO, Tel. 81530555 (Mo-Fr 8-16 Uhr), www.visitoslo.com, **Fridtjof Nansens plass 5** (zwischen Rathaus und Karl Johans gate, Eingang von der Roald Amundsens gate), Juni-Aug. tägl. 9-19, April, Mai, Sept Mo-Sa 9-17, sonst Mo-Fr 9-16 Uhr. **Trafikanten** (gläserner Turm vor dem Hauptbahnhof (*Sentralstasjonen*, Oslo S), tägl. Mo-Fr 7-20, Sa, So 8-18 Uhr, Mai-Sept. 8-20 Uhr, Fei 10-16 Uhr. **Kreuzfahrtterminal**: geöffnet bei Schiffsbesuch.

Bagatelle, Bygdøy Allé 3, Tel. 22121440, das beste und teuerste Fischrestaurant. **Blom**, Karl Johansgt. 41 B, Tel. 22427300, Künstlerrestaurant mit schöner Innenausstattung. **D/S Louise**, Stranden 3, im Einkaufszentrum Aker Brygge, mit der Inneneinrichtung einer alten Fähre, Tel. 22830060. **Najaden**, Seefahrtsmuseum, Insel Bygdøy, Tel. 22438180, schönes Fischrestaurant mit Blick auf die Innenstadt.

AUSSICHTSRESTAURANTS: **Frognerseteren**, Holmenkollenvn. 200, Tel. 22924040, und **Holmenkollen**, Holmenkollenvn.119, Tel. 22139200, beide mit herrlichen norwegischen Buffets.

CAFÉS: **Theatercafeen**, im Hotel Continental, typische Kaffeehausatmosphäre. **Grand Café**, im Grand Hotel, Ibsens Stammcafe.

INTERNETCAFÉS: **Unginfo**, Møllergt. 3. **Studenten Nett Café**, Karl Johans gt. 45.

Aker Brygge, Einkaufpassage, 60 Geschäfte unter einem Dach, weitere Möglichkeiten um den **Stortorvet** und zwischen **Rathaus** und **Karl Johansgate**. Speziell für Kunsthandwerk: **Norway Designs**, Stortingsgt. 28; **Heimen Husflid**, Rosenkrantz gt. 8. **Husflid AS**, Møllergt. 4; **Basarhallene**, hinter der Domkirche, ideal für Freunde guten Kunsthandwerks, aber nicht billig. Ladenöffnungszeiten: Mo-Fr 10-17 Uhr, Sa 10-14 Uhr. **House of Oslo**, Ruseløkkveien 26, Einkaufszentrum mit 20 Geschäften für skandinavisches Design.

ZENTRUM: **Rathaus**, Mai-August tägl. 9-17 Uhr, sonst 9-16 Uhr; Führungen 10, 12, 14 Uhr; geschl. bei Sonderveranstaltungen. **Nobels Fredssenter**, Brynjulf Bulls plass 1/2, tägl. geöffnet, s. www.nobelpeacecenter.no. **Universitätsaula**, Karl Johansgt. 47, i. Juli 12-14 Uhr. **Schloss**, engl. Führungen Ende Juni-Mitte August tägl. 14, 14.20 Uhr, Eintrittskarten auf Postämtern. **Nationalgalerie**, Universitetsgt. 13, Tel. 2220 0341, Di-Fr 11-17, Do 11-19, Sa, So 12-16 Uhr. **Historisches Museum**, Frederiks gt. 2, Mitte Mai-Mitte Sept. Di-So 10-16 Uhr, sonst Di-So 11-16 Uhr. **Storting**, Juli-Mitte August, Führ. tägl.10, 11.30 u. 13 Uhr, sonst nur Sa. **Domkirche**, Stortorget 1, Tel. 23314600, www.os-

lodomkirke.no, 2008 wegen Renovierung geschlossen.
AKERSHUS, KVADRATUREN: Das Freigelände der **Festung Akershus** ist tägl. 6-21 Uhr offen. **Schloss**: Mo-Sa 10-16, So 12.30-16, sonst Do 13 Uhr engl. Führg. **Museum des norweg. Widerstands**, Sept.-Mai Mo-Fr 10-16, Sa, So 11-16, sonst Mo-Fr Mo-Sa 10-17, So 11-17 Uhr. **Filmmuseum**, Dronningensgt. 16, Di-Fr 12-17, Do 12-19, Sa 12-16 Uhr. **Museet for samtidskunst**, Bankplassen 4, Di, Mi, Fr 10-18, Do 10-20, Sa, So 10-17 Uhr. **Architekturmuseum**, Bankplassen 3, Di-Fr 11-17, Do 11-19, Sa, So 12-16 Uhr. **Astrup Fearnley Museum f. Moderne Kunst**, Dronningens gt. 4, Di, Mi, Fr 11-17, Do 11-19, Sa, So 12-17 Uhr.

MUSEUMSINSEL BYGDØY: **Frammuseum**, Tel. 23282950, Okt.-April 10-15/16 Uhr, Juni-Aug. länger. **Kon Tiki Museum**, Tel. 23086767, Juni-Aug. 9.30-17.30 Uhr, sonst 10.30-16/17 Uhr. **Wikingerschiffmuseum**, Mai-Sept. tägl. 9-18, sonst 11-16 Uhr, Uhr. **Seefahrtsmuseum**, Mitte Mai-August tägl. 10-18, sonst 10.30-16, Do 10.30-18 Uhr. **Norsk Folkemuseum**, 15.5.-14.9. tägl. 10-18 Uhr, sonst Mo-Fr 11-15, Sa, So 11-16 Uhr; jährlich großer Weihnachtsmarkt. **Holocaustsenteret**, Huk aveny 56, www.hlsenteret.no, Di-Fr 10-16.30, Sa, So 11-16.30 Uhr.
ÜBRIGES STADTGEBIET: **Vigelandanlage**, ständig geöffnet. **Vigelandmuseum**, Nobels gt. 32, Sept.-Mai Di-So 12-16, sonst 11-17 Uhr. **Skimuseum**, **Holmenkollenschanze**, Sept.-Mai 10-16/17, sonst 9-20 Uhr. **Fernsehturm Tryvannstårnet**, Mai, Sept. 10-17, Juni 10-19, Juli-Aug. 9-20, sonst 10-16 Uhr. **Munch Museum**, Tøyengt. 53. (Buslinie 29), Juni-August tägl. 10-18, sonst Mo-Fr 10-16, Sa, So 11-17 Uhr. **Henie-Onstad-Zentrum**, Høvikodden (Buslinie 151,161, 252, 261 ab Oslo S) Tel. 67804880, www.hok.no, Di-Do 11-19, Fr-So 11-17 Uhr.

Festivals, Auswahl: Juli-August: Oslo Konzerthaus, Munkedamsvn. 14, Mo u. Do norwegische Volkstänze, ab 20.30 Uhr. Anfang August: Oslo Jazzfestival. Ende Juli/ Mitte August: Olsok i Maridalen, historisches Freilichttheater.

Kulturelle Veranstaltungen, Überblick im Monatsprogramm „What's on in Oslo". **Oper**, Skur 51, Tel. 22240419, www.operaen.no; Besichtigung möglich.

Frognerbadet, Freibad neben Vigelandanlage, m. Oslo-Karte gratis; **Tennisplätze** sind im Winter Eislaufbahnen. **Ski**: um Oslo 2600 km präp. Loipen, über 100 km beleuchtet. Der Oslofjord ist beliebtes **Segelrevier**. Mark. **Wanderwege** rund um Oslo.

Grünerløkka, „Szene" nördl. des Zentrums mit Bars wie **Café Kaos**,Thorv. Meyers gt. 56, **Bar Boca**, Nr. 30. Im Sommer: um den **Studenterlunden**, Kneipen bei **Aker Brygge**; Gegend um **Majorstua**: z.B. **Lorry Restaurant**, Parkv. 12, mit 129 Biersorten.

Monatsprogramm aller angesagten Musikkneipen in „What's on in Oslo".

FLUG: Flughafen **Gardermoen**: ca. alle 10 Min. per *Flytoget* ab Oslo S u. weiteren Bahnen u. Bussen. Flughafen **Torp**, Zubringer: www.torpekspressen.no. Flughafen **Moss-Rygge**, www.en.ryg.no. Fluggesellschaften: **SASBraathens**, Tel. 67597000, 05400, www.sasbraathens.no. **Widerøe**, Tel. 67116000, 81001200, www.wideroe.no. **Norwegian Air Shuttle**, Tel. 21490015, www.norwegian.no.
BAHN: NSB, www.nsb.no; tägl. Trondheim, Bergen, Stavanger, Åndalsnes, Narvik über Stockholm, NSB Fernverkehr Tel. 81500888; Nahverkehr Oslo/ Umgebung Tel. 177, aus d. Ausland 81500176; www.trafikanten.no.
BUS: Zentrale Busstation: Schweigaardsgt. 8-10, nördl. d. Bahnhofs, NOR-WAY Bussekspress AS, Karl Johansgt. 2, Tel. 8154 4444, www.nor-way.no. Lavprisekspressen, preiswert nach Bergen, Trondheim, Kristiansand, www.lavprisekspressen.no.
FAHHRAD: Übersicht Radwege s. www.oslosykkelkart.no; Stadtfahrräder für kurzfristige Ausleihe April-Nov. 70 NOK pro Tag, s. www.adshel.no oder www.visitoslo.com.
UMGEHUNG VON OSLO: Fähren über den Oslofjord: **Moss-Horten** (30 Min, alle 45 Min.); **Strömstad** (Schweden)-**Sandefjord**; **Strömstad-Langesund**.

SÜDNORWEGEN

DIE KÜSTE VON TELEMARK BIS KRISTIANSAND
NORDSJØVEGEN
STAVANGER
RYFYLKE-, SULESKAR- UND SETESDAL-STRASSE
TELEMARK-KANAL

DIE KÜSTE VON TELEMARK BIS KRISTIANSAND

Wenn sich die Europastraße E18 westlich von **Larvik** ❶ durch die bewaldeten Hügel der Provinz **Telemark** schlängelt, regieren Kiefern- und Fichtenforste zwischen abgerundeten, aber dennoch steil aufragenden Felsen, und die wenigen Bauernhöfe müssen sich mit dem oft spärlichen Boden in engen Tälern zufrieden geben. In diesem Teil des südlichen Norwegen bestimmte die Ausbeutung der vielfältigen Bodenschätze und des Waldes immer wieder auch das Schicksal der Menschen.

Vielleicht ist **Brevik** ❷ sogar stolz auf die neben der E18 zwischen Bäumen aufragenden gewaltigen Silos des *Norcem* Zementwerks? Seine bis 200 m unter den Meeresspiegel reichenden Kalksteinstollen sind im Sommer Touristenattraktion, es mag den Brevikern aber eher gefallen, wenn die Besucher die Holzhäuser der 150 Jahre alten Hafenstadt am Eidangerfjord bewundern, am besten unter Führung des „historischen" Nachtwächters.

Die 40 m hohe Brevik-Brücke führt seit 1962 die E18 über den Friersfjord und verhalf dem Fährort **Stathelle** zum Dornröschenschlaf. Noch stiller ist es geworden, seit 1996 etwas weiter nördlich die Autos über die neue Grenland-Brücke und die anschließenden Tunnel fahren können. Doch Urlaubshungrige wissen um die abwechslungsreiche, gemütliche Skagerrak-Riviera und begeben sich gleich auf die kleinen Küstenstraßen, wenn sie nicht ohnehin mit dem Boot unterwegs sind.

Vorherige Seiten: Spiegelungen – Felsen bei Elkeland. Links: Schwindel erregender Blick vom Preikestolen auf den Lysefjord.

Langesund ❸, schon im Mittelalter ein europaweit bekannter Werftort, später berühmt als Exporthafen für Bauholz, wartet mit einem umfangreichen Gästehafen auf. Nicht nur die Küste lädt hier zum Schippern ein, sondern auch die 105 km lange spannende Strecke des Telemark-Kanals im Hinterland. Westlich davon, in der alten Kirchengemeinde **Bamble**, liegen nahe der E18 zahlreiche aufgelassene Bergwerke, z. B. **Ødergårdens Verk**, wo bis zum Beginn des 20. Jh. bis zu 800 Beschäftigte das Mineral Apatit abbauten.

Zurück an der Küste, erinnern die deutschen Befestigungsanlagen im **Trolldal** ❹ an den Zweiten Weltkrieg. Viel anziehender wirkt die 7,5 km lange und maximal nur 1 km breite, von Endmoränenschutt bedeckte Insel **Jomfruland** ❺ mit ihren Natur- und Vogelschutzgebieten und dem Leuchtturm aus dem Jahr 1839.

Die Gutsanlage **Berg Kragerø** mit ihrem Museum zeigt, wie die Landwirtschaft vor 200 Jahren aussah. Sie liegt nahe der Stadt **Kragerø** ❻ – die Schöne unter den hiesigen Häfen; der Maler Edvard Munch nannte sie 1909 „die Perle unter den Küstenorten“. Das Tourismusbüro hat den Slogan übernommen, und allein 6 Antiquitätengeschäfte – in einem Ort mit 10 000 Einwohnern – leben gut davon. Vom geschützten Hafen laufen Boote in die Schärenwelt aus und verteilen die zahlreichen Besucher.

Im benachbarten *fylke* Aust-Agder ist das Holzhausstädtchen **Risør** ❼ besonders stolz auf sein Stadtbild und den Holzbootbau. Der hiesige Stadtwächter erinnert die Besucher beredt an die Blütezeiten der malerischen Stadt während des Holzhandels mit den Niederlanden im 16. und der Ära der Segelschiffe im 19. Jh. Weitere 20 km südwestlich wetteifert bereits **Tvedestrand** ❽ mit den übrigen schmucken Küstenorten. Die heute 2000 Einwohner zählende Siedlung war der Hafen für drei Gemeinden im Küstenhinterland, bis im 18. Jh. hier außerdem Eisen aus dem **Hüttenwerk Næs** (Næs Jernverk, 2 km westlich der E18) verschifft wurde. Bis 1880 war es in Betrieb, heute ist es Museum. Noch kleiner und nur per Schiff erreichbar ist **Lyngør** ❾. Seit diese autofreie Holzhaussiedlung, die sich über vier Inselchen erstreckt, im Jahr 1990 den Titel „Besterhaltenes Dorf Europas“ bekommen hat, strömen zur Sommerzeit viele tausend Touristen herbei, um sich davon zu überzeugen.

Arendal ❿ ist Regionalhauptstadt mit Einkaufsstraßen, Krankenhäusern, Schulen und weit und breit dem einzigen *vinmonopolet*. Stadtbrände haben die alten Häuser nahezu beseitigt, ein wenig mühsam päppelt man den am Wasser gelegenen Ortsteil **Tyholmen** als historisches Holzhausviertel auf. An dessen Südseite steht seit 1812 der fast schmucklose, aber wegen seiner Größe beeindruckende Holzbau, der 1844 zum **Rathaus** wurde. Es überschaut einen der beiden Gästehäfen. Beliebter ist die malerische, enge Bucht des **Pollen**.

Vorsorglich warnen die Arendaler lärmempfindliche Bootsgäste: Da könnte es in lauen Sommernächten bis in die frühen Morgenstunden sehr gesellig zugehen, zumal viele Restaurants und Kneipen nahe der Kaimauer liegen. Im **Aust Agder kulturhistoriske senter**, Museum und Archiv im Norden der Stadt, wirft man einen ausführlichen Blick in die bewegte Vergangenheit von Stadt und Umland. Segelschiffzeit, Eisengewinnung und -verarbeitung, besonders die Herstellung von Eisenöfen, machten die Gegend berühmt.

In **Stallen** (R42 Richtung Evje) ist der 1765 errichtete Hüttenbetrieb **Frolands Verk** ⓫ mit seinen Verwaltungsgebäuden im Rokokostil als Museum zu besichtigen.

Info S. 66-67

Nicht nur Verehrer von Henrik Ibsen sollten **Grimstad** ⓬ gesehen haben. Als 15-jähriger begann der spätere Dichter dort 1844 eine Apothekerlehre. Vor der Kulisse der roten Bootsschuppen am Hafen und der weißen Holzhäuser der Innenstadt erhebt sich der malerische Kirchenhügel mit Norwegens zweitgrößter Holzkirche (1881). Hier weht einem recht unverfälscht Ibsens Zeit entgegen, besonders wenn man das ihm gewidmete **Museum** besucht.

Auf ihrem Weg weiter nach Westen berührt die E18 zwischen Grimstad und **Lillesand** stellenweise die Küste und offenbart so auch dem rasch Durchreisenden einen Blick auf den verwirrenden Wechsel von bewaldeten Buchten, begrünten, steinigen Inseln und nackten Schären. Das ist die sommerliche Urlaubswelt von unzähligen Feriengästen, besonders für Segler und Angler. Der Übergang von Meer und Land der Insel- und Küstenwelt ist so vielfältig, dass jeder sein verschwiegenes Plätzchen findet, ohne dass ihn ein Nachbar stört. Ausländische Besucher sollten berücksichtigen, dass die Norweger ihre Privatheit schätzen, und sich an die ungeschriebene Regel halten, in der freien Natur gebührenden Abstand zu wahren.

Das naturschöne Binnenland mit seinen von Seen durchsetzten Waldgebieten, in denen sich Elche, Rotwild und Biber tummeln, erlebt man am besten auf Wander- oder Paddeltouren. Der Tourismus in der Umgebung der R41 (*Telemarksvegen*), zwischen der Küste

bei Kristiansand und dem Telemark-Kanal bei Kviteseid, steckt zur Freude aller Freunde von Einsamkeit und Naturgenuss noch in den Kinderschuhen: Kleine Museen zeigen lokale Industrien, z. B. Torfstreuproduktion bei **Birkeland** ⑬ – hier rauschen malerische Wasserfälle direkt an der R41 – oder Produkte aus Stein im Kletterparadies **Nissedal** ⑭, sowie historische Gehöfte (**Drangedal**, **Kviteseid Bygdetun**, **Grimdalen**, **Fyresdal**).

Ortskundige weihen Wissensdurstige auf Wanderungen in das Leben der Biber ein („Bibersafari“) oder führen Kurse durch, in denen Besucher lernen, mit traditionellen Werkzeugen ein norwegisches Blockhaus herzustellen. Auf den beiden lang gestreckten Seen **Nisser** ⑮ und **Vråvatn** ⑯ kann man Boot fahren oder Landschaft und Schleusenanlagen vom Motorschiff „Fram“ aus genießen. Im Hügelland westlich der Seen locken Wanderpfade.

Oben und rechts: Die tausend Inseln der Schärenküste, im Sommer ein Paradies für Segler.

*Kristiansand

Die Blüte seiner 1641 gegründeten Stadt ***Kristiansand** ⑰ an der Mündung der Otra in den Skagerrak erlebte der dänische König Christian IV. nicht. Weder die Berufung zur Garnisonsstadt 1666, die den Bau der **Festung Christiansholm** nach sich zog, noch die Umsiedlung des Bischofs von Stavanger 1682 hierher, die der Stadt die **Domkirche** bescherte, brachten den Aufschwung, sondern erst die Industrialisierung und der Straßenbau.

Heute ist Kristiansand (77 000 Ew.) das wirtschaftliche Zentrum Südnorwegens: Fähren aus Dänemark (Hirtshals) verbinden es mit Mitteleuropa; Bahn, Europastraßen 18 und 39 und die Verbindung über das Setesdal auf der R9 bieten überlegene Standortgunst für Industrie und Gewerbe.

Nichts für Touristen? Weit gefehlt! Im alten Stadtkern **Kvadraturen** mit seinem rechtwinkligen Straßengitter ist leuchtet die Holzhaussiedlung **Posebyen**. Die Festung wurde wiederhergestellt und liegt malerisch zwischen zwei

Karte S. 58-59, Info S. 66-67

Yachthäfen. Moderne Kunst von 1800 bis in die Gegenwart präsentiert **Sørlandets Kunstmuseum**.

Angler loben die fischreiche Otra. Der **Botanische Garten**, das **Naturhistorische Museum**, die mittelalterliche **Oddernes Kirke** und das **Vest-Agder Fylkesmuseum** (Provinz-Heimatmuseum) liegen östlich der Otra und sind leicht auch per Fahrrad zu erreichen.

Weithin bekannt ist **Dyreparken** (Zoo) an der E18 mit einem Wolfsrudel, einem Hotel à la Arche Noah sowie einer Spielstadt für Kinder, **Kardemomme By**. Im **Kanonmuseum** steht die zweitgrößte Kanone der Welt und **Bredalsholmen Dokk** ist ein Museum für historische Eisenschiffe.

Eine der stärksten Triebfedern der Industrieentwicklung, die **Setesdalbahn**, die ab 1896 von den Nickelgruben von Evje das Erz zum Falconbridge Nikkelverk in Kristiansand transportierte, ist bereits ein Museumsstück: Für Freunde historischer Eisenbahnen verkehrt sie in der Sommersaison auf einer Strecke von 5 km (Grovane – Beihølen, nördlich von Vennesla).

AUF DEM NORDSJØVEG UND DER E39 DURCH DEN TIEFEN SÜDEN

Die rund 250 km lange Strecke der „schnellen" E39 von Kristiansand nach Stavanger berührt mehrmals die „langsame" Variante entlang der Küste: die Touristenstraße **Nordsjøveg**.

Eine echte Perle unter all den Stadtschönheiten entlang der Südküste ist ★**Mandal** ⓲. Die **Mandalselva** trennt die Hafen- und Gewerbegebiete auf ihrem Ostufer von der weißen Holzhausstadt, die sich an schroffe Felsen der Westseite schmiegt. Die große Empirekirche (1821) und einige bedeutende Handelshäuser des 18. Jh., als Lachs- und Holzexport nach England blühten, haben sich bis heute in der südlichsten Stadt Norwegens erhalten. Die übrigen Stadthäuser werden traditionell mit Holz verschalt und weiß gestrichen. Südlich von Mandal bietet der 800 m lange Sandstrand **Sjøsanden** ein Badevergnügen, das an der felsigen Schärenküste sonst selten zu genießen ist. Eine große Attraktion ist das alljährliche

Schalentier-Festival im August: In den Straßen der Stadt kann man am längsten Krebsbüfett der Welt schlemmen.

In der Gemeinde **Vigeland** ⑲, wo der Bildhauer Gustav Vigeland aufwuchs, zweigt die R460 von der E39 zum **Kap Lindesnes** ab, dem südlichsten Punkt Norwegens und der Grenze zwischen Skagerrak und Nordsee. Seit 1656 hat die felsige Landspitze ein Leuchtfeuer. Den jährlich rund 50 000 Besuchern verrät ein Hinweisschild, dass sie von hier bis zum Nordkap noch 2518 Straßenkilometer zurücklegen müssen.

Die benachbarte Halbinsel **Lista** ist mit mehr Bodenkrume gesegnet und war schon in der Steinzeit dicht besiedelt. Während der Bronzezeit verlief der Importweg des begehrten Metalls über dieses Gebiet. Felszeichnungen mit Schiffsdarstellungen in der Gemeinde **Penne** sowie Grabhügel mit Beigaben belegen den Reichtum, den der Seehandel mit dem übrigen Europa einbrachte. Der **Fedafjord** bildet einen so tiefen Einschnitt, dass sich an seinem Ende in **Kvinesdal** Küstenstraße und E39 treffen müssen. Für viele Kilometer bieten sich herrliche Ausblicke auf Wasser und steile Hänge, hier sieht der Norwegen-Neuling zum ersten Mal einen „richtigen" Fjord!

In **Flekkefjord** ⑳, dem geschützten Hafen mit dem kleinen Holzhaus-Stadtteil **Hollenderbyen**, das an den regen Handel mit den Niederlanden im 16. / 17. Jh. erinnert, können Nordsjøvegen und E39 wieder eigene Wege gehen. Auf dem Nordsjøvegen erlebt man die grandiose Felslandschaft von ***Dalane**, bevor man den jahrhundertealten Hafen **Egersund** ㉑ (u.a. mit Fährverbindung nach Hanstholm, Dänemark) erreicht.

Dann durchfährt man das saftige, grüne Weideland von **Jæren**. Seine Moränenböden wurden schon in Bronze-, Eisen- und Wikingerzeit kultiviert. Der sandige Untergrund beschert der Küste kilometerlange Kies- und weiße Dünenstrände. Das leicht gewellte, weithin landwirtschaftlich genutzte Land ist zum Radeln gut geeignet. Kein Wunder, dass seit 1880 in **Sandnes** ㉒ Fahrräder gebaut werden. Die Stadt rühmt sich der meisten Radwege des Landes. Man kann sich ein *sykkel* ausleihen, um die Freizeitanlage **Kongepark**, das umfangreiche **Rogaland Arboretum**, und den Ort der **Schlacht am Hafrsfjord**, wo Harald Schönhaar 872 die Vorherrschaft über die norwegischen Teilreiche errang, zu besichtigen. Auch die vielen kleinen Museen, Galerien, vorgeschichtlichen Fundstätten und Strände von Jæren sind gut per Rad zu erreichen.

*STAVANGER

Umgeben von jahrtausendealtem Siedelland, war ***Stavanger** ㉓ ein ausgezeichneter Standort für den 1125 errichteten Bischofssitz, 120 Jahre später erhielt der Ort am **Vågen**, der spitz zu-

Oben: So lässt's sich leben – Picknick am Strand. Rechts: Der alte Hafen von Stavanger, bewacht vom Brandwachtturm.

Karte S. 58-59, Info S. 66-67

laufenden Hafenbucht, Stadtrecht. Beide Auszeichnungen gingen 1682/86 vorübergehend an Kristiansand verloren.

Die im anglo-normannischen Stil errichtete **Domkirche** ist St. Svithun geweiht, einem Bischof von Winchester. Das dreischiffige romanische Langhaus des 12. Jh. erhielt Ende des 13. Jh. einen hochgotischen, lang gestreckten Chor mit zwei flankierenden Türmen. Der schmale, graue Bau überschaut den lebendigen Marktplatz und den von Ausflugsschiffen, Versorgungs- und Gästebooten belebten Vågen. An dessen Nordseite liegen die ältesten Teile der Stadt, die von vielen Feuern heimgesucht wurde. Um den vom Brandwachtturm gekrönten Hügel (**Valberg**) gruppieren sich Kneipen, Restaurants, Hotels, moderne Geschäfte und Büros. Auf der Südseite dagegen säumen rund 150 kleine, heimelige, sehr gepflegte Holzhäuser aus der Mitte des 19. Jh. die schmalen Gassen von **Gamle (Alt-) Stavanger**. Das einzige **Konservenmuseum** (*Hermetikkmuseet*) der Welt passt gut in dieses Nostalgieviertel.

Es waren der lohnende Fischfang und die Verpackung in Blechdosen, die Stavanger seit dem 19. Jh. zu Wachstum verhalfen. Doch seit 1971 kommt der Reichtum von den 170 km entfernten Ölplattformen in der Nordsee. Er hat dazu beigetragen, dass Stavangers Vergangenheit großzügig bewahrt und die Moderne zwanglos hinzugefügt werden konnte. Die Stadt von 114 000 Einwohnern, mit einem großen Ausländeranteil, besitzt hervorragend ausgestattete Galerien und **Museen** (u. a. für Archäologie, Buchdruck, Straßenbau, Telekommunikation). Das supermoderne **Öl-Museum** (*Norsk Oljemuseum*) eröffnete 1999 und bringt den Besuchern u. a. die Bohrinseln im Ekofiskfeld nahe. 2008 ist Stavanger europäische Kulturhauptstadt.

Als reiche Hauptstadt des **Rogaland** *fylke* kann sich Stavanger am kompliziert zerteilten **Boknafjord** ausgezeichnete Verkehrsverbindungen leisten. Tragflügelboote und leistungsfähige Motorfähren bedienen die Wasserstraßen, kilometerlange Tunnelröhren bis zu 230 m unter dem Meeresspiegel

(**Rennfast**-Strecke der E39 Richtung Bergen; so ist das **Utstein-Kloster** aus dem 13. Jh. auf der Insel **Mosterøy** rasch mit dem Auto erreichbar) und Hochbrücken machen viele Fähren überflüssig.

RYFYLKE-STRASSE UND SULESKAR-STRASSE

Erst 1965 wurde die **Ryfylke-Straße** eröffnet (R13). Sie wirbt als touristische Route mit vielen Sehenswürdigkeiten zwischen dem Lysefjord im Süden und ihrer Einmündung in die E134 bei Røldal. Von Stavanger aus erreicht man sie mit der Autofähre nach **Tau** ㉔. In der Umgebung der R13 finden sich gut erhaltene Zeugnisse aus der Bronze- und Eisenzeit: Ein prähistorisches Dorf wird bei **Forsand** ㉕ ergraben, zwischen Jørpeland und Tau fand man die **Felszeichnungen von Solbakk**, in **Tau** führt ein *kultursti* als Wanderpfad zu vorgeschichtlichen Grabungen, in **Årdal** ㉖ gibt es u. a. wikingerzeitliche Bootshäuser, den größten eisenzeitlichen Friedhof sieht man in **Ritland** (bei **Suldal** ㉘). Bauernstellen aus dem 16. Jh., z. T. mit Obstkulturen (z. B. **Vigatunet**; Umgebung von **Sand** ㉗), vermitteln historische landwirtschaftliche Praktiken.

Der berühmte Lachsfluss **Suldalslågen** war im 19. Jh flankiert von feinen Hotels für die englischen „Lachslords“; am Sandsfossen bei **Sand** ㉗ sind im **Lachsstudio**, einer Lachstreppe, die begehrten Fische auf ihrer Wanderschaft „hinter Glas“ zu besichtigen.

In **Suldal** ㉘ erfährt man bei einer Führung durch Norwegens größtes **Kraftwerk Kvilldal** von der Bändigung der reichen Wasser auf den Ryflkeheiene im künstlichen See **Blåsjø** und von dem riesigen hydroelektrischen Projekt **Ulla-Førre**. Der Nutzen des Projektes ist ökonomisch zweifelhaft, aus ökologischer Sicht ganz gewiss schädlich. Allerdings hal-

Oben: Dekorativ bemalte Wände schmücken die alte Holzkirche von Årdal, Rogaland. Rechts: Ein Reiseweg besonderer Art – der Telemark-Kanal zwischen Skien und Dalen.

Karte S. 58-59, Info S. 66-67

fen die für die Kraftwerksbauten nötigen Zufahrtswege, die Fjellgebiete zwischen der Ryfylke-Region und dem Setesdal für Wander- und Skitouristen zu erschließen. 70 Hütten von Wandervereinen liegen auf dem von markierten Wegen durchzogenen Hochland.

In seiner vollen Länge von 40 km lernt man den von steilen Ufern begrenzten ⋆**Lysefjord** nur auf einer Bootstour kennen. Will man die schroffen Abhänge direkt erleben, muss man vom Parkplatz an der Prekestolhytta zum ⋆⋆**Preikestolen** ㉙ (auch Prekestolen; „Kanzel") wandern, von dessen ungesicherter Plattform die Felswand 600 m senkrecht abfällt (Anfahrt 20 km ab Tau über Jørpeland; dann Wanderweg hin und zurück ca. 3-4 Std.).

Ähnlich aufregend ist der Weg zum **Kjerag bolt** am Nordende des Fjords: Nach **Lysebotn** ㉚, an das innere Fjordende, verkehrt eine Autofähre (Reservierung ratsam), so dass man die dort beginnende atemberaubende Bergstraße mit ihren 27 Spitzkehren als Ausgang zur Wanderung zum berühmten eingeklemmten Steinblock (bolt) nutzen kann oder ins landschaftlich reizvolle Hochland zur Weiterreise ins Setesdal. Die **Suleskar-Straße** reduziert die Strecke Oslo – Stavanger auf 489 km; sie ermöglicht Wanderern raschen Zugang zu ihrem Freizeitvergnügen, zumal darauf im Sommer der Schnellbus *Suleskarekspressen* fährt.

Setesdal

Diese Buslinie berührt in der Gemeinde **Valle** ㉛ das **Setesdal**. Seit 1939 erst gibt es eine durchgehende Straße zwischen Haukeligrend im Norden und Kristiansand an der Südküste, die R9, die größtenteils das Otratal benutzt. Berühmt sind die heute teils als Wanderwege bewahrten, beschwerlichen einstigen Lastpfade durch das Setesdal, aber auch nach Osten und Westen über die Fjellhöhen in die angrenzenden Talzüge zwischen **Fyresdal** (s. S. 60) und **Sirdalen**. Die Leute im Setesdal möchten den durchfahrenden Touristenstrom mit verlockenden Angeboten bremsen. Landschaftliche Highlights des Setesdal sind: die eindrucksvollen Felskulissen zwischen **Valle** und **Bykle** ㉜, die kahlen Fjellhöhen der ⋆**Setesdalheiene** mit Ausblicken auf das auch im Sommer schneebefleckte Gebirgsland, der atemberaubende Abstieg zur Haukelistraße und der lang gestreckte künstliche See **Byglandsfjorden** ㉝.

In **Hornnes** ㉞ begeistern die Ausstellungen des **Setesdal Mineral Park** in ehemaligen Kupfer- und Nickelerzgruben, während der Pfad **Evje Mineralsti** von **Evje** an aufgelassenen Bergwerken entlangführt. **Museen**, die das Andenken an die bäuerliche Kultur bewahren, gibt es in **Bygland**, **Flateland** (**Rygnestad**) und **Bykle** (**Huldreheimen**). Die winzige **Bykle Kirke** stammt aus dem 17. Jh. und wurde im 19. Jh. mit Rosenmalerei verziert. Im Norden ist **Hovden** ㉟ ein viel besuchter Ausgangsort für Wanderungen und Skispaß.

DER *TELEMARK-KANAL

Norwegens erster Exportartikel seit der Wikingerzeit war Schleifstein aus **Eidsborg** ㊱ in der Telemark. Von der versteckten Berggemeinde mit ihrer winzigen Stabkirche gelangte er überwiegend auf Wasserstraßen ans Meer: 500 m tiefer als das Dorf, in 72 m Meereshöhe, liegt der Seespiegel des 25 km langen **Bandak**, dessen Fortsetzungen **Kviteseidvatnet** und **Flåvatnet** sich bis auf 20 km dem **Norsjø** nähern. Dessen südliches Ende hat Verbindung mit dem Friersfjord und damit auch dem Skagerrak.

Doch erst seit 1892 ist dieser Wasserweg durchgängig mit Booten befahrbar. Für den Transport zwischen dem Meer und der 1872 errichteten Papierfabrik in **Notodden** ㊲ am Nordende des Norsjø schuf man schon 1861 Schleusenanlagen in **Skien** ㊳ und **Løveid** ㊴. Doch weitere 14 Schleusenkammern waren nötig, um für den damals einsetzenden Tourismus die Boote auf 72 m Höhe zu bekommen, so dass die Gäste bis ***Dalen** ㊵ zu dem gleichnamigen prachtvollen, exklusiven **Hotel** im Schweizer Holzhausstil per Dampfschiff gelangen konnten. Kutschen brachten sie von dort über die Haukelistraße nach Bergen.

Die nostalgische Bootsfahrt auf dem ***Telemark-Kanal** ist heute wieder ein attraktiver Weg durch die herrliche Landschaft der Telemark. Man kann sie auch mit Privatbooten durchführen. Wer lieber festen Boden unter sich hat, dem sei die den Kanal begleitende Fahrradstrecke empfohlen. Neben dem Götakanal in Schweden ist der Telemark-Kanal eine der wenigen Möglichkeiten, in Skandinavien im Binnenland mit dem Boot unterwegs zu sein – die Flüsse sind durchgehend nicht schiffbar. Die Wasserstraße ist nur sommers benutzbar, aber man kann vom Hotel Dalen aus ganzjährig die Reize dieses Landstrichs genießen, in dem sich einige Skizentren entwickelt haben.

SÜDNORWEGEN

LARVIK

Storgt. 48, Tel. 33139100, www.visitlarvik.no, Juni-Aug. 9-20, sonst Mo-Fr 9-16 Uhr.

Larvik Museum, **Herregården** und **Schifffahrtsmuseum**, Lage s. Karte von www.larvik.kommune.no, Mitte Juni-Mitte Aug. tägl. 12-17 Uhr, sonst in der Saison So 12-17 Uhr.

BREVIK / LANGESUND / SKIEN

Ganzjährig: Grenland Grenland AS, **Skien**, Nedre Hjellegt. 18, Tel. 3590 5520, www.grenland.no; Mitte Juni-Mitte August Mo-Fr 8.30-19 Uhr, Sa 10-16, So 11-16 Uhr, sonst Mo-Fr 8.30-16 Uhr. S. a. Telemarkreiser, Telemark-Kanal. Im Sommer: **Brevik**, Tel. 35565179, **Langesund**: Tel. 35965320.

KRAGERØ / RISØR

Kragerø,Tel. 35982388, www.visitkragero.no. **Risør**: Tel. 37152270.

ARENDAL

Langbryggen 5, www.arendal.com, Tel. 37005544, Juni-Aug. 9-20 Uhr, sonst Mo-Fr 9-16 Uhr.

Rathaus, Besichtig. währ. der Dienstzeit. **Aust Agder kulturhistoriske senter**, Museum u. Archiv, Parkveien 15, Mo-Fr 9-15 Uhr, Sa 9-13 Uhr, So 12-15 Uhr.

GRIMSTAD

Storgata 1 A, 4891 Grimstad, Tel. 3725 0168, www.grimstad.net, Juni-August 9-20 Uhr, sonst Mo-Fr 9-16 Uhr.

Ibsen-Haus, Mitte Mai-Mitte Sept. 10-15 Uhr.

Wandern, Raften, Klettern, Bibersafari im Hinterland: www.trondsvillmark.no.

Karte S. 58-59

KRISTIANSAND

Vestre Strandgt. 32, Tel. 38121314, www.sorlandet.com. Ende Juni-Mitte August Mo-Fr 8.30-18, Sa 10-18, So 12-18 Uhr, sonst Mo-Fr 8.30-15.30 Uhr.

Domkirche, Ende Juli-Mitte Aug., Mo-Fr 10-16, Sa 10-14 Uhr. **Oddernes-Kirche**, offen n.V., **Vest Agder Fylkesmuseum**, 20.6.-20.8. Di-Fr 10-18, Mo, Sa, So 12-18, sonst So 12-17 Uhr. **Naturhistorisches Museum**, 20.6.-20.8. tgl. 11-17, sonst Di-Fr 10-15, So 12-16 Uhr. **Dyreparken** (Zoo) ganzj., **Kardemomme By** Juni-Aug. **Bredalsholmen Dokk**, Mo-Fr 7-15, So 12-16 Uhr. **Kanonmuseum**, Sommer tgl., sonst So 12-16 Uhr .

MANDAL

Bryggegt. 10, 4514 Mandal, www.regionmandal.com, Tel. 38278300.

STAVANGER

Domkirkeplassen 3, Tel. 51859200, www.regionstavanger.com, Sept.-Mai Mo-Fr 9-16, Sa 9-14, Juni-Aug. tägl. 9-20 Uhr.

Sjøhuset Skagen, Skagenkaien 16, Tel. 51895180, norweg. und internat. Küche in ehem. Lagerhaus von 1710. **Straen Fiskerestaurant**, Nedre Strandgt. 15, Tel. 51843700, gute Fischgerichte.

Domkirche, Juni-August tägl. 11-19 Uhr, sonst Di-Do, Sa 11-16 Uhr. **Hermetikkmuseum** (Konservenmuseum), Øvre Strandgt. 88, 15.6.-15.8. tägl. 11-16 Uhr, sonst So 11-16 Uhr außer Dez. **Stavanger Museum**, Muségt. 16, und **Stavanger Schiffahrtsmuseum** Nedre Strandgt. 17/19, beide 15.6.-15.8. tägl. 11-16 Uhr, sonst So 11-16 Uhr, Infos über alle drei Museen: www.stavanger.museum.no. **Norsk Oljemuseum**, Kjeringholmen (neben dem Schnellbootterminal), www.norskolje. museum.no, Sept.-Mai Mo-Sa 10-16, So 10-18, sonst tägl. 10-19 Uhr; mit Restaurant Bølgen & Moi. **Arkeologisk Museum**, Peder Klowsgt. 30 A, www.ark.museum.no, Di 11-20, Mi-Sa 11-15, So -16 Uhr. **Wächtermuseum im Valberg-Turm** (Vektermuseet), Ausstell. im alten Brandwachtturm, Blick über die Altstadt; www.stavanger-kulturhus. no, Bibliothek Mo-Do 10-21, Fr -17, Sa-16 Uhr.

Lysefjord-Bootstouren: z. B. Minikreuzfahrt Stavanger-Lysebotn ab Stavanger Fiskepiren, Juni-Aug. tägl. mit Reserv., Tel. 51868788; Auto mitnehmen und die schöne 149-km-Strecke zurückfahren! **Preikestolen**: 2 Std. Wanderung zur „Kanzel" ab Jugendherb. Preikestolhytta: Fähre Stavanger-Tau (www.stavangerske.no) u. Bus Tau-Preikestolhytta. **Kongeparken** Freizeitpark: Ålgård bei Stavanger, www.kongeparken.no.

Schnellboote Stavanger-Haugesund-Bergen: Mo-Fr 4x, Sa, So 2x tägl., 4,5 Std., HSD Sjø A/S Flaggruten, Tel. 05505.

SETESDAL / EVJE

Evje, Tel. 37931400, www.setesdal.com, Mitte Juni-Mitte August Mo-Fr 10-16, Sa 10-14, sonst Mo-Fr 9-11 Uhr.

Evje Mineralsti, 2,5 km langer Mineralpfad zu 5 ehem. Gruben (flåtgruve); **Evje und Hornnes Mineralmus.** Info s. Evje.

Anfang Juli große **Mineralienmesse** in Evje.

DALEN / VINJE

Dalen, Tel. 35077065, www.visitdalen.com, ca. Mitte Juni-Anf. Sept. Mo-Fr 9-19, Sa, So 10-17, sonst Mo-Fr 8-15.30 Uhr.

TELEMARK-KANAL

Telemarkreiser AL, Nedre Hjellegt. 18, Skien, Tel. 35900020, www.visitTelemark.com, www.telemarkreiser.no.

Telemark-Kanaltouren: Skien-Dalen Mitte Mai-Anf. Sept., Hauptsais. tägl., Vor-/Nachsais. 4-x wöchentl; einf. Fahrt 11 Std., Rückf. per Bus möglich, Info: Telemarkreiser, s. o.; www. telemarkskanalen.no.

BRYGGEN HUSFLID

SJØBODEN

VON OSLO ÜBER DIE HARDANGERVIDDA NACH BERGEN

DIE SÜDROUTE:
OSLO – HAUGESUND – BERGEN

DIE NORDROUTE:
HØNEFOSS – GOL – EIDFJORD – BERGEN

Vidda bedeutet Hochfläche, weites Hochland. Die ***Hardangervidda** ist Europas größtes Hochplateau. Sie umfasst ein Gebiet von ca. 7500 km² und hat eine durchschnittliche Höhe von 1300 m. Ihr Zentrum ist der gleichnamige Nationalpark, mit 3400 km² der größte Skandinaviens. Die Eiszeit-Gletscher haben hier eine wellige Oberfläche hinterlassen: nackte Felsen, zahllose Seen und steinige Moränenwälle.

Im Norden des Gebietes erinnert der Hardangerjøkul (*jøkul* = Gletscher) noch an die eisige Vergangenheit. Auf der kargen Hochfläche ist es oft regnerisch und neblig, sogar im Sommer ist man vor Schneeschauern nicht sicher. An die 40 000 Rentiere leben in dieser weitläufigen Wildnis von Moosen und Flechten.

In der Jüngeren Steinzeit, als das Klima wärmer war als heute, wurde auf der Hochfläche vermutlich Ackerbau und Viehzucht betrieben. In den letzten Jahrhunderten war sie siedlungs- und verkehrsfeindlich. Dennoch trauten sich mutige Jäger, Viehzüchter und Händler hier herauf und überquerten unter Mühen und Entbehrungen diese Gebirgsbarriere zwischen West- und Ostnorwegen.

Vorherige Seiten: Sommernacht über Bergens Bryggen. Links: Anglernachwuchs – stolz auf seinen Makrelenfang.

Auch die heutigen Verkehrswege meiden und umrunden die Hardangervidda zumeist: Die E134 im Süden, die R13 an der West-, die R40 an der Ostseite, nur im Norden haben die Norweger bereits gegen Ende des 19. Jh. mit ihrem waghalsigen Eisenbahnbau begonnen, mit dem sie 1909 Oslo mit Bergen verbanden. Inzwischen verläuft auch die R7 durch die Vidda, im Gegensatz zur Bahn mit einem südlichen Bogen um den Hardangerjøkul in das westliche Fjordland.

Diese Verkehrswege bieten heutzutage jährlich ca. 25 000 Naturfreunden und zivilisationsmüden Wanderern ausgezeichneten Zugang zu der herben und herausfordernden Schönheit der Hardangervidda mit ihren rund 50 Hütten und 1700 km Wanderwegen. Dank geschotterter Stichstraßen und Bootsverkehr auf einigen Seen gelangt man auch relativ bequem in die Einsamkeit. Dennoch muss man in der riesigen Weite der Vidda zwischen 5-8 Tage für eine Durchquerung veranschlagen. Durchhaltevermögen ist gefragt, aber Steigungen halten sich in Grenzen, wenn man es nicht gerade auf die Gipfel von ***Hårteigen** (1690 m) oder ***Hardangerjøkulen** (1839 m) abgesehen hat. Die steile und z. T. üppig bewachsene Westseite der Vidda, zum Hardangerfjord hinunter, plant man am besten für den Abstieg ein.

DIE SÜDROUTE: OSLO – HAUGESUND – BERGEN

Kongsberg

Das alte Bergbaugebiet von **Kongsberg** ❶ am südöstlichen Ausläufer der Vidda erreicht man von Oslo aus über E18 und E134. Christian IV. gründete die Stadt, nachdem er 1624 begonnen hatte, in der Umgebung mit Hilfe deutscher Bergwerks-Fachleute Silber abzubauen. Durch den Wohlstand wuchs die Einwohnerschaft im 18. Jh. auf 10 000, die zweitgrößte im damaligen Norwegen.

Kongsbergs barocke **Kirche**, nach Plänen von Berghauptmann J. A. Stuckenbrock 1740-61 errichtet, ist mit 2400 Plätzen eine der größten des Landes. Die ehemalige Silberschmelze am Lågen ist heute **Bergbau- und Münzmuseum**. 1959 endete Kongsbergs Bergbau, aber in **Saggrenda**, 7 km westlich, an der E134, können Touristen in einen der ehemaligen Stollen der **Kongens Gruve** 2300 m weit und 350 m tief einfahren.

Die R40 begleitet den Ostrand der Hardangervidda zwischen Kongsberg im Süden und Geilo im Norden. Zusammen mit der stillgelegten Eisenbahn und dem Lauf des Lågen, der auf der Vidda entspringt, führt sie durch die großartige Landschaft des **Numedal**. **Rollag** ❷ besitzt eine Stabkirche aus dem 13. Jh., die im 15. und 16. Jh. umgebaut und mit Fenstern versehen wurde. Die Stabkirche von **Nore** ❸ geht sogar auf das 12. Jh. zurück und erhielt ihre Kreuzform im 18. Jh. Auch die Stabkirche von **Uvdal** ❹ stammt aus dem 12. Jh., aber nur ihr Westportal ist noch aus dieser Zeit.

Während sich hier heute einige Skizentren entwickelt und den Bewohnern einen deutlich sichtbaren Wohlstand beschert haben, war die nördliche Fortsetzung des Tals bis in das 20. Jh. eines der Armenhäuser Norwegens. Hier lebten die von Knut Hamsun in seinem Roman *Die Landstreicher* beschriebenen Viehhändler und Hausierer. Mit dem Erlös der Hausiererei wurden kleine Viehherden erstanden, die man über den Sommer auf der Hardangervidda weiden ließ, um sie im Herbst dann wieder zu verkaufen. Am Ende der R40 im **Ustedal** liegt Geilo an der R7. (Anschluss an die Nordroute: siehe S. 81.)

Rechts: Vorratshäuser auf Stelzen (Stabbur) haben hier eine lange Tradition.

Durch Telemark-Täler nach *Heddal

Auf der E134 von Kongsberg nach Westen gelangt man über Notodden, eine Stadt mit viel stromintensiver Industrie, nach ***Heddal** ❺. Hier steht die größte **Stabkirche** der Welt. Im 12. Jh. begonnen und in der Mitte des 13. Jh. der heiligen Jungfrau geweiht, wurde sie schon in 14. Jh. umgebaut.

Ursprünglich hatten alle Stabkirchen einen schmalen Umgang und waren bis auf kleine Belüftungsschlitze fensterlos. Die Umgänge dienten als Pausenhalle während der bis zu zehnstündigen Gottesdienste, hier machte man Kommunalpolitik und schloss Handels- und Heiratsverträge. Von hier außen durften durch ein kleines Loch in der Chorwand der inneren Kirche auch Leprakranke indirekt am Gottesdienst teilnehmen. Um Platz zu gewinnen, hat man zwischen dem 14. und 17. Jh. fast alle Umgänge dem Kircheninneren zugeschlagen, was am engen Abstand der Stäbe an den Außenwänden noch gut erkennbar ist, so auch in Heddal.

Besonders bemerkenswert sind hier aber die reichhaltigen **Tier- und Pflanzenornamente** des **Türrahmens**, die aus dem 13. Jh. stammen. Im Kircheninneren beeindrucken die **Wandmalereien** aus dem 14. Jh. und der geschnitzte **Bischofsstuhl** aus der gleichen Zeit. Die Fenster sind erst bei der Restaurierung des 19. Jh., die mehr einem Wiederaufbau glich, eingeschnit-

ten worden. Auf der gegenüberliegenden Straßenseite steht der rekonstruierte **Glockenturm** der Kirche, ganz in der Nähe hat man ein **Freilichtmuseum** eingerichtet.

15 km entfernt liegt **Sauland ❻**, ein hübsches Örtchen an der Einmündung des **Tuddalsdal** ins Heddal. Von hier führt eine schmale Sommerstraße nach **Tuddal ❼** (25 km). Das 6 km entfernte **Høyfjellhotell** ist Ausgangspunkt für Touren ins **Gausta-Gebiet**, zum höchsten Gipfel südlich der Hardangervidda. Der ***Gaustatoppen** (1881 m) ermöglicht unvergleichliche Ausblicke über Süd-Norwegen. Die Skigebiete sind hier bis in den Juli benutzbar; zahlreiche Wanderwege sind markiert.

Via **Rjukan** (mit seinem Industriearbeitermuseum von Vemork) an der R37 und per Boot über den Møsvatn können Wanderer bequem das Zentrum der Hardangervidda erreichen.

Seljord ❽ an der E134, am Nordwestende des gleichnamigen Sees, ist Ausgangspunkt für Ausflüge zum **Lifjell**, dessen höchster Gipfel, der **Gyrannat**, 1550 m erreicht – ein beliebtes Skigebiet. In Seljord selbst ist die **Olavskirche** von 1180 mit der ältesten, aus der Zeit vor der Reformation stammenden Altartafel Norwegens sehenswert, sie wurde wahrscheinlich in Deutschland gefertigt.

Großer Besuchermagnet ist im Sommer das Erlebniszentrum **Bø Sommarland** in **Bø** am Südostausläufer des Lifjells: Aktivitäten von aufregend bis erholsam für die ganze Familie.

Abstecher nach *Dalen

Aus dem kleinen **Morgedal** an der E134 stammt der Erfinder der Fersenbindung am Ski. In **Høydalsmo** zweigt die R45 nach Dalen ab. Oberhalb von **Dalen** (**❾**) liegt die winzige **Stabkirche von Eidsborg**, die dem heiligen Nikolaus von Bari geweiht ist. Die Kirche war bereits im 17. Jh. so zerfallen, dass man beim Wiederaufbau geschnitzte Planken aus der inzwischen verschwundenen Stabkirche von Lårdal verwenden musste. Die Wandmalereien stammen aus dieser Zeit. Etwa 400 m nördlich der Stabkirche führt ein ein-

stündiger Wanderweg zum Felsabsturz des **Ravnejuvet**. Halsbrecherisch winden sich Serpentinen hinunter nach Dalen, sieben Kurven mit einem Radius von 12 m und einem Gefälle von 15%. Die beste Aussicht bietet sich etwa 250 m vor der ersten Kurve.

***Dalen** ❾ am schmalen, malerischen **Bandaksvatn** ist Ausgangs- oder Endpunkt der Schifffahrt auf dem **Telemark-Kanal**, die von Skien nach Dalen führt. Bis zur Eröffnung der Bergenbahn waren Land- und Wasserweg nach Dalen ein wichtiger Teil der Reise von Oslo nach Bergen. Die Strecke führte dann westwärts von Dalen über Røldal, Odda und den Hardangerfjord. Heute ist die Fahrt durch den Telemark-Kanal ein beliebter Ausflug, Motorboote bewältigen die einfache Strecke in ca. 10 Stunden (siehe S. 66).

Am Südrand der Hardangervidda

Heute ist **Åmot** an der E134 Hauptort der größten Gemeinde Telemarks, **Ytre Vinje** ❿. Um 1200, zur Zeit von König Sverre, war Vinje Kirchen- und damit Verwaltungsort. Die Kirche von 1796 steht noch auf den Grundbalken einer alten Stabkirche. Bei Grabungen hat man unter den Balkenfundamenten das älteste Kirchenbuch Norwegens gefunden. In **Haukeligrend** zweigt von der E134, die jetzt als Haukelistraße Richtung Haugesund weiterführt, die R9 durch das Setesdal und nach Kristiansand ab.

Die **Haukelistraße**, 1866 eröffnet, ist eine der schönsten Straßen durch die südnorwegische Gebirgslandschaft. Leider sind in den letzten Jahren durch den Ausbau einige spektakuläre Aussichtspunkte verloren gegangen, dafür hat sich aber die Verkehrssicherheit verbessert. Von Haukeligrend schraubt sich die Straße hinauf auf das **Haukelifjell**, das bei **Botn** erreicht wird. Von hier gelangt man durch zahlreiche Tunnel nach **Haukelisæter** ⓫, einem Touristenort am Ende des **Såvatnet**. Dieser Ort ist nicht nur ein Wintersportzentrum, sondern auch Ausgangspunkt für Wanderungen im Nationalpark Hardangervidda. Man kann sein Auto am **Mannevatn** auch für mehrere Tage parken, der Parkplatz ist ausgeschildert.

Am alten **Dyrskar-Pass** (1148 m) erreicht die ursprüngliche Bergpiste ihren höchsten Punkt. Das Panorama, das man hier an der Wasserscheide zwischen Atlantik und Skagerrak genießt, überwältigt. Leider ist diese alte Straße nicht immer geöffnet, und man ist manchmal gezwungen, den Pass durch den neuen, 6 km langen Tunnel zu unterfahren.

Durch Stein- und Geröllwüste führt die E134 gut 700 m nach **Røldal** ⓬ hinab und zum See mit dem gleichen Na-

men. Hier ist ein Gräberfeld aus der Eisenzeit mit 34 Grabhügeln erhalten. Außerdem steht in Røldal eine sehenswerte Stabkirche. Die im 15. Jh. erstmals schriftlich erwähnte Kirche stammt wahrscheinlich aus dem 13. Jh. Die Dekorationen in Chor und Kirchenschiff sind gut 300 Jahre jünger. Die Altartafel hat Gottfried Hendtzschel gemalt, einer von zahlreichen deutschen Künstlern, die im 17. Jh. durch Norwegen zogen, Aufträge suchten und darauf hofften, von zufriedenen Auftraggebern weiterempfohlen zu werden.

Ab **Breifonn** wird die Strecke spektakulär: Zuerst führt sie aufs **Røldalsfjell** hinauf und erreicht nach einigen Tunneln die **Seljedal-Schlucht**. Auch hier gibt es eine alte, sehr steile und extrem kurvenreiche Strecke, die leider häufig gesperrt ist. Am Parkplatz hinter dem **Seljestadtunnel** steht ein Gedenkstein, der an die wunderbare Rettung eines Postillons erinnert. Der Mann war von einer Lawine begraben worden, und als die Retter ihn nicht finden konnten, blies er so lange sein Horn, bis er von ihnen entdeckt wurde. Von hier aus öffnet sich bei gutem Wetter der Blick auf die 20 km entfernt liegenden Firnfelder des **Folgefonn**.

Die R13, die hier abzweigt, führt am 164 m hohen Wasserfall **Låtefoss** vorbei und erreicht nach 19 km **Odda** und den **Sørfjord**, einen Arm des Hardangerfjordsystems. Auch der **Åkrafjord**, dem die E134 folgt, gehört zu diesem Fjordsystem. Bei **Rullestad** ⓭

führt ein alter Serpentinenweg zum Fjord hinunter. Hertevigs Gemälde *Rullestadjuvet*, das in der Nationalgalerie in Oslo hängt, hat ihn zum bekanntesten Gebirgsweg Norwegens gemacht.

Etne ⓮ liegt am Fjord, die hier mündende **Etneelva** gilt als Sportfischerparadies. Die Holzkirche von Etne steht vermutlich auf den Resten einer ehemaligen Stabkirche. Bei Våg trifft die E134 auf die E39 (Stavanger – Bergen). Hier finden sich, wie oft an der norwegischen Westküste, so genannte *Bautasteine,* Gedenksteine aus vorchristlicher Zeit.

Haugesund – Die Hauptstadt der Kleinkönigreiche

Nach 13 km erreicht man **Haugesund** ⓯ auf der gleichnamigen Halbinsel und der durch den **Karmsund** abgetrennten Insel **Karmøy**. Einen schönen Blick über die Stadt und die vorgelagerten Inseln hat man vom **Steinsfjell** (226 m), Haugesunds Hausberg.

Bereits um 8000 v. Chr. hatte hier der Golfstrom die Küste vom Eis befreit und damit erste Siedlungen ermöglicht. Auch konzentrierten sich die späteren Kleinkönigreiche auf Südwestnorwegen, wie die fünf bekannten Königshöfe im Vestland belegen. Der wichtigste soll der von Harald Hårfagre gewesen sein. Dieser erste norwegische Reichseiniger hat nach der Saga des Snorri Sturluson (13. Jh.) seinen Wohnsitz auf der Insel Karmøy genommen, wo er 930 starb. Begraben sein soll er im **Haraldshaugen**, ca. 2 km nördlich der Stadt Haugesund. Den Grabhügel ziert ein 17 m hoher Granit-Obelisk, der von 29 kleinen Hinkelsteinen umgeben ist – Symbol für die vereinigten 29 Kleinkönigreiche. Diese Anlage wurde allerdings erst zu seinem tausendsten Todesjahr errichtet.

Die **Insel Karmøy** ⓰ ist über eine Brücke mit dem Festland verbunden, hier fand man am östlichen Brückenpfeiler *Bautasteine*, die den Namen „die fünf törichten Jungfrauen“ tragen. Süd-

Oben: Die karge Hardangervidda ist Europas größtes Hochplateau. Rechts: Eine Delikatesse – junge Heringe frisch vom Grill.

lich der Brücke liegt die alte Siedlung **Avaldsnes** mit einer dem heiligen Olav geweihten **Steinkirche** von 1250. Sie steht auf dem Gelände des **Königshofs**, der Harald Hårfagre zugeschrieben wird. Ein schlanker, 6,5 m hoher *Bautastein* („Jungfrau Marias Nähnadel") neigt sich der Kirche zu. Ein Wikingerhof und das Geschichtszentrum **Historiesentre Nordvegen** erwecken in dieser echten Wikingerumgebung die alten Zeiten mit authentischen Darstellungen zu neuem Leben. 3 km nördlich liegen die **Rehaugene**, mächtige bronzezeitliche Grabhügel.

Das heutige Haugesund (28 000 Einwohner) hat sich mit Jazz- und Filmfestivals kulturell profiliert und ist recht hübsch entlang seiner steingepflasterten Hafenpromenade. Sie erinnert an die reichen Heringsfänge Mitte des 19. Jh. Als diese geringer wurden, konnte eine wachsende Handelsflotte und die dazugehörende Schiffbauindustrie die Arbeitsplatzverluste vollständig kompensieren. Heute profitiert Haugesund vom Ölboom. Wegen seiner Tiefe ist das Fjordsystem des **Boknafjords** zum Bau von Bohrinseln und Förderplattformen geradezu prädestiniert. Weiterer wichtiger Arbeitgeber ist das Aluminiumwerk auf Karmøy, daneben ist Haugesund Verwaltungs-, Dienstleistungs und Kulturzentrum für ein weites Umland.

An der Südspitze von Karmøy liegt **Skudeneshavn** mit einer netten Altstadt aus dem 19. Jh., das seine Rolle als Fährhafen verloren hat, seit die Strecke über Bokn – Rennesøy fertig gestellt wurde (Fähre Mortavika-Arsvågen).

Die Inselstrecke nach Bergen

Von Haugesund gibt es Schnellboote nach Stavanger (1 h 20 min) und Bergen (2 h 50 min). Die schönste Landstrecke ist die Nordroute durch die westnorwegische Inselwelt in Richtung Bergen. Mit dem Überlandbus z. B. kommt man in ca. 4-5 Stunden von Haugesund nach Bergen und benutzt die E39, dabei den

Unterseetunnel Valevåg-Skjersholmane und die Fähre Sandvikvåg-Halhjem (50 min). Hat man genug Zeit, gibt es Alternativen abseits der Hauptroute.

Wenn man Haugesund über die R47 nach Norden verlässt, fährt man durch vorzeitliches Siedlungsgebiet. Aus dem Küstenort **Bleivik** 8 km westlich der R47 stammt der *Bleivikmann*, die älteste Menschendarstellung Norwegens. Die 8000 Jahre alte Skulptur steht heute im Bryggenmuseum in Bergen.

Die R47 mündet in die E39; auf dieser gelangt man nach 32 km zum modernen Unterseetunnel Valevåg-Skjersholmane und auf die Insel **Stord**. Bei ihrem Hauptort **Leirvik** ⓱ wurden bronzezeitliche Grabstelen gefunden. An der Nordspitze der Insel liegt Sandvikvåg, von wo bis zu 36-mal täglich die Fähre zum Festland nach Halhjem abgeht.

Die E39 führt an Stords Ostküste entlang. Etwa auf halber Strecke, bei **Jektevik**, pendelt eine Fähre in 10 Minuten über den **Langenuen** nach **Hodnanes** zur Nachbarinsel **Tysnesøy**. Hier führt die R49 bis zur Fähre von **Våge**, die bis zu 16-mal täglich in 35 Minuten die Verbindung zur E39 nach **Halhjem** ⓲ herstellt.

Von Halhjem gelangt man über **Nesttun** nach gut 40 km in die alte Stadt **Bergen** (㊵, s. S. 84).

DIE NORDROUTE: HØNEFOSS – GOL – EIDFJORD – BERGEN

Auf der Strecke zwischen Oslo und Bergen umrunden die Routen der Bergenbahn, der R7 und der E16 den Nationalpark Hardangervidda nördlich. Alle drei treffen sich in **Hønefoss** ⓳, ca. 60 km nördlich von Oslo. Die Stadt, am Zusammenfluss des Randselv und der **Begna** (**Ådalselv**) gelegen, wird von letzterer in zwei Teile geteilt. Der Fluss bildet inmitten der Stadt einen Doppelwasserfall, der aber nur bei Hochwasser sehenswert ist. Die Wasserkraft wurde hier schon früh genutzt, bereits im 17. Jh gab es über 20 wassergetriebene Sägewerke. Von Hønefoss aus bieten sich lohnende Ausflugsmöglichkeiten an, die auch für Fahrradfahrer zu bewältigen sind. Populärste Touristenattraktion ist **Hadeland Glassverk**, ein 250 Jahre altes Glashüttengelände 12 km östlich: belehrend, konsumorientiert und unterhaltsam für die ganze Familie.

Am **Steinsfjord** südlich Hønefoss zweigt eine schmale Straße von der E16 ab und führt um den Fjord. Fast an der gleichen Stelle steigt ein steiler Weg an zum **Krokskogen** ⓴ mit dem **Königs- und Königinnenblick** (*Kongens Utsikt*). Ganz in der Nähe, an der Brücke über den Krokesund, liegt – mit herrlichem Blick über den Sund und den **Tyrifjord** – das **Sundøya Restaurant**. Es ist ein beliebtes Ausflugsziel und daher entsprechend frequentiert.

4 km vor Hønefoss erreicht man die alte Kirche und den alten Pfarrhof von **Norderhov**. In der Norderhov-Kirche liegt die Pfarrersfrau begraben, die 1716 mit einer List die schwedische Armee in einen Hinterhalt lockte und so dafür sorgte, dass der „Löwe“ gefangen genommen werden konnte. Allerdings ist nicht das Tier gemeint, sondern ein berüchtigter gleichnamiger Oberst der schwedischen Armee.

Rechts: Im Herbst werden die Rentiere geschlachtet, für die das Winterfutter nicht reicht.

Lohnend ist die Fahrt am **Randsfjord** ㉑ entlang, mit 136 km² Norwegens viertgrößter See.

Für die Fahrt von Hønefoss nach Gol stehen zwei landschaftlich sehr reizvolle Routen zur Auswahl: entlang dem Ådalselv, dem Sperillen-See, der Begna und durchs Valdrestal oder entlang dem Krøderen-See und durch das Hallingdal; nur die erste Variante ist winterfest.

Exkursion ins Valdrestal

Eine fruchtbare und waldreiche Landschaft zieht sich an den Ufern der Flüsse und Seen hinauf bis ins **Valdrestal**. Die Hänge sind von Wiesen und Äckern bedeckt, eingestreut liegen kleine Bauernhöfe. Die E16 verläuft am östlichen Ufer des **Sperillensees**. Über den Hängen lassen sich die zwischen 1000 m und 1200 m hohen Gipfel des Fjells erkennen.

Am Nordende des Sees liegt die kleine Ortschaft **Nes**, von der aus ein Abstecher nach **Hedalen** ㉒ lohnt (25 km). Die dortige **Stabkirche** aus dem 12. Jh. wurde allerdings im 18. Jh. umgebaut. Das Langhaus, das verzierte **Portal**, **Reliquienschrein**, **Kruzifix** und die **Marienfigur** des Altars stammen noch aus dem Mittelalter, die Malereien gehen auf das 16. Jh. zurück. Wie in vielen norwegischen Kirchen sind sie auch hier von bestechender Naivität. Von Hedalen kann man nach Nes zurückfahren, aber auch einen kleinen, serpentinenreichen gebührenpflichtigen Weg nach **Begndal** benutzen, der einen dort wieder auf die E16 bringt.

Bei **Bagn** ㉓ steht eine interessante **Kreuzkirche**, deren Inneres als typi-

sches Beispiel von *Bondebarokk* (Bauernbarock) gilt. Unweit von hier, in **Reinli**, ist eine weitere Stabkirche aus dem 12. Jh. erhalten.

Über die Touristenorte **Aurdal** und **Leira** gelangt man schließlich nach **Fagernes** ㉔. Hier, im Skigebiet des oberen Valdres, hat man für eilige Skitouristen sogar einen Flugplatz angelegt. Fagernes selbst liegt an der Mündung des **Neselv**, der hier schöne Wasserfälle in den für seinen Fischreichtum berühmten Strandefjord bildet. Ein Freilichtmuseum zeigt alte Bauernhöfe und dazu den Hausrat der fast untergegangenen bäuerlichen Holzkultur. Bei Fagernes setzt die E16 ihren Weg zum Sognefjord fort; nordöstlich davon führt die R51 ins norwegische Hochgebirgsmassiv des **Jotunheimen**.

Interessant ist die Geschichte der Stabkirche von **Vang** ㉕ an der E16 auf dem halben Weg zum Sognefjord. Um 1300 gab es in Norwegen rund 1300 Kirchen, von denen zwei Drittel Stabkirchen waren. Im Laufe der folgenden Jahrhunderte wurden einige der ehemals fast lichtlosen Gebäude umgebaut, einige brannten ab und viele wurden durch praktischere – das heißt, besser heizbare – Steinbauten ersetzt. Der Kirchenschatz wanderte in die neuen Kirchen. Masten und Planken der alten Kirchen wurden ganz profan verheizt. So verfuhr man bis in die Mitte des 19. Jahrhunderts, als der norwegische Maler C. C. Dahl in Dresden Alarm schlug. Sein Buch *Denkmale einer ausgebildeten Holzbaukunst aus den frühsten Jahrhunderten in der inneren Landschaft Norwegens* sollte ein Hilferuf sein – nur verhallte er ungehört. Um zu retten, was fast nicht mehr zu retten war, kaufte er die zum Abriss bestimmte Stabkirche von Vang und bot sie, als sich in Norwegen kein Platz zum Wiederaufbau finden ließ, dem Preußenkönig Friedrich Wilhelm IV. zum Kauf an. Er schenkte die Kirche der Gräfin von Redern, die sie in Brückenberg im Riesengebirge aufstellen ließ, wo sie noch heute steht (heute Karpacz, Polen).

Etwas südlich von Fagernes, in Leira, zweigt die R51 nach Gol und damit ins **Hallingdal** ab. Die 47 km lange Strecke über das **Storefjell** führt heute von ei-

nem Touristenort zum anderen. Überall entstehen neue Hotels, Restaurants, Skilifte und Loipen. Die Zahl der Touristen steigt seit Jahren und hat die Zahl der Einwohner des kargen Fjells längst überschritten. Dabei ist ein weiteres Problem entstanden: die Zersiedlung der Landschaft durch einen ausufernden Ferienhausbau.

Man erreicht **Gol** (㉙) an der Einmündung der R52 in die R7, an der Stelle, wo das Hallingdal, von Westen kommend, nach Südosten abbiegt.

Die Hallingdalroute

Verlässt man Hønefoss auf der R7, gelangt man über **Sokna** ㉖ am gleichnamigen *Elv* zum **Krøderen-See**. Durchschnittlich nur einen Kilometer breit, aber 100 m tief und 40 km lang, gehört er zu den größten Seen Norwegens. An seinem nördlichen Ende liegt **Gulsvik**, auch das „Tor zum Hallingdal" genannt. Hier wechselt die Straße auf die westliche Seite des **Hallingdalelv**, während die Bergenbahn auf der östlichen Seite weiterfährt. Der Fluss, der im weiteren Verlauf einige Seen bildet, fließt relativ ruhig dahin und wird von zahlreichen Seitenflüssen gespeist, die zum großen Teil als Wasserfälle vom Fjell herabstürzen. Viele dieser Fälle werden als Kraftwerke genutzt. Von **Flå** ㉗ mit seiner hübschen Kirche aus dem 19. Jh. blickt man auf das gegenüberliegende **Vassfarnet**, einen Naturbeobachtungspark. Von den gewaltigen Granitbrocken, die hier liegen, stiftete König Olav V. als Dank für die Schwedenhilfe während des Zweiten Weltkriegs 15 t für den Tiergarten in Stockholm.

Nesbyen ㉘, auf einem Schuttkegel gelegen, beherbergt das **Hallingdal Folkemuseum** mit traditionellen Gebäuden und Hausrat. In der ersten Juliwoche findet hier ein großer Markt statt, heute ein Magnet für viele Touristen. Der Ort liegt 167 hoch und hat derart günstige klimatische Voraussetzungen, dass hier mit 35,6 °C der norwegische Hitzerekord gemessen wurde. Zwei gebührenpflichtige Wege führen

Oben: Landschaft zwischen Gol und Leira.

Karte S. 74-75, Info S. 90-91

auf das Fjell hinauf, wo man in Sennhütten übernachten kann.

20 km nördlich liegt **Gol** ㉙, neben Geilo, Hol und Ål einer der bekanntesten Wintersportorte des Hallingdals. Zahlreiche Hotels, über 800 km gespurte Loipen und ein Sessellift zum 450 m höher gelegenen Aussichtspunkt gehören zur Infrastruktur. Die alte Stabkirche allerdings schmückt heute das *Norsk Folkemuseum* in Oslo.

Hier bietet sich ein Abstecher ins **Hemsedal** an. Über den Wasserfall des **Hemsila** führt die R52 durch ein enges, reizvolles Tal bis zum 550 Meter langen **Eikredamm**, dessen Stausee das Kraftwerk Gol über einen Tunnel mit Wasser versorgt. Am Kraftwerk **Hjelmen** bietet sich ein schöner Blick auf den 140 m tief hinabstürzenden **Hydnefoss** am **Veslehorn**. Die Straße führt nach **Hemsedal** ㉚, dem bis zu den Olympischen Spielen in Lillehammer größten alpinen Skizentrum Skandinaviens. Im weiteren Verlauf trifft die R52 bei **Borlaug** auf die E16.

Ab Gol folgt die R7 der nun reißender werdenden Hallingdalselva, die zahllose Wasserfälle bildet, flussaufwärts. Das Tal wird breiter; hier liegen die Bauerngehöfte auf halber Hanghöhe. Die Landwirtschaft spielt allerdings gegenüber dem Tourismus nur noch eine untergeordnete Rolle.

20 km westlich von Gol, Richtung Geilo, liegt **Torpo** mit dem ältesten Gebäude des Tals, der Stabkirche aus dem 12. Jh. Auch sie sollte Ende des 19. Jh. abgerissen werden, und noch während man Rettungsmöglichkeiten diskutierte, schritten die Bauern zur Tat und legten den Chor nieder. Das Langhaus ist glücklicherweise erhalten geblieben. Die der heiligen Margareta von Antiochia geweihte Kirche besticht durch ihre Deckenmalereien mit Darstellungen aus dem Leben der Patronin. Beachtenswert ist auch das ornamentale Schnitzwerk an der Portalfassung.

Die Stabkirchen der Dörfer **Ål** und **Hol** sind hingegen der Abrisswut zum Opfer gefallen (einige der kostbaren Schnitzereien und Deckengemälde der Kirche von Ål bewahrt das Historische Museum in Oslo auf), dafür verfügen beide Gemeinden heute über je ein **Freilichtmuseum**. Am **Hagafoss** zweigt der so genannte **Aurlandsvei** ab (R50, 97 km), der durch zahlreiche Tunnel zum Aurland-Seitenarm des Sognefjordes führt.

Die R7 folgt nach Hagafoss dem engen, bewaldeten Ustedal, in das die Ustaelva eine tiefe Schlucht eingegraben hat. Auch die Bergenbahn nutzt diesen Weg nach **Geilo** ㉛. Der zwischen 800 m und 1000 m hoch liegende, 2700 Seelen zählende Ort verfügt mit Dutzenden von Übernachtungsmöglichkeiten vom Hotel bis zur Hütte, 16 Skiliften, 19 Abfahrtspisten und über 200 km Loipen über eine perfekte Wintersportinfrastruktur. Außerdem herrscht in Geilo ein reger Sommertourismus, ist doch der Ort guter Ausgangspunkt für Wanderungen in der nahen Hardangervidda. Wenige Kilometer entfernt, in **Fekjo**, liegen 17 Grabhügel aus der Wikingerzeit, die man 1923 entdeckt, aber bis heute nicht gründlich erforscht hat.

Bis **Ustaoset** am Ustevatn steigt die Straße auf eine Höhe von 1000 m an. Am Ende des Sees trennt sich die Straße von der Bergenbahn, die hier ihre Reise durch das Hochfjell beginnt, bei der sie schließlich eine Höhe von fast 1300 m erreicht. Die Fahrt mit der **Bergenbahn** gehört zu den herausragenden Erlebnissen einer Norwegenreise. Die 470 km lange, heute durchgehend elektrifizierte Strecke führt durch rund 200 Tunnel und über 300 Brücken und wird in knapp sieben Stunden bewältigt.

Besonders interessant ist der rund 100 km lange Streckenabschnitt von **Haugastøl** nach **Myrdal**, denn von dort bietet sich die Möglichkeit, auf die ***Flåmbahn** umzusteigen. Die 20 km lange Stichstrecke zum **Aurlandsfjord** ist eine der spektakulärsten Eisenbahnstrecken Europas. Durch enge Kurven, Tunnel und Kehrtunnel windet sich die

Bahn von 1000 m Höhe auf Meeresniveau hinab, was einem Gefälle von 5% entspricht.

Ein Muss für Mountainbiker ist der ***Rallarveg**, ein holpriger, nicht asphaltierter Wander- und Radweg, der durch traumhafte Gebirgslandschaft parallel zur Bahn von Geilo nach **Flåm** ㉜ verläuft. Der interessanteste Abschnitt, die Strecke Haugastøl – Flåm, erfordert zwei Radeltage. Am höchsten Punkt, in Finse (1212 m), gibt es Übernachtungsmöglichkeiten; von hier geht es nur noch bergab – zwischen Myrdal und Flåm dann in tollen Haarnadelkurven (Verleih von stabilen *Rallar*-Rädern an den Bahnhöfen).

Die R7 führt von Haugastøl, vorbei an vielen fischreichen Seen, weiter west- und aufwärts und erreicht bei **Dyranut** ihre größte Höhe (1246 m), um dann langsam ins Tal der **Bjoreia** hinab zu führen. Das Dyranutgebiet bietet diverse Kategorien von Übernachtungsmöglichkeiten, es ist ideal als Start für Ausflüge in die Hardangervidda und geführte Wanderungen ins Gletschergebiet des ***Hardangerjøkul**. Letztere werden übrigens auch vom **Bahnhof Finse** aus angeboten, dem höchstgelegenen Bahnhof der Bergenbahn.

Unweit von **Dyranut** liegt der Stausee **Sysenvatn**, der bis zu einer halben Million Kubikmeter Wasser speichern und damit die Kraftwerke des Fjellrandes auch im Sommer in Gang halten kann. Hier vereinigt sich die sog. *Nordmannsslepa*, der alte Handelsweg über die Hardangervidda, mit der heutigen Straße. Bei **Fossli** ㉝ führt eine Stichstraße zum **Fossli Hotell**. Von dort hat man den besten Blick über den ***Vøringsfoss**, einen der mächtigsten Wasserfälle Norwegens. Fast 200 m tief stürzt hier die Bjoreia ins tief eingekerbte **Måbødal**. Vor dem Bau der Stauseen der Vidda rauschte der Wasserfall allerdings mächtiger. Vom Fossli Hotel bricht man zu einer der schönsten, aber auch anstrengendsten Wanderungen in der Hardangervidda auf. Sie führt über die **Demmevasshytta** (Übernachtung) östlich des Hardangerjøkul in 14 bis 18 Std. zur Bahnstation Finse.

Folgt man der R7, die auf diesem Abschnitt den Titel „**Nationale Touristikstraße Hardanger**" trägt, beginnt bei Fossli der attraktivste Teil der Streckenführung: Durch Tunnel, an Felswänden entlang und in Spitzkehren windet sich die Straße von gut 800 m auf Meereshöhe hinab. Von **Eidfjord** ㉞, am innersten Ende des Hardangerfjordes, führt als einzige Zufahrt ein Weg durch einen 2 km langen Tunnel zu dem einsam gelegenen **Berggehöft Kjeåsen**. Ein prachtvoller Blick über die Gebirgswelt und den Fjord lohnt die Mühe.

Oben: Mountainbiking auf dem Rallarveg – ein mühsames, aber lohnendes Unternehmen. Rechts: Das Warten hat bald ein Ende – die Flåmbahn fährt stündlich in Myrdal ab.

Der Hardangerfjord

Der **Hardangerfjord** ist zwischen Odda und Husnes 120 km lang. Sein Fjordsystem gehört zu den klimatisch

Karte S. 74-75, Info S. 90-91

bevorzugten, und die Hänge der Ufer sind mit großen Obstplantagen bedeckt. Der Obstanbau geht auf Mönche des Mittelalters zurück. Diese haben nicht nur die heute überwiegend angebauten Äpfel, Birnen, Kirschen, Pflaumen und Beerensorten eingeführt, sondern auch mit Trauben, Pfirsichen und Aprikosen experimentiert. So ist die Obstblüte im Frühjahr noch heute ein Touristenmagnet ersten Ranges. Die teilweise sehr steilen Hänge des Fjordsystems lassen den Obstanbau nur in den unteren Lagen zu, denn die Fjordarme werden von weitflächigen vergletscherten Fjells von gut 1000 m Höhe überragt.

Mehrere Weg-Varianten führen von Eidfjord Richtung Bergen. Eine folgt der R7 an der Südseite des Eidfjords bis **Brimnes**. Hier verkehrt eine Fähre im Pendelverkehr über den Fjord, und die nationale Touristikstraße folgt im weiteren Verlauf dem neuen Tunnel nach **Granvin**. Die R7 erreicht dann **Kvanndal**, die Fährstation nach **Utne** und **Kinsarvik** am westlichen bzw. östlichen Ufer des Sørfjords. Den Bjølvefoss bei **Ålvik** sucht man heute vergebens, da sein Wasser ein Kraftwerk treibt, das eine konstruierte Fallhöhe von 800 m aufweist. Nach der Brücke über den **Fyksesund** erreicht man **Norheimsund**, wo man vor der letzten Kurve einen schönen Blick auf das gegenüberliegende Firnfeld des **Folgefonn** hat und die Touristikstraße endet.

Reizvoll sind Abstecher entlang dem **Sørfjord**. Bei Kinsarvik hat der Fluss **Kinso** eine regelrechte Wasserfall-Landschaft entstehen lassen. In **Lofthus** ㉟ findet man den so genannten Mönchsstieg, einen Weg, den die Mönche des Lyseklosters von Bergen angelegt haben, um so über die *søre Nordmannsslepa* Oslo zu erreichen. Für den rechten Genuss der Aussicht muss man allerdings den 900 m hohen Stieg bewältigen. Verständlich, dass erfahrene Hardangervidda-Wanderer hier oder im Kinso-Tal ihren *Abstieg* wählen! **Ullensvang**, etwas südöstlich gelegen, war der Sommersitz der Ehepaars Grieg, es hat auch eine kleine Kirche aus dem 13. Jh., die im 18. Jh. restauriert worden ist. Das Südende des Sørfjords um **Odda** hat leider viel von sei-

nem Reiz verloren, seit man ab 1906 dort Hüttenwerke baute. Bis dahin war hier ein international anerkanntes Touristengebiet. Nach Aufgabe der Hüttenwerke sucht es nun seinen Ruf langsam zurückzugewinnen. **Sandvin** ㊱ ist Ausgangspunkt für Expeditionen zum Folgefonn. Ein neuer Tunnel unter dem verkehrsfeindlichen Gletschergebiet stellt nördlich von Odda eine Direktverbindung zum Hardangerfjord her.

Die R550 führt am Westufer des Sørfjordes entlang. Sehenswert sind bei **Aga** ㊲ ein kleines Museum in einem ehemaligen Richterhaus, in **Utne** ㊳ die Kreuzkirche aus dem 19. Jh. mit mittelalterlicher Innenausstattung sowie das **Hardanger Folkemuseum**.

Entweder kehrt man von Utne mit der Fähre (20 Min., tägl. über 20 Abfahrten) auf die R7 zurück, oder man folgt der R550 bis **Jondal** und setzt nach **Tørvikbygd** (20 Min., ca. 15 Abfahrten) über. Hier erreicht man nach 3 km auf der R49 den **Hof Berge** ㊴, einen Bauernhof mit reichem, in Norwegen seltenem Eichenbestand, und nach weiteren 20 km die R7. Nach wenigen Kilometern Richtung Bergen kommt man zum **Steindalsfoss**, einer Touristenattraktion, denn man kann unter den 40 m hinabstürzenden Wassermassen spazieren gehen. In **Trengereid** trifft die R7 wieder auf die E16 und man erreicht Bergen über Ytre Arna oder Nesttun; auf beiden Strecken wird werktags Stadtmaut erhoben, sie ist bei jeder Einfahrt mit dem Auto aufs Neue zu entrichten.

Oben: Låtefoss, einer der wenigen ungebändigten Wasserfälle der Hardangervidda (s. S. 75). Rechts: Inschrift über dem Tresor der Hansekaufleute von Bergen.

**BERGEN

Für ****Bergen** ㊵ sollte man Zeit mitbringen. Sieben Berge umrahmen malerisch die Hafenfjorde. Die moderne Kulturstadt hat eine außergewöhnliche Vergangenheit: die Relikte der Hansezeit sind Teil des UNESCO-Welterbes.

Der Name mag von *Bergvin* (Bergwiese) stammen, liegt an den inneren Buchten des **Byfjords** auf einer Halbin-

Karte S. 74-75, Info S. 90-91

sel, die nur über eine schmale Landbrücke bei Trengereid mit dem Festland verbunden ist. In dieser Lage wird Bergen landseitig von einem Halbkreis aus sieben Fjellhöhen und seeseitig von den vorgelagerten Inselketten geschützt: ein idealer Standort für eine Siedlung und Handelsniederlassung, die sicher schon lange existierte, als Olav Kyrre 1070 den Bischofssitz hierher verlegte und der Niederlassung Stadtrechte verlieh. Håkon IV. wurde 1217 zum König ausgerufen und ernannte Bergen 1223 zu seinem Regierungssitz. Diesen Hauptstadtstatus behielt es 77 Jahre lang. In diese Zeit fällt auch der Bau der Håkonshalle und der Festung Bergenhus. Damals war die Stadt bereits ein bedeutender Handelsplatz, an dem von Wein bis Weizen und von Fisch bis Fellen jedes erdenkliche Handelsgut vermarktet wurde; man könnte von einer frühen Freihandelszone sprechen.

Als Mitte des 13. Jh. eine große Hungersnot ausbrach, ersuchte Håkon IV. den Rat der Stadt Lübeck um die Lieferung von Getreide, Mehl und Malz. Weil diese Lieferungen naturgemäß auf Kredit liefen, konnte sich der Lübecker Rat als Führer der Hanse Privilegien ausbedingen, die 1278 schriftlich fixiert wurden und die Grundlage der späteren Handelskolonie bildeten. Eine wichtige Rolle sollte dabei Norwegens Haupt-Handelsprodukt spielen: Weil sich Fisch zur Konservierung nur trocknen oder einsalzen ließ, waren zur Herstellung der europaweit benötigten Fastenspeise (Fastentag war jeder Freitag) ungeheure Mengen von Salz nötig. Das Salzmonopol aber hatte die Hanse inne, die dieses mit dem Fischmonopol verquickte. Bald wurde aller Export-Fisch nach Bergen geschafft, dort gesalzen oder getrocknet und dann unter hanseatischer Flagge verschifft; Rückfracht nach Bergen waren Salz, Waffen, Tuch, Wein, Malz und sogar Eier und Nüsse: Reeders Traum von immer ausgelasteten Schiffen war Wirklichkeit geworden. Für Kontore sicherte sich die Hanse die Ostseite der Vågenbucht, die nun *Tyskebryggen* (deutscher Anleger) hieß.

Bergen war damit neben London, Brügge und Nowgorod zu einem der wichtigsten Umschlagplätze der Hanse geworden. Allerdings war ihr Treiben nirgendwo so dominant wie hier: Um 1400 hatten die Deutschen 300 Handelshäuser in ihrem Besitz, 1408 wurde ihnen sogar die Marienkirche, das architektonische Glanzstück der Stadt, übertragen, das erst 1766 wieder in norwegischen Besitz überging.

Die Reformation, sinnigerweise von der Hanse unterstützt, markiert den Beginn des Niedergangs der Stadt. Seit Luther den Karfreitag zum einzigen Fastentag ernannte, sank der Bedarf an Fastenspeise drastisch. Zudem rief der überzogene Machtanspruch der Hanse norwegischen Widerstand auf den Plan. 1688 gab es nur noch 88 Handelshäuser, 1754 wurde offiziell ein norwegisches Kontor gegründet und 1766 das letzte Hansehaus an die Norweger verkauft. Erst mit dem Ende der Hanse blühte die Stadt erneut auf und entwickelte ein kosmopolitisches Gepräge.

Oben: Für Liebhaber von Fisch und Meeresfrüchten ist der morgendliche Marktbesuch in Bergen ein Muss.

Im 19. Jh. verlor Bergens Hafen seine Vormachtstellung an Oslo, das ein günstigeres Hinterland besaß. Erst mit der Bergenbahn 1908 erhielt Bergen eine moderne Anknüpfung auf dem Landweg, Fernstraßen folgten später.

Bergen ist Provinzhauptstadt von Hordaland, Sitz des Bistums Bjørgvin und hat 240 000 Einwohner. Vielfältig sind die Fährverbindungen nach England, Schottland, Dänemark und Island, zu den Färöer- und Shetlandinseln. Mit Schnellbooten kommt man nach Stavanger und in den Sogne- und Nordfjord; darüber hinaus ist Bergen südlichster Hafen der legendären „Postschiffe" der Hurtigrute, die ihren Gästen mittlerweile Kreuzfahrtluxus bietet.

Die Innenstadt

Das alte Bergen war überwiegend aus Holz gebaut. Brände haben die Stadt immer wieder zerstört, zuletzt 1916. Nach dem Zweiten Weltkrieg begann man ausschließlich Steinhäuser zu bauen. Die ältesten noch existierenden oder wiederhergestellten Häuser liegen an der *Tyskebryggen,* die seit 1945 aus verständlichen Gründen nur noch Bryggen heißt. Dies ist eins der sechs norwegischen Objekte auf der UNESCO-Liste des Welterbes.

Stadtzentrum ist der ***Torget** ① (Marktplatz) am Südende der **Vågen** genannten alten Hafenbucht. Hier findet noch täglich etwa zwischen 8 und 15 Uhr der malerische **Fischmarkt** (*Fisketorget*) statt. An der Südseite des Marktes steht ein Standbild des in Bergen geborenen Lustspieldichters Ludvik Holberg, direkt dahinter liegt die alte **Börse** ②, wo sich heute die Touristeninformation befindet.

Nordöstlich am Vågenbecken zieht sich ****Bryggen** entlang. Die einst von ihren deutschen Erbauern „Höfe" genannten Hanse-Handelshäuser, schmale, lang gestreckte, spitzgiebelige Holzbauten, waren unterteilt in *Stuer* (Stuben für die einzelnen Kontore). Nur der erste Hof von Bryggen, der **Finnegård**

Info S. 90-91

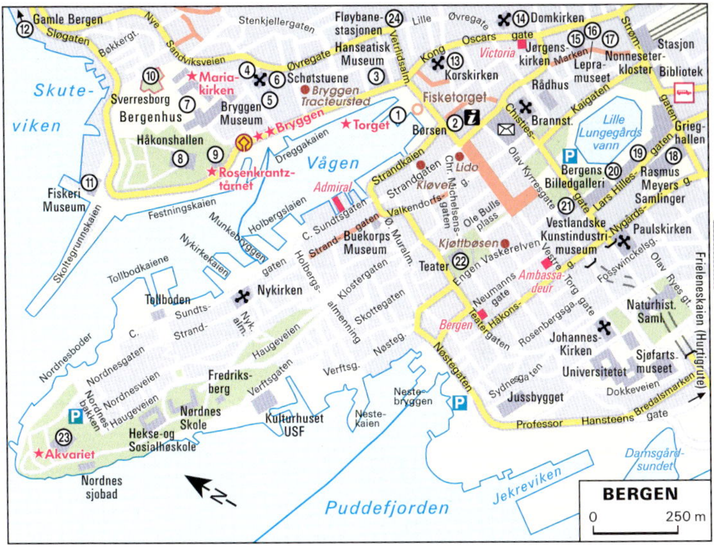

aus dem 18. Jh., wurde gänzlich restauriert und beherbergt seit 1872 das **Hanseatische Museum** ③. Es zeigt die Nutzung und Einrichtung der Höfe. Im Erdgeschoss gab es ausschließlich Warenlager, im ersten Stock zusätzlich die Schlaf-, Speise- und Arbeitsräume des Kontorherrn und im zweiten Stock die Schlafkammern der Angestellten und Helfer.

Schlendert man Bryggen hinab, wobei man sich in den teils restaurierten, teils neu erstandenen Höfen und deren Galerien und Kunsthandwerksläden ein wenig umsehen sollte, erreicht man die Statsbrugaten. Folgt man ihr wenige Meter, steht man vor der ***Marienkirche** ④ (*Mariakirken*). Diese romanisch-gotische Kirche aus dem 12./13. Jh. ist das wohl älteste Bauwerk Bergens. Das romanische Langhaus wurde Anfang des 12. Jh. errichtet, der Chor wurde im 13. Jh. im gotischen Stil umgebaut und verlängert. Die Kanzel von 1676, so weisen Donatoren-Tafeln aus, ist eine Stiftung der Hansekaufleute. Sie gilt als die schönste Barockkanzel Norwegens. Ebenfalls Schenkungen sind die 15 Heiligenfiguren, wie die Namenskartuschen beweisen. Im 17. Jh. von einem dänischen Künstler angefertigt, sind sie allerdings im Laufe der Zeit mehrmals übermalt worden. Das Prunkstück der Kirche ist der spätgotische Altarschrein, der Ende des 15. Jh. vermutlich in Lübeck gearbeitet worden ist. An die Hansezeit erinnern auch die vielen deutschen Grabsteine auf dem Friedhof um die Kirche. Sie war so „deutsch" geprägt, dass sogar nach ihrer Rückgabe an die Norweger hier noch bis 1868 deutsch gepredigt wurde.

Gegenüber der Marienkirche liegt das **Bryggenmuseum** ⑤ mit all den Funden, die man bei Ausgrabungen an der Bryggen von 1955 bis 1968 gemacht hat. Nach Themenbereichen angeordnet, illustrieren sie Handwerk und Handel, Kirchen und Klöster, Zünfte und Zeitvertreib des Mittelalters. Außerdem verfügt das Museum über die umfangreichste Runensteinsammlung der Welt.

Fast direkt neben dem Bryggenmuseum befinden sich, in ihrer originalen Einrichtung, die **Schøtstuene** ⑥ (Øvre-

gate 50), Versammlungs- und beheizbare Gesellschaftsräume der hanseatischen Kaufleute. Davor steht das **Denkmal des Snorri Sturluson**, jenes isländischen Schreibers, der uns die wesentlichen Teile altnorwegischer Geschichte hinterlassen hat und der vermutlich auf Geheiß von Håkon IV. ermordet wurde. Eine Kopie dieses Denkmals von Vigeland steht auch in Island auf Snorris ehemaligem Hof.

Nur wenige Meter entfernt liegt der Svedensgård mit einem kleinen, massiven Steinhaus, dem **Tresor von Bergen** (*Tracteursted*): Hier schlossen die Kaufleute während ihrer Abwesenheit oder bei Nacht ihre Geschäftsbücher und Wertsachen wegen der Brandgefahr ein.

Unweit der Marienkirche, am **Festningskaien** (Festungskai), befindet sich die alte **Festung Bergenhus** ⑦, die einst die Hafeneinfahrt schützte. Wichtigster Teil der Festung ist die **Håkonshalle** ⑧, die Håkon IV. 1247 bis 1261 für die Hochzeit seines Sohnes Magnus hat errichten lassen. Die Halle ist in englischer Gotik gehalten, was für die Herkunft ihrer Baumeister spricht. Möglicherweise war deren Entsendung ein Freundschaftsdienst des englischen Königs Henry III. für Håkon. Die Halle brannte nach fünf Jahren ab, wurde 1280 wieder aufgebaut, aber nach dem Umzug Håkons V. nach Oslo vernachlässigt. Bis 1840 diente sie als Kornspeicher, dann konnte eine Bürgerinitiative ihre Restaurierung durchsetzen (1880 bis 1895). Als 1944 ein Dynamitschiff in unmittelbarer Nähe explodierte, wurde sie erneut zerstört. Dass diese Explosion absichtlich herbeigeführt wurde, ist nicht nachweisbar, jedoch ist das Datum, Hitlers Geburtstag, verräterisch. Zwischen 1957 und 1961 ist die Håkonshalle zum bisher letzten Mal wieder aufgebaut worden. Ganz im alten Stil, jedoch mit modernem Komfort wie Elektrizität, Heizung etc., ist sie neu erstanden und dient als Schauplatz großer Festlichkeiten wie Königs- oder Staatsbesuchen.

Direkt am Kai steht der ***Rosenkrantztårnet** ⑨, ein mittelalterlicher Turm, der im 16. Jh. von seinem Namensgeber umgebaut worden ist. Bei einer Besichtigung lasse man sich an einem zerlegbaren Modell das raffinierte Vorgehen des Bauherrn erläutern. Auch dieser Turm wurde in den 1960er Jahren wieder errichtet.

Oberhalb der Schuppen und Stallungen von Bergenhus liegen noch die Reste der **Sverresborg** ⑩, einer früheren Festungsanlage aus der Zeit König Sverres. Direkt am Kaiende, hinter Bergenhus, entstand das **Fischereimuseum** ⑪, das über die norwegische Küsten- und Hochseefischerei informiert.

Nördlich des Zentrums erstrecken sich die Stadtteile **Skuteviken** und **Sandviken**. Hier ist das **Freilichtmuseum Gamle Bergen** ⑫ (Altbergen), in dem man 30 Holzhäuser erhalten hat,

Oben: Gasse im Museumsdorf Gamle Bergen (Alt Bergen). Rechts: Ein Höhepunkt des Jahres für Musik- und Theaterliebhaber – die Festspiele in Bergen.

Stadtplan S. 87, Info S. 90-91

die als Ensemble ein Museum sind, aber bewohnt und genutzt werden.

Zurück am Markt folgt man der Kong Oscar Gate und gelangt so zur **Kreuzkirche** ⑬ (*Korskirken*), aus dem 12. Jh. Diese wurde im 17. Jh. im Stil der Renaissance umgebaut. Neben der Kirchentür ist ein Relief angebracht, das an den Grönlandapostel Hans Egede erinnert, der 1721 von hier zu seiner Missionsreise aufbrach.

Die **Domkirche** ⑭, 200 m weiter, steht auf den Grundmauern einer alten Olavskirche. Nochmals 200 m weiter folgt die **Jørgenskirche** ⑮ mit dem gleichnamigen Hospital, in dem heute das **Lepramuseum** ⑯ untergebracht ist. Hier befinden sich auch die Ruinen des **Nonneseter Klosters** ⑰, eines Zisterzienser-Klosters aus dem 12. Jh.

Die Kong Oscar Gate endet östlich des Bahnhofs an einem **Stadttor** aus dem 17. Jh. Geht man am Bahnhof, der Bibliothek und dem Busbahnhof vorbei, gelangt man an der Strømgate zur **Grieg Halle** ⑱, der neuen Musikhalle der Stadt. Das 1978 eröffnete hölzerne Bauwerk verfügt über eine weltberühmte Akustik. An der Westseite des Lille Lungegårds liegen zwei Museen: Die **Sammlung Rasmus Meyer** ⑲, ein Museum zeitgenössischer Kunst, deren Grundstock die Stiftung des R. Meyer war, und das **Städtische Kunstmuseum** ⑳ mit ähnlichem Fundus. Am Ende des Lille Lungegårds-Sees folgt das **Kunstindustrimuseum** ㉑ mit Keramiken und Goldschmiedearbeiten. Es liegt direkt an dem kleinen Stadtpark, von dem der **Ole Bulls-Platz** zum **Theater** ㉒ abzweigt. Auf dem Platz stehen Standbilder des Geigerkönigs Ole Bull, des Komponisten Edvard Grieg und des Dichters Bjørnstjerne Bjørnson, das von Gustav Vigeland stammt.

Sehenswürdigkeiten rund um Bergen

Ein Besuch des ***Aquariums** ㉓ auf der Landzunge zwischen Vågenbecken und Puddefjord im **Nordnespark** lohnt sich, denn es ist eines der größten Europas und überwiegend mit Nordsee- und Nordatlantikfischen besetzt – aber es gibt dort auch Pinguine; eine Besucher-Attraktion ist ihre tägliche Fütterung. Die neue Tropenabteilung setzt farbige und exotische Akzente.

Eines sollte man in Bergen auf gar keinen Fall versäumen: die abendliche Auffahrt auf den ***Fløyen**. Dazu geht man vom *Torget* nach Osten 75 m durch die Vetrlidsalmenning und erreicht die **Fløibanestasjonen** ㉔, die Talstation einer Standseilbahn, die fast bis auf den Gipfel des 319 m hohen Hausbergs von Bergen führt. Wenn abends die Sonne hinter die gegenüberliegende Bergkette taucht, bieten sich ständig wechselnde Licht- und Schattenverhältnisse.

In **Fana** ㊶, 26 km südlich von Bergen, steht die **Fanakirche**. Sie ist die letzte erhaltene von einem Kranz von 14 kleinen mittelalterlichen Wallfahrtskapellen. Ihre silbernen Kerzenleuchter sollen schon viele Wunder bewirkt haben. Ganz in der Nähe liegen die Ruinen des **Lyseklosters**, des mächtigsten norwegischen Zisterzienserklosters, das nach der Reformation verlassen wurde. Seine Steine fanden beim Bau des Rosenkrantztårnet Verwendung. Auf der vorgelagerten Insel **Lysøen** findet man die ausgesprochen seltsam aus allen verfügbaren Baustilen zusammengesetzte **Villa des Geigers Ole Bull** mit ihrer angegliederten Musikhalle.

Ebenfalls südlich der Stadt, unweit von Fana, liegt **Troldhaugen**, die Villa von Edvard und Nina Grieg, die beide hier begraben sind. Im Haus sind jetzt Erinnerungsstücke an den Komponisten ausgestellt, die seine Frau zusammengetragen hat. Im Garten steht Griegs „Komponistenhütte". Hier fand er Ruhe und Inspiration für seine Kompositionen. Dort hat man auch einen neuen Konzertsaal gebaut, der während der Internationalen Bergener Festspiele (Ende Mai bis Anfang Juni) intensiv genutzt wird. Die Festspiele sind der kulturelle Höhepunkt des Jahres und bieten von Folklore über Theater, Musik und Kunstausstellungen für jeden Geschmack etwas.

KONGSBERG

Karsches gt. 3, Tel. 32299050, www.visitkongsberg.no; Sommer Mo-Fr 9-19, Sa, So 10-14 Uhr, sonst Mo-Fr 9-16 Uhr.

Alle in der Nähe der Lågenbrücke. **Kirche**, Mitte Mai-Aug. Mo-Fr 10-16 Uhr, sonst Di-Do 10-12 Uhr, Gottesdienst So 11 Uhr. **Norsk Bergverksmuseum**, www.bvm.museum.no, Mitte Mai-Aug. tägl.10-17 Uhr, sonst tägl. 12-16 Uhr. **Lågdalsmuseum**, Areal offen, Führg. i. Sommer. **Silbergrube Saggrenda**, Mitte Mai-Aug. tägl. 11, 13, 15/ Hochsaison stdl. 11-16 Uhr, sonst Tel. 32299050, s. a. www.bvm.museum.no.

Klettertour und Grubensafari in alten Silberstollen, Tel. 32299050; Kanufahrten, Wanderungen Tel. 32771400. Jazzfestival Ende Juni/Anf. Juli.

HEDDAL / NOTODDEN / BØ

Teatergt. 3, Notodden, Tel. 35015000, www.notodden.kommune.no, Sept.-Mitte Mai Mo-Fr 8-15.30 Uhr, sonst länger.

Heddal Stabkirche, Heddalsveien 412, Tel. 35013990, www.heddalstavkirke.no; Mitte Mai-Mitte Sept. tägl. 10-17 Uhr, Hauptsaison länger. **Freilichtmuseum**, Mitte Juni-Mitte Aug. tägl. 10-17 Uhr. **Bø Sommarland**, www.sommarland.no

TUDDAL / RJUKAN

Torget 2, Rjukan, Tel. 35080550, www.visitrjukan.com, Mo-Fr 9-15.30/ Juni-Aug. 9-19 Uhr, Sa, So 10-16 Uhr.

Vemork Industriearbeitermuseum, 3660 Rjukan, Tel. 35099000, www.visitvemork.com, Mai-Sept. tägl. 10-16/18, sonst Di-Fr 12-15, Sa, So 11-16 Uhr.

HAUGESUND

Kaigt. 1, www.haugesund.net, Tel. 52743353, 15.6.-15.8. Mo-Fr 10-18, Sa 10-15, sonst Mo-Fr 10-15 Uhr.

Haraldshaugen, immer offen. **Nordvegen Historiesentre** und **Vikinggården**, Avaldsnes, Tel. 52812400, www.visit

Karte S. 74-75

haugalandet.no, ganzj. **Karmsund Freilichtmuseum**, Mitte Juni-August 12-17 Uhr.

Infos zu den Kulturfestivals s.: www.sildajazz.no und filmfestivalen.no.

Schnellboot Mo-Fr 4x, Sa, So 2x Bergen; Mo-Fr 6x, Sa, So 4 x Stavanger, Tel. 05505, www.hsd.no.

HØNEFOSS / JEVNAKER

Busstasjonen, www.ringerike.kommune.no, Mo-Sa 9-18 Uhr.

Sundøya, Krokkleiva, Tel. 32161000, www.sundoya.no, zwischen den Seen gelegen mit herrlichem Blick; spektakulär am Abend.

Hadeland Glassverk, 3521 Jevnaker, Tel. 61316633, www.hadeland-glassverk.no, ca. 20.6.-15.8. Mo-Fr 10-18, Sa 10-17, So 11-18, sonst Mo-Fr 11-16, Do 10-20, Sa 10-16, So 11-17 Uhr.

HEDALEN

Stabkirche, Mitte Juni-Mitte Aug. 11-16 Uhr.

GOL

Sentrumsvn. 93, Skysstasjonen, Tel. 32029700, www.golinfo.no.

BERGEN

Vågsallmenningen 1, Tel. 55552000, www.visitBergen.com, Juni-Aug. 8.30-22, Mai, Sept. 9-20, sonst Mo-Sa 9-16 Uhr.

Bellevue, auf dem Aussichtsberg Fløyen, Tel. 55336999. **Bryggen Tracteursted**, Bryggestredet 2, Tel. 5533 6999, älteste Wirtschaft Norwegens, Met aus Hörnern. **Ned's**, am Fischmarkt, Tel. 55559660, hervorragendes Fischrestaurant. **Bryggeloftet**, Bryggen 11, Tel. 55302070, traditionelle norwegische Küche in 100-jährigem Haus.
CAFÉS: **Kløver Café**, Strandgaten 15, Blick a. Bryggen, Fischmarkt. **Pygmalion Økocafé**, Korskirkealm. 4, Gesundkost, kein Alkohol.
INTERNETCAFÉ: **Cyberhouse**, neben Fløyenbahn-Eing., Tel. 93640553, tgl. 11-23 Uhr.

Galleriet, Torgalmenningen 6, 60 Geschäfte.

Fischmarkt Mo-Sa 7-16 Uhr. **Hanseatisches Museum**, im Finnegård/Bryggen, u. **Schøtstuene**, Øvregt. 50, www.museumvest.no, Mitte Mai-Mitte Sept., tägl. 9-17, sonst 11-14/16 Uhr. **Marienkirche**, Mitte Mai-Mitte Sept. Mo-Fr 11-16, sonst Di-Fr 12-13.30 Uhr. **Bryggenmuseum**, gegenüber Marienkirche, Juni-Aug. tägl. 10-17, sonst Mo-Fr 11-15, Sa 12-15 Uhr, So 12-16 Uhr. **Festung Bergenhus**, Ende des Festningskaien, 15.5.-31.8. 10-16, sonst So 12-15 Uhr. **Rasmus Meyer-Sammlung**, **Kunstmuseum**, Rasmus Meyer Allé 3-7, www.kunsthall.no, 15.5.-15.9. tägl. 11-17 Uhr, sonst Di-So. **Aquarium**, www.akvariet.no, Mai-Sept. 9-19, sonst 10-18 Uhr. **Troldhaugen**, 8 km südl., Mai-Sept. tägl. 9-18, Dez-Mitte Jan. geschl., sonst Mo-Fr 10-14 Uhr, Sa, So 12-16 Uhr. **Gamle Bergen**, www.bymuseet.no., Freilichtmuseum, Park immer geöffn., stündl. Gebäude-Führungen Mitte Mai-Ende Aug. 10-16 Uhr.

April/Anf. Mai **Bergenfest**, www.bergenfest.no. **Bergen-Festspiele**, Mai/Juni, www.fib.no. **Troldhaugen Sommerkonzerte**, www.troldhaugen.com.

FLUG: täglich nach Oslo, Stavanger, Haugesund, Trondheim, Skien u. a.
BAHN: mindestens 5 Züge täglich nach Oslo, ganzjährig. Info: NSB, Tel. 5596 6900, www.nsb.no.
BUS: Busbahnhof Strømgaten 8.
EXPRESSBUS: täglich nach Oslo (*Haukeliekspressen*), Kristiansand (*Kystbussen*), Trondheim (*Trondheimekspressen*).
REGIONALBUS: Umgebung von Bergen, Hardangerfjord. Info-Tel. 177. Die Fahrt mit allen Stadtbussen zwischen Olav Kyrresgt. (Hauptpost) und Bahnhof/ Busterminal ist kostenlos.
SCHIFF: **Hurtigrute** täglich 20 Uhr ab Frileneskaien / Puddefjord (unbedingt langfristig vorbuchen: Tel. (Bergen) 81030000, (D) 040/376930, (CH) 06120/59494. Tägliche **Passagierschiffe** zum Nord- und Sognefjord; Info: Fjord 1 Fylkesbaatane, Strandkaiterminalen, Tel. 57757000.

VON BERGEN NACH TRONDHEIM

WEGE VON FJORD ZU FJORD
DIE KÜSTENROUTE E39
DIE INNERE FJORDROUTE

WEGE VON FJORD ZU FJORD

Es ist überaus reizvoll, alte Hafenstädte auf dem Seeweg zu erreichen oder zu verlassen. Bergen ist der geeignetste Ausgangsort für eine solche Reise entlang der Westküste Norwegens. Am bekanntesten ist die Postschifflinie der **★★Hurtigrute**, die seit 1893 von zwei Reedereien im Auftrag der königlichen Post betrieben wird. Die kombinierten Fracht- und Passagierschiffe, früher zwischen 2000 und 3000 BRT groß, haben heute bereits die Größe von mittleren Kreuzfahrtschiffen erreicht; fast alle können sogar Kraftfahrzeuge befördern. Das Dutzend Schiffe der Hurtigrute verkehrt ganzjährig nach festem Fahrplan in elf Tagen von Bergen nach Kirkenes an der russischen Grenze und zurück. Die Fahrpläne sind so angelegt, dass Häfen, die während der Hinfahrt gar nicht oder bei Nacht angelaufen werden, während der Rückfahrt bei Tage bedient werden. Auf Streckenabschnitten, die länger als 24 Stunden dauern, ist das Buchen einer Kabine obligatorisch.

Die Route führt von Bergen (Frileneskaien, Puddefjord) über Måløy, Ålesund, Molde, Kristiansund, Trondheim, Brønnøysund, Sandnessjøen, Bodø, Svolvær, Harstad, Tromsø, Hammerfest und Honningsvåg nach Kirkenes. Außer den Haupthäfen, in denen die Schiffe länger liegen, so dass man aussteigen und Landgänge unternehmen kann, gibt es zahlreiche Bedarfshäfen, in denen das Aus- und Einsteigen möglich ist. Man kann auch in einem Hafen an Land gehen und einen oder mehrere Tage später das nächste Schiff zur Weiterfahrt benutzen. Alle Strecken und Unterbrechungen wie auch die Mitnahme von Autos sollten unbedingt von zu Hause aus gebucht werden, für die Hauptreisezeit (Juni bis August) mindestens drei Monate im Voraus (s. a. S. 230).

Auf der Südseite der Puddefjordsbroen von Bergen legen kleine Schiffe ab, die in den Sognefjord fahren. Über Balestrand und Leikanger erreichen sie nach fünf Stunden Flåm am Ende des Aurlandsfjords, dem Südostzipfel des Sognefjords, und fahren nach zwei Stunden Aufenthalt wieder zurück nach Bergen (13 Std., auch kombinierbar mit Bus / Bahn). Für ganz Eilige werden solche Fjordausflüge auch mit Hochgeschwindigkeitskatamaranen ab Bergens Strandkaiterminalen durchgeführt.

Um Bergen auf dem Landweg zu verlassen und weiter nach Norden vorzustoßen, bieten sich zwei Möglichkeiten: Die eine ist die **Fjordstraße (E39)** von

Vorherige Seiten: Sommersonnenwende am Sognefjord. Links: Blau schimmern die Eishöhlen des Jostedalsbreen.

N
NORTH
SEA
VON BERGEN NACH TRONDHEIM
0
20
40 km
Hopen
Dyrnes
SMØ
Auka
Leira
GRIP
Kristiansund
TUSTNA
Hurtigrute
FREI
Bolga
Kvalvå
Vevang
AVERØYA
Sandvik
Kvernes
Hustad
Korn-
stad
Rånes
BJØRNSUND
Bud
NORDMØRE
Elnesvågan
Sylte
Nesset
Steinshamn
GOSSA
OTRØY
Molde
Åre
Oppdøl
Eidsvåg
NORDØYANE
Midsund
Moldegård
Langfj.
Austnes
Jønset
Dryna
Vestnes
Åfarnes
MØRE
Roald
Brattvåg
Furneset
Skorgen
VIGRA
Skorgenes
Røvden
Isfjorden
GISKE
Eidsvik
Sjøholt
Leirheim
Åndalsnes
SØRØYANE
GODØY
Tresfjord
Ålesund
Borgund
OG
Sogge
ROMSDAL
RUNDE
Runde
HAREID
Stordal
Marstein
Sykkylven
Høgstolen
1739
Fosnavåg
Hareid
Fjøstøy
Stranda
Liabygda
Ulsteinvik
Stadhavet
Eiksund
Rjåneset
ROMSDAL
Valldal
Vestkapp
Larsnes
Eiksund-
tunnel
Ørsta
Slogen
1597
Eidsdal
STADLANDET
Sæbø
Møll Grande
Leikanger
Fiskå
Volda
Pyttegga
1984
Folkestad
Hellesylt
Geiranger
VÅGSØY
Selje
SUNNMØRE
Vesterås
Kilksfjord
Hornindals-
vatn.
Geiranger-
fjorden
Ørjaseter
Grotli
1926
Måløy
Bjorkedal
Skjåkseter
Vågsberget
Nordfjorden
Randa-
bygd
Stryn
Blåfjell
Pollfoss
Døn
Almenningen
Stårheim
Nordfjordeid
Nos
Innvik
Loen
Videseter
Pollfoss
OTTADAL
BREMANGERLANDET
Vingen
Anda
Sandane
Utvik
Olden
Kalvåg
Ålfotbreen
Gjemmestad
Karistova
Kjenndal
Bøver
Svelgen
1632
Eids-
fossen
Oldev.
Byrkjelo
Brikdalsbreen
BREHEIMEN
Galdesa
Elveseter
Norddal
SOGN
Reed
Egge
1953
Høgste
Breakulen
Åse-
vatnet
Florø
Klakegg
Fonn
KINN
Årdal
Jostedalsbreen
Jostedal
Hervass-
dammen
Bru
Ausevik
Naustdal
Ålhus
Nigards-
breen
JOSTE-
DALEN
Turtagrø
2469
SVANØY
Førde
Jølstrav.
1732
Fortun
Holmedal
Førdefjorden
OG
Gaupne
Luster
Skjolden
Skagastøls
2405
Vilnes
Dale
Sande
Vik
Fjærland
Nes
FJORDANE
Gamla
Stenbru
Solvorn
Øvre Årdal
Buefjorden
Sørbøvåg
Urnes
Vadheim
Dragsvik
Årøy
Stavkirke
Nordeide
Bale-
strand
Hella
Sogndal
SULA
Breivik
Leirvik
Vestrheim
Hardbakke
Lavik
Kaupanger
Sognefjorden
Revsnes
YTRE SULA
Svartemyr
Ortnevik
Vangsnes
Lærdalsøyri
Sognesjøen
Rutledal
Vik
Fresvik
Borlaug
Eivindvik
1660
Aurlandsfj.
695
Målsetvatn
Undredal
Borgund
SANDØY
Stølsheimen
Nærøyfj.
Hurtigrute
Matre
Ramsøy
Lærdalstunnel
Høge
Solheim
MODALEN
Stalheimskleiva
Aurlandsvangen
1818
Raudbergskarvet
Fedje
Masfjorden
Slottet
Flåm
Austrheim
Vinje
Oppheim
Haugland
RADØY
Vikanes
Tvinde
Myrdal
1862
ONE
Seim
Bjørsvik
Bolstad-
øyri
Evanger
Bavallen
Stamnes
Mjølfjell
Halling-
skarvet
1933
Geriterygg-
hytta
Knarvik
Eikanger
Dale
Bulken
Vosso
Voss
Ulvik
OSTERØY
Finse
Breistein
Vaksdal
Granvin
Haugastøl
Askøy
Ytre Arna
Hardanger-
jøkulen
1839
Alvik
Eidfjord
Ustaoset
BERGEN
Brimnes
Fossli

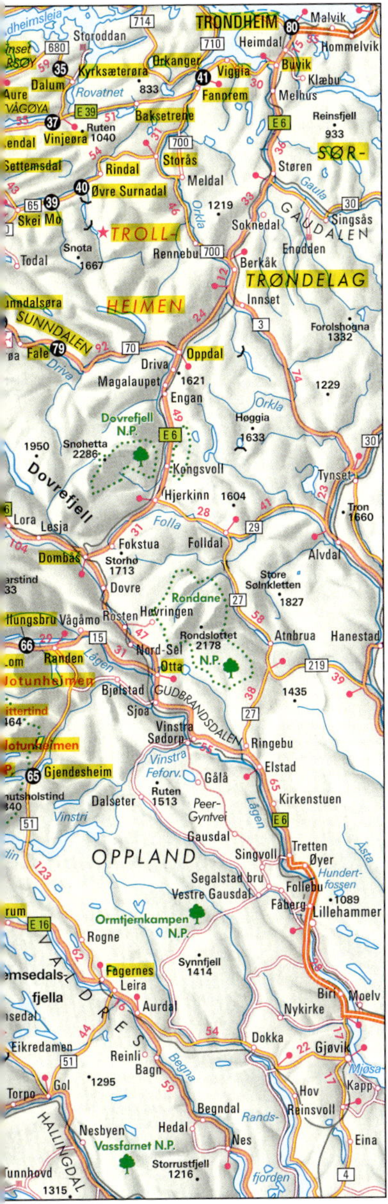

Bergen über Ålesund und weiter nach Trondheim. Dieser Weg bietet alle Höhepunkte norwegischer Küstenlandschaft, ist aber zeitaufwendig, da auf rund 700 km mindestens ein halbes Dutzend Fähren zu benutzen sind.

Die erheblich längere Alternativstrecke, die **Innere Fjordstrecke**, ist landschaftlich ebenfalls überaus reizvoll. Da hier die Straßen besser ausgebaut sind, ist sie auch schneller zu bewältigen. Darüber hinaus berührt sie Touristenmagnete wie den Geirangerfjord oder den Trollstig (diese sind aber auch von der o. a. küstennäheren Route aus erreichbar, wenn man die angegebenen Stichstrecken benutzt, und an diesen Stellen ist es möglich, von einer Strecke auf die andere zu wechseln).

Zwar haben die Skandinavier ein anderes Verhältnis zu Entfernungen – Wochenendausflüge von 500 km gelten als normal – doch sollte dies nicht dazu verleiten, Gleiches zu planen. Um der grandiosen Landschaft und den vielen Kleinigkeiten am Weg gerecht zu werden, sollte man für jede Variante eine Woche einplanen.

DIE KÜSTENROUTE E39 NACH TRONDHEIM

Auf der E39 von **Bergen** ❶ nach Norden erreicht die Straße bei **Breistein** den Sørfjord. Auf der anderen Fjordseite liegt **Osterøy**, mit 324 km^2 die größte Inlandsinsel Europas. Auf dem Weg nach **Knarvik** passiert man die elegante,1610 km lange **Nordhordaland-Brücke**, eine interessante Konstruktion aus der hohen Schiffsdurchfahrt im Süden und dem anschließenden weiten Bogen einer Kette von Pontons: Man fährt über die längste Pontonbrücke der Welt.

**Sognefjord und **Jostedalsbreen – Zwischen Wasser und Eis –

Lohnend ist ein Abstecher nach **Seim** ❷, zum Königshof Håkons I., des

Guten, der hier beigesetzt sein soll. Der **Håkonshof** wurde bereits von Harald Schönhaar benutzt, er ist in den 1950er Jahren umfassend restauriert worden. Von dort hat man einen prächtigen Ausblick über den **Seimsfjord**.

Die E39 führt weiter über **Eikanger** und **Bjørsvik** direkt am **Osterfjord** entlang. Auch hier bietet sich Fotografen eine Fülle von Motiven. Ab **Vikanes** steigt die Straße durch das **Romarheimsdal** auf fast 500 Meter Höhe an, um bis **Matre** ❸ wieder auf Meereshöhe abzufallen. Von dort gibt es auch einen Sommerweg über das **Sognefjell** zum Fjord nach **Svartemyr** und **Ortnevik**. Von hier verkehrt eine Kleinfähre nach **Nordeide**, bei Bedarf auch nach Måren, am gegenüberliegenden Ufer des Sognefjords (25 Min.).

Durch den **Hopetunnel** erreicht die E39 das **Fjordsdal**, dann Oppedal, und damit wechselt man von Hordaland in die Provinz **Sogn og Fjordane** über. Hier verkehrt die Normalfähre über den Sognefjord nach **Lavik** (20 Minuten, ca. 30-mal täglich). Die Fährstrecke ist kürzer geworden, da man in Norwegen mehr und mehr dazu übergeht, die Fährstationen von den Enden der Seitenfjorde an den Hauptfjord zu verlegen, auch wenn dies aufwendige Sprengarbeiten oder Tunnelbauten voraussetzt.

Der ****Sognefjord** ist Norwegens größter Fjord und erstreckt sich vom westlichen Eingang bei **Rutledal** ❹ über 180 km bis ins nordöstliche Ende des **Lustrafjords**. Er ist nur maximal 5 km breit, aber dafür bis zu 1300 m tief. In den Seitenfjorden des östlichen Endes steigen die Felswände über dem Fjord fast senkrecht bis zu 1200 m an. Das südliche Ufer des Sognefjords ist im Gegensatz zum nördlichen weniger erschlossen, es gibt dort überwiegend Sommerwege. Der Grund liegt in der Ost-West-Erstreckung des Fjordes, dessen Nordseite mehr Sonne abbekommt und daher mehr Siedlungen aufweist.

Rechts: Kurz nur ist die Farbenpracht des spätsommerlichen Fjells, denn der Sommer geht hier fast nahtlos in den Winter über.

Die E39 folgt dem Sognefjord ein Stück Richtung Osten – in der Bucht bei **Breivik** ❺ liegt die tiefste Stelle des Fjordes (1308 m) –, um am **Vadheimsfjord** nach Norden zum gleichnamigen Ort abzubiegen. Hier führt ein kleiner Weg zur **Gamla Steinbru** (Alte Steinbrücke), die als Bogenbrücke aus unbehauenem Stein gänzlich ohne Mörtel auskommt.

Im **Ytredal**, dem die Straße nun folgt, finden sich weitere Exemplare dieser Brückenart, die die Bauern im Sommer bauten, um bereits während der nächsten Schneeschmelze die Herden auf die Sommerweiden treiben und damit die Periode der Seterwirtschaft verlängern zu können

Über **Sande** erreicht man **Førde** ❻ am Ende des **Førdefjords**, manchmal auch Sunnfjord genannt. Dieses Verwaltungs- und Dienstleistungszentrum des Fjordsystems ist ein wichtiges Luftkreuz im innernorwegischen Flugnetz.

Die Stadt **Florø** ❼ liegt 70 km westlich – der einzige Ort der Provinz, der Stadtrechte genießt. Früher ein Zentrum der Hochseefischerei, sind heute Offshore-Technik und die Versorgung der Ölplattformen der ökonomische Motor der Stadt. Diese Gegend war schon früh besiedelt, wie bronzezeitliche Felszeichnungen bei **Ausevik** beweisen.

Auf der vorgelagerten Insel **Kinn** steht die **Kinnkirke**, eine romanische Steinkirche aus dem 12. Jh. Die südliche Insel **Svanøy** war Besitz der Bischöfe von Bergen, die sich hier den **Svanøygård**, einen herrschaftlichen Hof, errichten ließen. Nach der Reformation war er ein Krongut, jetzt dient er als Tagungsstätte. Im Park steht noch heute ein Olavs-Kreuz, ein Steinkreuz mit Runeninschriften. Zu beiden Inseln gibt es ab Florø Fährverbindungen.

Von Førde steigt die E39 wieder an; nach 20 km gelangt man zum **Jølstravatn**, einem 30 km langen See, in des-

Karte S. 96-97, Info S. 134-135

sen Umkreis 17 Grabstelen und 25 Steinhaufengräber registriert sind. Die meisten stammen aus der Bronze- und Eisenzeit, auch drei aus der Jüngeren Steinzeit sind darunter. Die wichtigsten Funde sind im Bryggenmuseum in Bergen ausgestellt.

In **Ålhus** ❽ steht der alte Pfarrhof, in dem der Maler Nikolai Astrup (1880-1928) seine Jugend verbrachte. Wenig weiter, in **Årdal**, liegt ein sehr schöner Rastplatz mit Grillmöglichkeit am fischreichen See, so dass man sein Mittagessen direkt aus dem See angeln und zubereiten kann.

Vom Ostufer führt die R5 durch einen Tunnel unter dem ****Jostedalsbreen** hindurch. Dieser *Breen* (Gletscher) ist mit rund 1000 km^2 die größte Plateauvergletscherung Kontinentaleuropas. Ihre zentrale Erhebung ist der **Høgste Breakulen** mit 1953 m. Der Gletscher erstreckt sich von Südwesten nach Nordosten über 100 km, sein Eispanzer misst bis zu 500 m; zahlreiche Arme erstrecken sich in die Täler. Doch schmilzt der Jostedalsbreen wie viele europäische Gletscher mehr und mehr ab. Hinter **Skei** geht es hinauf nach **Klakegg** ❾, wo zwei Sommerwege zum Gletscher hinaufführen. Ab **Fonn**, am Ende des einen, sind geführte Gletscherwanderungen möglich; vor Touren auf eigene Faust wird gewarnt.

Der Nordfjord – Treffpunkt von Hering und Kabeljau

Hinter Klakegg führt die E39 durch das **Våtedal** zwischen steil aufragenden, engen Felswänden bergab. Bei **Egge** stürzt der Wasserfall des **Norsfoss** aus schwindelerregender Höhe herab. Über **Byrkjelo** kommt man nach **Reed** ❿, wo Norwegens größte neugotische Kirche steht. In **Vassenden** führt ein Seitenweg zum **Eidsfoss** ⓫, Europas größter Lachstreppe. Darunter versteht man eine natürliche Kaskade, die die Lachse auf ihrem Weg zum Ablaichplatz, an dem sie selbst geschlüpft sind, hinaufspringen. Der Eidsfoss ist 300 m lang, 33 m hoch und hat 74 Stufen, die die Lachse nach und nach zu überwinden haben, wobei sie gegen die Strömung springen müssen.

Bei **Sandane** ⓬ am **Gloppefjord** wird das System des **Nordfjords**, des fünftgrößen norwegischen Fjords, erreicht. Er erstreckt sich von **Måløy** bis **Loen** über 90 km und verläuft parallel zum Sognefjord fast genau auf 62° n. Br.

Sandane hat ein Freilichtmuseum, unweit davon sind in **Gjemmestad** weitere Grabhügel aus der Eisenzeit zu finden. Deren größter, 50 m lang und 7 m hoch, wird *Tinghogjen* genannt. Er ist der Punkt, auf den am Mittsommertag die letzte Abendsonne fällt. Von Sandane aus kann man entweder nach **Anda** weiterfahren und die Fähre über den Nordfjord nach Lote benutzen (10 Minuten, 30-mal täglich) oder man fährt nach Byrkjelo zurück, um den überaus lohnenden Umweg um das ganze Ende des Nordfjords zu machen, wofür man einen zusätzlichen Tag einplanen sollte.

Kehrt man also nach Byrkjelo zurück, erreicht man die R60, die über das 640 m hohe Fjell führt. Zwei Aussichtspunkte gewähren bei **Karistova** Blick auf den südlich gelegenen Jostedalsbreen. Die knapp 6 m breite Straße führt in sechs Serpentinen nach **Utvik** hinunter. In den Kehren sind Haltemöglichkeiten vorhanden, die die Aussicht auf den Ort Utvik ermöglichen.

Am Fjord entlang kommt man nach **Innvik** mit Blick auf den **Storlaugpik** (1556 m) und die **Ceciliekruna** (1717 m), die von hier aus bestiegen werden kann. **Olden** ⓭ bietet eine Oktogonkirche, die, 1756 gebaut, schon zehn Jahre später niederbrannte und wieder aufgebaut wurde. Neben anderen Kleinodien ist hier die Bibel von Christian II. zu bewundern.

Von Olden führt ein Sommerweg am 15 km langen Oldevatn entlang zum ***Briksdalsbreen**, einem viel besuchten Gletscherarm an der Nordseite des großen Jostedalsbreen. Über einen Wanderweg, der in einer guten halben Stunde zu bewältigen ist, gelangt man an die Gletscherzunge; ein Großteil des Weges kann mit Fjordpferde-Kutschen zurückgelegt werden. Am Gletscher brechen im Sommer immer wieder größere Eisbrocken in den Gletschersee ab, die die Größe von Häusern erreichen können: Vorsicht ist geboten. Das blau schimmernde Eis – Gletscher absorbieren die roten Bestandteile des Lichtes – liegt malerisch verstreut auf einer Endmoräne und ragt hoch über das Buschgestrüpp auf. Geführte Eistouren werden angeboten.

Von **Loen** nahe Olden aus kann man entlang des bis zu 200 Meter tiefen Lovatn nach ***Kjenndal** am Fuß des **Noresnibba** (1823 m) hinauffahren und zum **Kjenndalsbreen** aufsteigen. Nach Westen bietet sich dabei ein herrlicher Blick auf das über 2000 Meter hohe **Ramnefjell**, nach Osten auf die höchsten Erhebungen des Jostedalsbreen, den 2018 Meter hohen **Brensnibba** und den 2083 Meter hohen **Lodalskåpa**, zu denen von Kjenndal aus geführte Touren angeboten werden.

Oben: Pferdekutsche auf dem Weg zur Briksdalsbreen. Rechts: Fjordpferde, einst unentbehrliche Helfer der Landwirtschaft.

Karte S. 96-97, Info S. 134-135

Ein klassisches Wanderziel ab Loen ist auch der Aufstieg zum **Skålatårnet** (1843 m), Hin- und Rückweg in neun Stunden.

Folgt man dem **Innvikfjord**, gelangt man nach **Stryn** ⓮. Der Verkehrsknotenpunkt – über die R15 nach Osten gelangt man zum Geirangerfjord – eignet sich ebenso wie Olden und Loen für eine Zwischenübernachtung. Im Ort sind das alte Kaufmannshaus, die *Walhalla Gjestgiveri* und die im Drachenstil erbaute König-Oscar-Halle sehenswert.

Auf dem über 1000 m hohen **Strynsfjell** kann man im Sommer und Winter Ski laufen. Westlich von Stryn zweigt die R613, der **Panoramaweg** am Nordfjord, ab. Die beste Aussicht bietet sich nach 22 km bei **Nos**. Von **Randabygd** ⓯ führt ein 15-minütiger Fußweg zum **Tvinnfoss**, einem Doppelwasserfall, unter dem man hindurchgehen kann, ohne nass zu werden.

R15/60 queren das Strynsfjell, die beiden trennen sich bei Kjøs: Die R60 führt nach Hellesylt am Geirangerfjord, die R15 an das **Hornindalsvatn**, den klarsten See Norwegens. Er ist 22 km lang und mit bis zu 514 m der tiefste See Europas, sein Wasserspiegel liegt 55 m über dem des Nordfjords.

An seiner Südseite verläuft die R15 nach **Nordfjordeid** ⓰. Die Stadt (2300 Einwohner) ist ein wichtiges Handels- und Dienstleistungszentrum am Nordfjord. Sie war Hauptort der Fjordpferde-Zucht. Diese genügsame Pferderasse ist unentbehrlicher Helfer auf Tausenden von Bauernhöfen gewesen. Im Zuge der Mechanisierung der Landwirtschaft sind die Bestände stark geschrumpft, gelegentlich finden sie Einsatz für touristische Kutschfahrten (s. S. 100). Entweder folgt man von hier aus der E39 weiter nach Norden oder man schließt eine weitere Exkursion zum Vestkapp (Westkap) an.

Entscheidet man sich für den Westkap-Ausflug, gelangt man nach **Stårheim**, wo sich ein schöner Ausblick übers Wasser zum 1670 m hohen Berg Blånibba bietet.

Bei **Almenningen** ⓱ grüßt die höchste Klippe Europas: der 860 m senkrecht aus dem Meer ragende **Hornelen**.

Der Sage nach kann man hier in hellen Sommernächten jene Hexen und Trolle tanzen sehen, die prosaische Gemüter als Nebel und Wolkenfetzen bezeichnen würden. Zum Hornelen verkehren Boote, die den gegenüberliegenden Ort **Vingen** berühren. Dort gilt es über 2000 Steinzeichnungen zu bewundern, merkwürdigerweise stellen sie überwiegend Hirsche dar.

Die Insel **Vågsøy** ist über eine 1200 m lange **Brücke** mit dem Festland verbunden. Der Hauptort **Måløy** ist einer der wichtigsten Exporthäfen für Frischfisch, denn der Nordfjord bildet die Grenze zwischen den Kabeljaubeständen des Nordens und den Heringsbeständen des Südens. So können die Fischer bei zurückgehenden Fängen der einen Sorte auf die andere ausweichen.

Die Fischerei war für die Bauern Westnorwegens ein saisonales Zubrot, das sich heute auf die Deckung des Eigenbedarfs beschränkt. Außerdem sind in den letzten Jahren verstärkt **Lachszuchtfarmen** in Betrieb genommen worden, die Europa ganzjährig mit frischem und geräuchertem Lachs versorgen. Die Qualität des Lachses wurde deutlich gesteigert, seit man neue Füttermethoden entwickelt hat. Fütterte man die Lachse in der Anfangszeit der Zucht einfach mit Fischmehl, dem vor dem Schlachten Karotin zugesetzt wurde, um die gewünschte rote Farbe zu erreichen, nutzt man heute computergestützte Fütterungsprogramme, die auf das natürliche Fressverhalten perfekt eingehen. Der so erzeugte Lachs ist von Wildlachs optisch und geschmacklich kaum zu unterscheiden. Allerdings sind zur Zucht auf engstem Raum große Mengen von Chemikalien nötig. Aus Angst vor eingeschleppten Erregern, die ganze Zuchtbestände vernichten können, lässt kein Farmer die Besichtigung seiner Lachsfarm zu.

Rechts: Diese dekorativen Häuser am Hafenbecken von Ålesund wurden nach dem Brand von 1904 neu gebaut.

Die Klippen bei **Hendanes** sind bizarr geformt. Hier steht der so genannte **Kannestein**, ein vom Wind in Sanduhrform geschliffener Felsen. In der alten Handelsstadt **Vågsberget** sind sieben historische Gebäude erhalten geblieben. Von **Maurstad** führen die R61 und R620 über die Halbinsel **Stadlandet** zum ***Vestkapp**. Nach der Sage hatte **Kjerringa**, ein verführerisches Wesen ähnlich der Loreley, ihren Sitz auf dem kahlen, windumtosten Felsen. Für die Seeleute soll sie genau so verhängnisvoll gewesen sein wie ihre Kollegin am Rhein. Vom Vestkapp bietet sich eine herrliche Aussicht; hier steht eine kleine Cafeteria, die auch ein Vestkappzertifikat ausstellt. Auf **Selje**, der dem Hauptort vorgelagerten Insel, liegen die Reste eines Benediktinerklosters aus dem 12. Jh. mit dem restaurierten **Sankt Albans-Turm**.

Von Nordfjordeid führt die E39 über die 300 m hohen Ausläufer des **Kyrkefjell** nach **Bjørkedal** und weiter nach **Folkestad** am **Voldafjord**, den eine Fähre (10 Minuten, ca. 37-mal täglich) überquert, nach **Volda** ⓲.

Von der Voldahalbinsel gelangt man via **Eiksundtunnel** und **Eiksundbrücke** zur Insel **Hareid** und zur Vogelinsel ***Runde** (siehe S. 105)

Ørsta liegt am gleichnamigen Fjord, der schon zum System des Storfjordes gehört, des größten und verzweigtesten Fjordsystems überhaupt. Dieses Fjordsystem bedeckt auch den größten Teil der Fläche der nördlichen Vestlandsprovinz, genannt **Møre og Romsdal**. Vom 6000-Seelen-Städtchen Ørsta führt die E39 am Ørstafjord und **Vartdalsfjord** entlang nach **Festøy**. Hier quert die Fähre den Storfjord (20 Minuten, 39-mal täglich) und damit auch die Einfahrtsroute der Kreuzfahrtschiffe, die zum Geirangerfjord fahren oder von ihm kommen.

Über **Spjelkavik** erreicht man schließlich Ålesund, die auf drei Schäreninseln gelegene Hauptstadt des Distrikts **Sunnmøre**.

Karte S. 96-97, Info S. 134-135

*Ålesund
– Der Kaiser und der Jugendstil –

***Ålesund** ⓳ hat seinen Namen von dem Sund, der die beiden Hauptinseln **Nørvøya** und **Aspøya** trennt. Es ist eine „junge" Stadt, erst 1848 gegründet. Sie verdankt ihre Existenz ausschließlich dem Fisch, den die Fangflotte aus allen nördlichen Meeren holt. Der Fisch wird entweder gefrostet oder zu Konserven verarbeitet, aber auch Klipp- und Stockfisch werden noch immer hergestellt, diese Trockenfische haben im katholischen Südeuropa durchaus noch ihren Markt.

1904 erlebte Ålesund seine größte Katastrophe, als es fast gänzlich abbrannte. Der deutsche Kaiser Wilhelm II., der davon erfuhr, setzte unverzüglich Schiffe mit Lebensmitteln, Ärzten und Medikamenten in Marsch. Auch spendete er als großer Nordlandfan beträchtliche Summen für den Wiederaufbau der Stadt. In nur drei Jahren wurde die Stadt in dem damals beliebten Jugendstil neu errichtet. Dessen norwegische Variante und den kunsthistorischen Zusammenhang erläutert das **Jugendstilzentrum**. Wilhelm II. dankte man mit einer Straße und einem mächtigen Denkmal im **By Park** unterhalb des Stadtfelsens **Aksla** für sein Engagement. Dieser Fels, den man mit dem Wagen (Auffahrt am Ortseingang von Ålesund) oder über mehr als 400 Stufen vom By Park aus erklimmen kann, bietet besonders abends einen fantastischen Blick über das Fjordsystem und die Schäreninseln.

Vorgänger von Ålesund war das 5 km westlich gelegene **Borgund**, eine alte Wikingersiedlung. Teile davon hat man ausgegraben. Die Anlage, wenn auch separat gelegen, gehört heute zum **Borgundkaupanger Museum** (Sunnmøre Museum). Zwei Wikingerhäuser mit den dazugehörigen Vorratshäusern, die dort geborgenen Gebrauchsgegenstände, die Hafenanlage und die Fundamente einer Kirche aus der Zeit nach der Christianisierung hat man inzwischen freigelegt.

Bei der Kirche handelt es sich vermutlich um eine **Marienkirche**, die mit der in der Nähe gelegenen **Borgund-**

kirche, einem ehemals Petrus geweihten Gotteshaus, korrespondierte. Diese Steinkirche, deren ältester Teil, das heutige Querhaus, aus dem 13. Jh. stammt, wurde später vergrößert, indem man das alte Langhaus zum Querhaus umfunktionierte und in Nord-Süd-Richtung ein Langhaus hinzufügte. Der Altar ist so von der Ost- zur Nordseite gewandert, doch sind die Reste des alten Ostaltars erkennbar. Die ursprüngliche Ausgestaltung ist nur noch rudimentär vorhanden, doch passt die moderne Holzdekoration gut zu dem alten Kirchlein. Direkt hinter der Kirche liegen über 40 alte Häuser und Gehöfte des Borgundkaupanger Museums. Auch eine Ausstellung mit 30 Booten für Fahrten auf dem Fjord und dem Meer gehört dazu.

In Ålesund selbst lohnt ein Bummel um das innere Hafenbecken, den *Indre Haven*, mit seinen liebevoll restaurierten Häusern, zahlreichen Restaurants und Kneipen. Die **Ålesundkirche** verblüfft im Inneren durch großflächige Mosaiken und Glasfenster, die alle von Enevold Thømt stammen.

Die vorgelagerten Inseln Valderøy, Vigra, Giske und Godøy sind über gebührenpflichtige Brücken und Tunnels mit dem Festland verbunden.

Auf **Valderøy** liegt **Skonghellen**: Die mehr als 100 m tiefe Höhle weist Zeichnungen auf, die vor 25 000 Jahren, also vor dem Ende der letzten Eiszeit, entstanden sein sollen. Von einer Besichtigung der Höhle sollte man absehen, da der in 57 m Höhe gelegene Höhlenzugang eine tückische Geröllhalde ist, deren Erklimmen artistische Fähigkeiten erfordert. Am Südende von Valderøy liegt **Kongshaugen**, ein alter Königshof, den ein Bischof namens Neumann hat ausgraben lassen. In dem Steinhaufen fanden sich merkwürdigerweise Nägel römischer Machart.

Auf der nördlich gelegenen Insel **Vigra** befindet sich der Flughafen von Ålesund.

Geschichtsträchtiger ist die nahe Insel **Giske**, Sitz des berühmten Giskegeschlechts, das einmal mehr als 200 Höfe in Norwegen besaß und daneben durch Fischerei, Handel und Kaperfahrten reich geworden ist.

Ihre größte Macht besaßen die Giske um das Jahr 1030, als Harald Hardråde das Mädchen Tora aus dieser Familie heiratete. Aus der Ehe gingen zwei weitere norwegische Könige hervor: Magnus II. und Olav Kyrre. Fraglich bleibt, ob Rollo, der erste Herzog der Normandie, aus dem Geschlecht der Giske stammt, denn auch die Dänen nehmen ihn für sich in Anspruch. Die Franzosen glaubten jedenfalls den Norwegern, denn die Stadt Rouen schenkte der Stadt Ålesund ein Standbild eben dieses Rollo, das als *Gange Rolv* im By Park der Stadt steht.

Auch die **Giske-Kapelle** der Adelsfamilie wird heute von einer Ahnentafel

Oben: Jugendstil, das architektonische Merkmal des Wiederaufbaus von Ålesund. Rechts: Auf der Insel Runde brüten im Sommer Hunderttausende von Vögeln.

Karte S. 96-97, Info S. 134-135

der englischen Königsfamilie geschmückt, die ja auf Rollo zurückgeht. Dies kleine Gotteshaus bezeugt die weit reichenden Verbindungen des Giskegeschlechts. Ungeklärt ist, woher der weiße Marmor für die Mitte des 12. Jahrhunderts erbaute Kapelle stammt. Das edle Baumaterial ist allerdings schlecht erkennbar, denn es musste zum Schutz gegen die aggressive Seeluft mit Kalkfarbe überstrichen werden. Heute ist die Giskekapelle eine beliebte Hochzeitskapelle für Ålesund und Umgebung.

Nach **Godøy**, einer Insel, die zu Spaziergängen an frischer Seeluft einlädt, hat man für die rund 200 Einwohner einen 3,4 km langen **Tunnel** gegraben.

Ein besonderer Anziehungspunkt ist 30 km (Luftlinie) südwestlich von Ålesund die Insel ***Runde**, sie bietet die größte ***Vogelkolonie** Südnorwegens mit Hunderttausenden Brutvögeln, u.a. Basstölpeln und Dreizehenmöwen. Der Besuch des Reservats ist besonders während der Brutzeit Juni/Juli zu empfehlen. Eine mautpflichtige **Brücke** verbindet Runde mit der Insel **Remøy**.

Zur Stadt der Dichter und Rosen – Wege von Ålesund nach *Molde

Zur Weiterfahrt entlang der Küste über die Inseln bieten sich ab Ålesund wiederum zwei Möglichkeiten: Die westliche Verbindung über Midsund ist erheblich zeitaufwendiger, wenn auch landschaftlich attraktiver als die schnellere östliche Variante. In jedem Fall fährt man auf der E136/39 zur **Skodjebru**, Nordeuropas größter Steinbrücke.

Wenn man die längere Variante bevorzugt, zweigt man auf die R661 nach **Eidsvik** am Ende des **Grytefjords** ab, dann folgt man der R659, die an kleinen Seen oder an Seitenfjorden entlangführt, bis sie **Brattvåg** ⑳ erreicht. Dieser Fischereihafen ist Hauptort der **Haram** Gemeinde, weil es von hier Fährverbindungen zu allen vorgelagerten Inseln gibt. Nach 20 Minuten Fährüberfahrt (ca. 15-mal täglich) wird **Dryna** auf **Midøy** erreicht.

Kurz vor **Bjørnerem** markiert ein merkwürdiger Steinzaun die Grenze zwischen den Distrikten Sunnmøre und Romsdal. Errichtet wurde er, als von

1658 bis 1660 hier die Reichsgrenze zwischen dem dänischen Norwegen und Schweden verlief.

Midsund ㉑, bereits auf der Insel **Otrøy** gelegen, ist schnell erreicht, da die Inseln mit Brücken verbunden sind. Der Ort lebt vom Fischfang und dessen Verarbeitung. Er gilt als Eldorado für Hochseeangler, die sowohl vom Festland wie auch von Booten aus ihrem Vergnügen nachgehen können.

Die R668 führt an der hübschen **Otrøykirche** von 1878 vorbei zum Hafen von **Jenset**. Da es hier keine vorgelagerten Inseln gibt, hat man einen schönen Blick aufs offene Meer. Allerdings bläst häufig ein steifer Nordwestwind. Am südlich über Otrøy führenden kleinen Fahrweg, der ebenfalls nach Jenset führt, finden sich bei **Sør-Heggdal**, **Opstad** und **Nord-Heggdal** Felszeichnungen der Art, wie man sie sonst nur jenseits des Polarkreises findet.

Die Fähre Solholmen – Mordalsvågen verkehrt ca. 27-mal täglich (Fahrzeit 15 min.)

Nach 8 Kilometern wird die „Rosenstadt" ***Molde ㉒** erreicht, die ihren Beinamen aufgrund des milden Klimas trägt. Ahorn, Linde und Rosskastanie sowie einige Rosensorten wachsen hier jenseits des 62. Breitengrades, so weit im Norden wie sonst nirgends auf der Welt. Molde ist eine der wichtigsten Touristenstädte an der norwegischen Westküste, sie zählt 23 000 Einwohner. Bereits im 14. Jh. war sie ein bedeutender Hafen für den Holzhandel mit England und Holland, der später durch andere Güter ergänzt wurde.

Das langsame, aber stetige Wachstum verhalf Molde bereits 1742 zu Stadtrechten. Jäh unterbrochen wurde die Entwicklung der Stadt, als sie 1940 von den Deutschen bombardiert und damit dem Erdboden gleichgemacht wurde. Dem Bombardement fielen auch die königlichen Birken (*Kongebjörkja*) zum Opfer, die Håkon VII. und Kronprinz Olav anlässlich eines Besuches gepflanzt hatten. Sie wurden nach dem Krieg als Zeichen des Neubeginns vom König Olav V. aufs Neue eingepflanzt. Der Wiederaufbau der Stadt folgte aber nur teilweise dem alten Stadtplan, an vielen Stellen wählte man großzügigere Lösungen.

Rechts: Rosen sind das Wahrzeichen von Molde, die hier – so weit nördlich wie sonst nirgends auf der Welt – üppig gedeihen.

Den besten Blick auf die Stadt hat man vom Aussichtspunkt **Varden**. Aus 400 m Höhe sieht man die 80 schneebedeckten Gipfel des gegenüberliegenden Romsdalfjells. Weitere Sehenswürdigkeiten sind das **Romsdalsmuseum** am oberen Ende des Stadtparks – mit gut 60 Häusern aus Møre und Romsdal – und das Freilichtmuseum auf der Insel **Moldeholmene**.

Moldegård wird eine Ansammlung von Patrizierhäusern am **Fannestrandvei** genannt; das älteste stammt aus dem 16. Jh. Dazu gehört der **Amtmannsgård**, seit Generationen im Besitz der Familie Møller. Der Dichter Bjørnstjerne Bjørnson (Nobelpreis 1903), der in Molde zur Schule ging, war hier oft Gast seines Schulfreundes This Møller, Henrik Ibsen schrieb im Blauen Salon sein Drama *Rosmersholm*.

Die zweite Möglichkeit, von Ålesund nach Molde zu gelangen, führt auf der E136/39 über **Sjøholt**, das Hochland des Romsdalfjells, und das **Skorgedal** zum **Tresfjord**, einem Seitenarm des Romsdalsfjordes. (Man kann auch von Sjøholt über Stordal zum Geirangerfjord fahren und damit auf die Variante der Innerfjordstrecke überwechseln.) Die E136/39 steigt steil bergan, bis sie bei Fjellstuva ihren höchsten Punkt erreicht. Zwischen den vielen schneebedeckten Gipfeln des **Romsdalfjells** gibt es zahlreiche Sommerwege, die zu ausgeschilderten Wanderwegen führen. Diese beginnen an so genannten *Seter*, Sommerhöfen, an denen man essen und trinken und den Wagen abstellen kann.

Karte S. 96-97, Info S. 134-135

Bei **Skorgenes** biegt die E39 nach Norden ab und erreicht über die Kirchenstadt **Vestnes Furneset** ㉓ den Fährhafen nach Molde (35 Min., 35-mal täglich). Die E136 umfährt den Tresfjord auf der Ostseite, auch von dort gibt es Fähren über den Romsdalsfjord nach Molde. Der weitere Verlauf der E136 ist nur mäßig interessant, bietet sich jedoch für einen Abstecher über Åndalsnes zum Trollstig an.

Zwischen Molde und Kristiansund: Stockfisch, Klippen und Kirchen

Zwischen Molde und Kristiansund gibt es seit 1992 eine Schnellverbindung. Mit immensem Aufwand hat man nicht nur die drei Inseln Kristiansunds miteinander, sondern diese auch, über Brücken und Tunnel, mit dem nördlichen und südlichen Festland verbunden. Die Strecke (E39) folgt bis **Oppdøl** dem **Fannefjord** und steigt dann hinauf aufs Fursefjell mit seinen 1000 Meter hohen Gipfeln. Von dort geht es hinab zum **Batnfjord**, und die Straße folgt diesem bis nach **Gjemnes** ㉔. Die E39 führt über eine imposante Hängebrücke auf die Insel **Bergsøya**. Von der E39 zweigt die R70 durch einen Tunnel auf die Insel **Frei** Richtung Kristiansund ab.

Kurz hinter dem Tunnelausgang auf der Insel liegt die Kirchenstadt von Frei. Sie ist von alten Seemannsgräbern und einigen Grabhügeln umgeben. Håkon VII. hat hier 1951 einen Gedenkstein enthüllt, der auf die 1000 Jahre zurückliegende Schlacht zwischen seinem Namensvetter Håkon III. und dem Kleinkönig Erik Ullserk hinweist. Håkon hatte in dieser Auseinandersetzung gesiegt und Ullserk sein Leben verloren; auch an ihn erinnert ein Stein.

Unweit von **Kvalvåg** ㉕, der früheren Fährstation, liegen die Ruinen von **Bjøkerstad**, einen ehemaligen Königshof des jung verstorbenen Håkon III. (1148-1162). Ein Sommerweg führt direkt daran vorbei. Kurz vor der Brücke nach Kristiansund, bei **Bolga**, gibt es einen Aussichtspunkt mit schönem Blick über die Inseln Kirklandet, Nordlandet und Innlandet, auf denen die Stadt Kristiansund liegt.

Weitaus schöner als diese Strecke, deren interessantesten Teil man bei der Weiterfahrt von Kristiansund ohnehin berührt, ist die Route direkt am Atlantik entlang. Man erreicht sie, wenn man wenige Kilometer östlich von Molde von der E39 bei **Arø** auf die R64 abbiegt und dieser bis **Sylte** ㉖ folgt, wo die eigentliche Atlantikstrecke beginnt (R664).

In der Nähe von Sylte liegt eine der merkwürdigsten „Kirchen" Norwegens: die Kirche der Trolle, ***Trollkyrka**. Eigentlich ist sie eine 70 Meter lange und bis zu 7 Meter hohe Kalksteinhöhle, in der ein Wasserfall herabstürzt. Der nicht ganz einfache Aufstieg zum Höhleneingang dauert 1,5 Stunden. Diese unheimliche Höhle, deren Besuch gutes Schuhwerk und eine Taschenlampe erfordert, ist als Heiligtum der Trolle geradezu prädestiniert. Die wundersamen Männlein und Weiblein der norwegischen Märchen scheuen das Licht und ziehen sich deshalb in Höhlen und Erdlöcher zurück. Werden sie überrascht, verwandeln sie sich in Steine. Sie haben kuhähnliche Schwänze, die die Trollinnen unter langen Röcken verstecken, und singen ganz schauerlich. Ansonsten zeigen sie durchaus menschliche Regungen, die zwischen der Freundlichkeit eines Heinzelmännchens und der Boshaftigkeit eines Rumpelstilzchens liegen. Bei der großen Bedeutung, die sie im Volksglauben haben, ist es nahe liegend, ihnen eine eigene Kultstätte zuzuordnen – die Trollkirche.

Oben: Unzählige Märchen ranken sich um den Troll, das Fabelwesen des Nordens. Rechts: In der Trollkirche.

Die R664 erreicht **Elnesvågen** am **Julsund**, durch den auch die Schifffahrtslinien von Molde nach Kristiansund führen. Bei **Bud** ㉗, einem kleinen Fischerort auf einer Landzunge, müssen alle Schiffe aufs offene Meer ausweichen, weil es hier keine vorgelagerten Inseln mehr gibt. Diese Passage, *Hustadvika* genannt, ist seit Jahrhunderten berüchtigt. Mehr als 3000 kleine Inseln und Klippen ragen aus dem Meer beziehungsweise bis kurz unter die Wasseroberfläche und müssen in weitem Bogen umfahren werden. Die Fischer jedoch sind gezwungen, sich in die gefährliche Klippenlandschaft hineinzuwagen, gibt es doch dort die reichsten Fischgründe.

Bud selbst spielte in der norwegischen Geschichte einmal eine wichtige Rolle: 1533 versammelte hier der letzte Erzbischof von Trondheim, Olav Engelbrektsson, die Reste des Reichsrats und Vertreter des Bürgertums, um mit der Wahl eines norwegischen Königs die Loslösung von Dänemark zu erzwingen. Es war der verzweifelte Versuch, die Reformation, die in Schweden bereits eingeführt war und in Dänemark damals mehr und mehr Anhänger fand, aufzuhalten. Der Versuch scheiterte, und Norwegen blieb bei den Dänen, die vier Jahre später die Reformation einführten und Engelbrektson damit aus dem Land und ins Exil nach Rom trieben.

Karte S. 96-97, Info S. 134-135

Der ganze nun folgende Küstenabschnitt ist von der Fischereiwirtschaft geprägt. Zwar herrschte nach dem Ausbleiben der Heringsschwärme gegen Ende des 16. Jahrhunderts eine Flaute, die aber schnell überwunden wurde, als sich der Holländer Jappe Ippe 1692 in Kristiansund niederließ. Er gilt heute als der „Vater des Klippfischs", denn er führte die Methode ein, den aufgespalteten, in Salzlake eingelegten Kabeljau auf den Klippen zu trocknen. Damit machte er ihn zu einem haltbaren Produkt, welches problemlos exportiert werden konnte. Gerade die Hustadvikaküste mit ihren unzähligen blanken Felsbuckeln ist für diese Art der Konservierung ideal. Daneben gab es seit langem die Methode, hölzerne Gestelle zu errichten, um auf deren Stangen den Fisch zu trocknen. Dies ersparte das Wenden und gab dem Produkt den Namen: Stockfisch.

Südwestlich von Bud liegt die Felseninsel **Bjørnsund**, die bis 1960 ein wichtiger Fischereiplatz war, dann aber von den letzten Einwohnern verlassen wurde. Die Häuser ließ man stehen, sie werden seitdem nur noch im Sommer von ihren Besitzern oder von Touristen genutzt. In den wärmeren Monaten gibt es auch eine Fährverbindung mit dem Festland.

Einige Kilometer weiter, bei **Hustad**, steht ein weiterer Königshof, das sagenhafte **Hustadir**, in dem König Øystein 1123 starb. Es liegt am Ende des kleinen und einzigen nennenswerten Fjords der Hustadvikaküste.

Der winzige Ort **Sandvik** hat einen berühmten Sohn: Anders Sandvig, der Gründer des bekanntesten norwegischen Freilichtmuseums, Maihaugen in Lillehammer, wurde hier geboren. In **Vevang** ㉘ trifft die R664 wieder auf die R64; hier beginnt ***Atlanterhavsvegen**, eine rund 8 km lange Brückenstraße, die die kleinen Inseln im Eingang des **Kornstadfjord** miteinander verbindet. Sie ist heute die größte Touristenattraktion zwischen Molde und Kristiansund. Einerseits verbessert sie die Infrastruktur, andererseits ist sie eine der wenigen Möglichkeiten, Schäreninseln und offenes Meer vom Festland aus erleben zu können. Mehrere Parkplätze erlauben das Verweilen an der gebührenpflichtigen Straße. Bei Windstille und glatter Wasseroberfläche kann man von Land aus sogar die faszinierende Unterwasserwelt beobachten, eine Möglichkeit, die auch immer mehr Taucher wahrnehmen. Bei ruhigem Wetter ist jedes Fleckchen von Sportanglern belegt, und selbst bei steifem Nordwestwind ist das Schauspiel der tosenden Naturgewalten faszinierend. Bei **Kårvåg** erreicht man die Insel **Averøya**, wo die R64 sich an der Nordküste entlangzieht.

Abseits der R64 wendet man sich über den inneren Fjordweg auf Averøya Richtung Kvernes. **Bei Kornstad** ㉙, wo eine Kirche aus dem 19. Jh. zu besichtigen ist, erreicht man den gleichnamigen Fjord. Nahe **Rånes** (*Rånestangen*) befinden sich die **Håkorv**, mächtige Grabhügel aus der Bronzezeit mit Durchmessern bis zu 21 m. Bis **Rugse**

5 Von Bergen nach Trondheim

folgt die Straße dem Kvernesfjord, hier liegt, wenige hundert Meter neben der Straße, ein idealer Aussichtspunkt.

Auf der Landzunge von **Kvernes** ㉚ stehen heute zwei Kirchen. Die neue Kirche verdeckt, vom Parkplatz aus gesehen, die alte **Stabkirche** fast völlig. Letztere ist als solche nur noch schwer zu erkennen, wurde sie doch im Laufe der Zeit mehrmals umgebaut. Wahrscheinlich aus dem 13. Jh. stammend, verlor sie bereits 1432 ihren Umgang, und 1633 wurde der Chor erneuert und vergrößert. Im Inneren sind ihre schönen Bauernmalereien aus dem 16. Jh. erhalten geblieben, ebenso Teile des alten Retabels. Im nördlichen Querhaus lagern Särge, die man unter dem Kirchenboden gefunden hat. Kvernes hat auch ein kleines **Freilichtmuseum** mit zehn Gebäuden, darunter *Rorbuer*, Holzhütten, die zur Aufbewahrung von Booten und während der Fangsaison auch als Schlafplatz dienten. Heute werden viele *Rorbuer* modernisiert und an Touristen vermietet.

Bei **Bruhagen** kehrt man auf die R64 zurück, und bei **Bremsnes** erreicht man die Fähre nach Kristiansund, die 2009 durch eine direkte Straße ersetzt wird.

⋆Kristiansund – Holz, Fisch und Öl

Auch die Geschichte der Stadt **⋆Kristiansund** ㉛ begann mit dem Holzhandel. Kaufleute aus Fosna im Trøndelag verschifften von hier aus das angeflößte Holz nach Schottland und England. Sie nannten ihre Siedlung *Litte Fosna*, ein Name, den die Hauptinsel Kirklandet noch bis 1742 trug. Als König Christian VI. ihr die Stadtrechte verlieh, wurde sie umbenannt.

Zu diesem Zeitpunkt war der Holzhandel bereits durch den Heringshandel ersetzt worden, den später der Handel mit Klippfisch ablöste. Die Stadt unterhielt sogar eine eigene Flotte, die den Fisch bis nach Brasilien und Kuba exportierte. Wenn auch Fisch noch heute eine wichtige Rolle im Erwerbsleben der Stadt spielt, ist die Verlagerung der wirtschaftlichen Aktivitäten auf den Bau von Spezialschiffen und Reparaturen für das Offshore-Geschäft unübersehbar.

Rechts: Trotz zurückgehender Bestände ist der Fischfang ein wichtiger Erwerbszweig.

Kristiansund ist eine neue Stadt, denn dem Bombardement von 1940 sind bis auf den **Lossiusgård**, einen alten Patrizierhof aus dem 18. Jh., alle historischen Gebäude zum Opfer gefallen. Der Hof liegt auf der Nordspitze der Insel Innlandet und bietet einen schönen Blick ins alte Hafenbecken **Vågen**. Das beste Panorama hat man vom **Varden**, einem Hügel am **Vuggavei**, gleich neben dem alten Süßwasserspeicher **Vanndammen**. Auf Varden steht heute ein Aussichtsturm an der Stelle des früheren Wachturms der Hafeneinfahrt.

Am **Langvei**, der Einfahrtsstraße nach Kristiansund, befindet sich die **Kristiansund-Kirche**, sicher eine der eigenwilligsten Kirchen Norwegens. O. Østbye entwarf sie in den 1960er Jahren. Ihre großen farbigen Fensterflächen sind so ausgerichtet, dass das Kircheninnere auf jede äußere Lichtveränderung reagiert.

Das **Nordmøremuseum** hat seinen Schwerpunkt ganz auf die Fischerei gelegt. Fang und Verarbeitung werden hier anschaulich dokumentiert.

Im **Hafen** herrscht ein reges Treiben von Personenfähren, die die drei Inseln rautenförmig miteinander verbinden, und Passagierschiffen, Ölversorgern und Fischerbooten, die ihren Fang direkt am Kai vermarkten. Dort befindet sich auch das moderne Rathaus, vor dem die empfehlenswerten Bootstouren zur gern besuchten Insel **Grip** beginnen. Diese liegt – inmitten von 80 Inselchen – 14 km nordwestlich und ist heute nur noch im Sommer bewohnt. Auf Grip steht Norwegens kleinste Stabkirche.

Karte S. 96-97, Info S. 134-135

Zwischen Kristiansund und Trondheim

Drei Wege führen von Kristiansund nach Trondheim; zwischen 190 km und 250 km lang, kommt man bei ihnen mit maximal zwei Fährstrecken aus. Der erste (R680) führt entlang der Küste und der Außenfjorde, der zweite (E39) folgt den inneren Fjorden, und beide treffen sich auf halbem Weg nach Trondheim. Die dritte Möglichkeit durch das Surnadal (R65) berührt das Wandergebiet von Trollheimen.

Östlich von Kristiansund führt die R680 vorbei am Flugplatz nach **Seivika**. Die Fähre über den Årsundfjord nach **Tømmervåg** auf **Tustna** benötigt 25 Minuten und verkehrt 18-mal täglich. Die Insel Tustna ist heute beliebtes Naherholungsgebiet für die Einwohner von Kristiansund. Bis zu 900 m hohe Berge und ein Binnensee prägen das Gesicht der Insel; die Straße folgt der nordwestlichen Küste. Besonders spektakulär sind hier die Sonnenuntergänge.

Vom Aussichtspunkt bei **Leira** ㉜ sieht man die Sonne direkt hinter der Insel Grip im Meer versinken. Hier führt ein kleiner Weg auf das Fjell im Innern der Insel, die man ansonsten über die neue Brücke bei **Gullstein** verlässt. Bei **Nordheim** auf der Insel **Stabben** fand im 10. Jh. eine Seeschlacht zwischen Harald Hårfagre (Schönhaar) und einem Kleinkönig aus dem Nordmøre statt. Schönhaar gewann und konnte damit auch dieses Gebiet in sein wachsendes Reich integrieren. **Aukan** ㉝ ist ein belebter Fährhafen; Fähren nach **Edøya**, **Hitra** und **Vinsternes** auf **Ertvågøy** (15 Min., ca. 20-mal täglich) legen hier ab. Auf der Insel, an der Küste und an den Fjorden stehen zahllose Fischerhütten.

Über den **Foldfjord** führt eine Brücke nach **Ånes** am **Auresund**. in diesem Sund liegt die Insel **Rotøya** mit den Ruinen der alten Handelsniederlassung **Lurvik**. Per Straße kann man aufs Festland zurückkehren und das südlich der R680 gelegene **Aure** ㉞ besuchen. Die Kirche von Aure aus den 20er Jahren des 20. Jh. schmückt ein Retabel aus dem 15. Jh., auf dem Apollonia, die Heilige der Zahnheilkunde, dargestellt

ist. Der Pfarrhof stammt aus dem frühen 19. Jh. Aure ist außerdem Zentrum der Sportfischerei und der Jagd auf die hier noch zahlreichen Hirsche. In der Nähe von **Eide** erreicht die R680 den **Drommesund**, dem sie nun folgt. Bei **Torset** führt eine kleine Brücke zur vorgelagerten Insel **Skarsøy**, wo in **Finset** eine der größten norwegischen Tropfsteinhöhlen liegt. In **Årvåg** ist das Ende des Sunds erreicht und **Brekka** markiert die Grenze zwischen den Provinzen **Møre og Romsdal** und **Sør-Trøndelag**.

Auf dem **Heimsfjell** biegt die Straße scharf nach Süden ab. Gerade hier, in wildreicher Gegend, kann man gut Produkte aus Hirsch- und Elchleder erwerben. **Dalum** ㉟ ist ein alpines Skizentrum, und **Kyrksæterøra** ist bekannt für seine Lachs- und Regenbogenforellenfarmen. Hier werden auch jährlich 50 000 Tonnen Silizium gefördert, der Stoff, nach dem die Computerindustrie so begierig verlangt. Die Straße folgt dem fischreichen **Rovatn** und erreicht bei Vinjeøra (㊲) die E39, auf der man Richtung Trondheim weiterfährt.

Eine weitere Route nach Trondheim führt von Kristiansund auf der R70 über die Insel Frei zur Insel Bergsøya und auf der E39 über die Brücke nach **Aspøya**, einem Teil der Halbinsel von **Tingvoll**. Nach deren Überquerung schließt sich die Fährüberfahrt von **Kanestraum** nach **Halsanaustan** an (20 Min., 36-mal täglich). In **Halsa** ㊱ am Ende des **Skålvik** liegt die **Halsakirche** aus dem 18. Jh., die als eine der schönsten Landkirchen gilt. Von **Hendset** aus hat man im Westen die Inseln Stabben und Ertvågøy vor sich im Meer liegen. Um den **Valsøyfjord** herum gelangt man durch drei Tunnel nach **Rendal**; benutzt man hingegen die neue Brücke, spart man 22 km. Entlang des folgenden **Vinjefjords** liegen einige Aussichtspunkte und schöne Rastplätze mit Grillmöglichkeiten. In **Vinjeøra** ㊲ am Ende des Fjords steht eine achteckige Kirche von 1820, in der ein Kruzifix hängt, das wahrscheinlich aus dem 11. Jh. stammt und damit das älteste in

Oben: Elche sind zwar nicht gerade selten, aber leider ziemlich fotoscheu.

Karte S. 96-97, Info S. 134-135

Norwegen ist. Hier vereinigt sich die E39 mit der R680. Bei **Baksetrene** erreicht man den mit 350 m höchsten Punkt der Strecke, mit Blick auf das 800 m hohe **Gråorfjell** und den 1000 m hohen **Ruten** im Süden. Bei **Fannrem** mündet die R65 in die E39, die nach Trondheim weiterführt. Entfernungsmäßig ist diese Strecke die kürzeste zwischen Kristiansund und Trondheim.

Die dritte Variante gleicht im ersten Teil der eben erläuterten. Erst in **Betna**, östlich von Halsa, verzweigen sich die E39 und R65. Bei **Settemsdal** (38) erinnert ein Minnestein an den tapferen Schützen, der 1756 die zwölf Bewohner eines Hauses befreite, das von einem Bären belagert worden war. Zwischen **Bæverfjord** und **Skei** liegt bei **Nordmarka** ein Aussichtspunkt und die **Linåskirka**, eine Kalksteinhöhle mit Tropfsteinen. Bei Skei verlässt die Straße das Fjordsystem und steigt ins Surnadal an.

In **Mo** (39) steht eine Y-förmige Kirche von 1728, ein Unikat in Norwegen. Dort ist eine Gedenktafel angebracht, die an den Besuch König Christians V. erinnert und die bezeugt, dass der König „ewig willkommen" sei und jederzeit „essen und trinken dürfe".

Südlich der R65 zieht sich ***Trollheimen** hin, eins der schönsten Wandergebiete Norwegens. Entlang der umgebenden Straßen (E6, R65, R70, R700) gibt es Campingplätze, private Hütten und Jugendherbergen, innerhalb des Gebiets liegen drei große bewirtschaftete Hütten des Trondheimer Wandervereins sowie einige einfachere und private Unterkünfte. Die höchsten Gipfel übersteigen 1800 m. Besonders attraktiv für Bergsteiger ist der Dalatårnet, das „Matterhorn Norwegens". Wanderer schätzen die Tal- und Berglandschaft mit artenreicher Flora und Vogelwelt und großem Rotwildbestand.

In **Øvre Surnadal** (40), an der R65, führt ein Sommerweg zum Gråsjøen, einem Gebirgssee, wo ein fünfstündiger Wanderweg zur **Trollheimshytta** beginnt. Auch das **Rindal**, das bei **Bolme** abzweigt, bietet einige Wander-, Fisch- und Campingmöglichkeiten.

In **Storås** trifft die R65 auf den **Orkla**, einen der lachsreichsten Flüsse Norwegens. Das Orkladal führt südwärts auf besonders schöner Strecke zur E6, nordwärts erreicht man **Orkanger** (41) am **Orkdalsfjord**, einem Seitenarm des Trondheimfjords. Die 6000 Einwohner zählende Gemeinde ist Station der historischen **Thamshavenbahn**. Der Zug verband früher die Häfen am Trondheimfjord miteinander; im Sommer fährt eine Museumsbahn bis nach **Løkken Verk** ins obere **Orklatal** hinauf. Nach weiteren 45 km ist Trondheim ((80)), s. S. 153, erreicht.

DIE INNERE FJORDROUTE VON BERGEN NACH TRONDHEIM

Diese Streckenbeschreibung folgt bis Sogndal überwiegend der E16 und bis Voss auch der Bergenbahn. Die Route, einst von atemberaubender Schönheit, hat viel von ihrem ursprünglichen Reiz verloren. Tunnels, die Serpentinen ersetzen, Streckenbegradigungen und autobahnähnlicher Ausbau sind der Grund dafür. Sicher ist die E16 heute eine der meistfrequentierten Straßen Westnorwegens, was nicht nur ihrem Ausbau, sondern auch den immer noch vorhandenen landschaftlichen Höhepunkten zu verdanken ist. Die E16 ist auch die wichtigste Verbindung zwischen Oslo und Bergen. Doch noch immer sind Teile der alten Straße befahrbar, und es gibt mehrere Möglichkeiten, von der neuen E16 auf die alte R13 überzuwechseln.

Man verlässt **Bergen** über Ytre Arna, Indre Arna und den neuen, gebührenpflichtigen Tunnel bei **Garnes** und erreicht Trengereid, wo sich E16 und R7 verzweigen. Die Europastraße folgt dem **Veafjord**, der die östliche Grenze der Insel Osterøy bildet, bis über **Vaksdal** (42) hinaus. Dieser Ort gilt als die „Mühle" Norwegens. Tausende Tonnen von Fischmehl, Kraftfutter, aber auch Mehl und Nudeln werden hier hergestellt. Die Tradition dieses Erwerbszweiges zeigt die 250 Jahre alte Holzmühle, die, heute immer noch betriebstüchtig, als Museumsmühle fungiert.

Durch den **Dalevågentunnel** wird **Dale** ㊸ (5000 Ew.), der Hauptort der Vaksdalgemeinde, erreicht. Von hier aus gibt es einen Sommerweg vorbei am **Hamlagrøvatn** nach **Bulken**, der landschaftlich zwar wunderschön ist, aber im Prospekt der Gemeinde unter der viel sagenden Überschrift „Fasten seat belt" angepriesen wird. Der folgende **Bolstadfjord** ist der letzte Inlandszipfel des Bergener Fjordsystems; noch von hier aus lässt sich die Stadt per Schiff erreichen. In **Bolstadøyri** hat der Dichter Knut Horvei im so genannten „Schloss", einem Herrenhaus aus dem 16. Jh., gewohnt, dessen prachtvolle Bibliothek leider nicht zugänglich ist. Der Fluss **Vosso**, der hier in das **Evangervatn** mündet, gilt als bester und ertragreichster Lachsfluss der Gegend. Die Statue auf dem Marktplatz des Ortes **Evanger** ㊹ (250 Ew.) stellt einen Sohn des Dorfes dar, der es in Amerika zum Senator gebracht hat.

Bei Bulken beginnt das Skigebiet von Voss. Man hat eine gute Aussicht auf den 1305 m hohen **Gråsida** im Südosten. Ein kleiner Seitenweg führt ins Drei-Häuser-Dorf **Bergslien**, dem Geburtsort der gleichnamigen Maler- und Bildhauerdynastie. Am **Vangsvatn**, das bis Voss reicht, folgt die E16 dem nördlichen Ufer; auf der Südseite wurde speziell für die Lachssaison ein Sommerweg angelegt.

*Voss

***Voss** ㊺ ist eine alte, neue Stadt mit etwa 14 000 Einwohnern – „alt", weil sie nachweislich bereits vor dem Jahr 1000 existierte, „neu", weil sie nach dem Zweiten Weltkrieg wieder aufgebaut werden musste und als moderner Touristenort nicht nur das klassische Bergsportrepertoire, sondern viele Extremsportarten anbietet.

Kommt man aus Richtung Bergen, finden sich am **Gullfjordsvei**, der parallel zur E16 führt, etwa 1 km außerhalb des Stadtzentrums, der **Finnesloft** und der **Lydvaloft**. Ersterer ist der wohl älteste hölzerne Profanbau Norwegens, er war Teil eines Adelshofes und stammt aus dem 13. Jh. Der zweite Hof ist gut 200 Jahre jünger, restauriert und hat noch Reste seiner ursprünglichen spätmittelalterlichen Ausmalung bewahrt.

Ebenfalls noch außerhalb des Stadtzentrums liegt die Talstation der **Hangursbahn**, einer Seilbahn, die auf 660 m hinaufführt, wo man von einem Restaurant aus einen prächtigen Blick über Stadt und See hat. Hier am **Hangursnolten** liegt auch das nordische Skizentrum von Voss, das über viele Lifte und über 40 km Loipen verfügt.

Etwas nördlich des Zentrums, am Ende des Mølsterveien, liegt die Anlage von Mølstertunet, das **Voss Folkemuseum**. Alle Häuser sind an ihrem originalen Standort: Die 400 Jahre alte Siedlung wurde einfach zum Museum umfunktioniert. Südlich der Stadt, am Randalselv, liegt das **Magnus Dagestad Museum** für norwegische Volkskunst.

Kultureller Höhepunkt der Stadt ist jedoch die **Kirche von Voss** („Vangskyrkja"). Sie wurde zwischen 1271 und 1277 an der Stelle errichtet, an der der heilige Olav 1023 eine erste Holzkirche hatte bauen lassen. Der achteckige Turm wurde aus mächtigen Holzbalken ausgeführt, die ausschließlich mit Holznägeln verbunden sind. Die Kirche selbst ist ein romanischer Steinbau aus örtlichem Schiefer mit bis zu 150 cm starken Wänden. Die beeindruckende Innendekoration wird beherrscht von einem Altar, den der Bergener Rubensschüler Elias Fiigenschoug bemalt hat. Beachtung verdienen auch die Renaissance-Kanzel, die Propheten- und Hei-

Rechts: Start ins nordische Skivergnügen vom Bahnhof Voss.

Karte S. 96-97, Info S. 134-135

ligenbilder im Chorraum sowie die hölzerne Innendekoration des Langhauses.

Südöstlich der Kirche, an der Seeseite des Postamts, steht das **St. Olavs-Kreuz**, eines der ältesten überhaupt, das die Bürger von Voss unmittelbar nach ihrer Christianisierung 1023 aufgestellt haben sollen. Nahebei steht der Bergslien-Stein, der an diese Maler- und Bildhauerdynastie erinnert. Vom letzten Vertreter der Familie, Nils Bergslien, ist am Versammlungshaus beim Bahnhof ein bronzener Brautzug zu Pferde erhalten geblieben, dessen Kopie in Holz auch auf dem Mølstertunet zu sehen ist. Die kleine **St. Olavs-Kapelle** dient heute den Nonnen der Kongregation des heiligen Franz Xaver als Meditationszentrum, auch Außenstehende können sich anmelden. Daneben bietet die Volkshochschule im Sommer überaus beliebte Malkurse an.

Bei Skulestadmoen geht es zum alpinen Skizentrum von **Bavallen,** seine Slalom- und Abfahrtspisten genügen internationalen Wettkampfanforderungen. **Tvinde** ㊻ am Ende des Lønavatn hat ebenfalls ein Freilichtmuseum, das **Nesheimtunet**. Interessant ist dort das (Lachs-) Räucherhaus mit einer betriebsbereiten Räucherkammer. Über Taulen und Hole Bru gelangt man nach **Vinje**, wo eine Altartafel des bereits erwähnten Nils Bergslien die Dorfkirche aus dem Jahr 1868 schmückt.

Der Weg zum großen Fridtjof – Abstecher nach *Vik und Vangsnes

Knapp 20 km nördlich von Vinje, kurz bevor die R13 unter der Provinzgrenze von Hordaland und Sogn og Fjordane im Tunnel verschwindet, beginnt das spektakulärste Stück der Strecke. Vier enge Serpentinenkurven mit bis zu 15 % Steigung führen hinauf zum **Halsebakken**, wo man die beste Aussicht auf den im Westen hinabstürzenden Sendefoss hat. Das **Målsetvatn** gilt als Paradies für Forellenfischer, und bei Svingen hat man eine hervorragende Aussicht auf ***Vik** ㊼ am Sognefjord.

Mitten im Ort führt ein Seitenweg zur **Hopperstad-Stabkirche** aus der Mitte des 12. Jh. Der Innenraum wird von einem gotischen Altarbaldachin

mit schön geschnitzten Köpfen und Ornamenten geziert. Die Ausmalung des Baldachins stellt die Kindheit Jesu dar. Die Kirche, die gebaut wurde, bevor man Andreaskreuze zur Stabilisierung der Mastenkonstruktion einsetzte, weist noch einige Merkmale der Steinarchitektur auf, so zum Beispiel die Würfelkapitelle des Langhauses, die statisch überhaupt nicht notwendig wären. Die Vielzahl der heute vorhandenen Andreaskreuze stammen von späteren Restaurierungen.

Die Hopperstad-Stabkirche wurde am Ende des 19. Jh. vom Architekten Blix gründlich restauriert. Dieser hat auch die in der Nähe gelegene romanische **Steinkirche von Hove** gekauft und wiederhergestellt. Die Hove-Kirche ist eine architektonische Merkwürdigkeit, hat man sich doch bei der Gestaltung des Turmportals normannisch-englischer Zickzackornamente bedient. Das aus dem 12. Jh. stammende Gebäude ist vermutlich das älteste aus Stein errichtete in der Provinz Sogn, in dem sich sein Restaurateur Blix auch beisetzen ließ. Noch heute werden hier so genannte *Olsok*-Gottesdienste abgehalten; darunter versteht man Gottesdienste, die am *Olsok*-Tag, dem 30.7., dem Todestag Olavs, gehalten werden. In der näheren Umgebung soll es noch eine oder zwei weitere Kirchen gegeben haben, die aber verschwunden sind.

Oben: Die Stabkirche von Hopperstad bei Vik. Rechts: Der tiefe Sognefjord ist auch für Kreuzfahrtschiffe befahrbar.

Die vielen Kirchen in diesen dünn besiedelten Gegenden erklären sich aus der Tatsache, dass die meisten Gotteshäuser Privateigentum waren und nur den Mitgliedern der Besitzerfamilien offen standen. Alle anderen Gemeindemitglieder mussten, soweit sie keine Kirche ihr Eigen nennen konnten, den Weg zur nächsten Pfarrkirche antreten.

Die R13 führt weiter in den Ort **Vangsnes** ㊽, wo schon von weitem die 13 m hohe **Kolossalstatue des Fridtjof** grüßt, die überdies noch auf einem 14,5 m hohen Granitsockel steht. Fridtjof ist jener Held der isländischen Sage, der den heiligen Hain des Gottes Baldur betrat, um dort seine Geliebte Ingeborg,

Karte S. 96-97, Info S. 134-135

Baldurs Tochter, zu suchen. Da diese bereits mit einem anderen Mann verheiratet war, musste Fridtjof zunächst für seinen Frevel büßen, dann aber überließ ihm Ingeborgs alter und edler Gatte auf dem Sterbebett Frau und Reich.

Die Statue schuf Max Unger für den deutschen Kaiser Wilhelm II., der sie wiederum den Norwegern schenkte. Es war eine von vielen Schenkungen, die der norwegensüchtige Monarch dem Land machte. Er ist in Norwegen beliebter als in seiner Heimat, woran auch die deutsche Okkupation im Zweiten Weltkrieg nichts geändert hat. Daneben gibt es in der Südostecke des Parks, in dem die Statue steht, den **Fridtjofshaug**, an der Ostseite den **Ingeborgshaug**; bronzezeitliche Grabhügel, die von den Einwohnern als Grabstätten der berühmten Liebenden gedeutet werden. Dies ist aber Spekulation. So wenig wie Ingeborg und Fridtjof historisch nachweisbar sind, so wenig weiß man bis heute, wer in den Grabhügeln beigesetzt worden ist.

Von Vangsnes gehen ständig Fähren nach **Dragsvik** (25 Minuten) und nach **Hella** (15 Minuten, stündlich). Von Dragsvik erreicht man **Balestrand** ㊾ (Baldurstrand), wo ein Standbild der Gottheit Baldur steht. Balestrand ist einer der wichtigsten Touristenorte am Sognefjord; von hier aus kann man viele Orte am Sognefjord per Ausflugsboot erreichen. Nutzt man die Möglichkeit, nach Hella überzusetzen, kann man nach Sogndal weiterfahren. Die Fähre bis ans Ende des **Fjærlandsfjords** hat mit der Eröffnung der neuen R5 von Sogndal nach Bøyum Ende 1995 den Verkehr eingestellt.

Wasserfälle, Kurven, Fähren: Stalheim – Gudvangen – Flåm

Verzichtet man auf den Abstecher oder kehrt nach Vinje zurück, erreicht die E16 bald **Oppheim** ㊿ am **Oppheimsvatn**. Auch hier hat sich Nils Bergslien in der Kirche als Altarmaler verewigt. Oppheim ist ein Touristenzentrum mit Wander- und Wintersportmöglichkeiten, wobei besonders der Sessellift zum **Bergshovden** starken Zuspruch erfährt. Das örtliche Frei-

lichtmuseum präsentiert merkwürdige, bis zu 300 Jahre alte „Reihenhäuser“, möglicherweise eine frühe Form, Energie zu sparen.

Die Straße steigt hinter Haugsvik steil an und erreicht **Stalheim**, wo die Felswände fast senkrecht ins **Nærøydal** abfallen. Eine der grandiosesten Aussichten, die Norwegen zu bieten hat, kann man heute bequem von den Sesseln des **Stalheim-Hotells** aus genießen. Dieser Blick hat bereits im 19. Jh. die Maler angezogen. Einer der ersten war der aus Bergen stammende „romantische Realist“ und C.-D.-Friedrich-Freund C. Dahl (1788-1857), der das berühmte Gemälde „Ausblick von Stalheim“ schuf, das jetzt in der Nationalgalerie in Oslo hängt. Er hat zwar der Aussicht zu Ruhm verholfen, ist aber gänzlich unschuldig daran, dass sich das Foyer des Stalheim Hotels zu einem internationalen Gemischtwarenladen verwandelt hat, in dem von fernöstlichem Nippes bis hin zu Bildern schlechter Dahl-Epigonen fast jede Art von Schund angeboten wird.

Oben: Der Aurlandsfjord bildet das südliche Ende des Sognefjordsystems. Rechts: Am Bahnhof Flåm beginnt eine der spektakulärsten Bahnfahrten Europas.

Vom oberen Ende der ***Stalheimskleiva**, der im 19. Jh. gebauten Straße vom Tal aufs Fjell, hat man den besten Blick auf den **Stalheimfoss**, der in einer 550 m tiefen Schlucht 126 m lotrecht herabstürzt. Die *Kleiva* ist die steilste Straße Europas: mit bis zu 20 % Gefälle und Kurvenradien von 8 bis 10 m schraubt sie sich ins Tal hinunter. Seit die E16 zur Tunnelstraße ausgebaut worden ist, dient sie nur noch als Sommerweg.

Aus der dritten Kurve hat man einen weiten Blick auf den Silvefoss, der beachtliche 240 m Fallhöhe hat. Oberhalb des Wasserfalls erkennt man einen Bauernhof, in dem der Dichter Per Silve (1857-1904) aufgewachsen ist. Silve war der erste norwegische „Arbeiterschriftsteller“, der die Probleme der frühen Industriegesellschaft aus der Sicht der Arbeiter dargestellt hat, so in seinem Hauptwerk *Der Streik*. Vor dem kleinen **Museum** – 20 Gebäude, 2000

Karte S. 96-97, Info S. 134-135

Exponate – steht ein **Gedenkstein** für ihn.

Beliebt war der Ort auch bei Kaiser Wilhelm II., der hier die Aussicht auf das Sognefjell und das Nærøydal genoss und sich des Öfteren mit dem norwegischen König traf.

Am unteren Ende der Stalheimskleiva gelangt man wieder auf die E16, die nun dem Nærøyelv bis **Gudvangen** folgt, wo der *Elv* in den Fjord mündet. Der ****Nærøyfjord**, mit dem Geirangerfjord UNESCO-Welterbe, mündet in den Aurlandsfjord, dieser ist das südliche Ende des Sognefjordsystems. Früher endete hier die Straße.

Die Autofähre benötigte einst zwischen Gudvangen, **Kaupanger** (Sogndal) und **Lærdal** drei Stunden. Die alte Fährstrecke Gudvangen-Lærdalsøyri war im 19. Jh., nach dem Bau der Stalheimskleiva, Teil der Poststrecke zwischen Oslo und Bergen. Bis zu 500 Fuhrwerke sollen sich hier im Sommer in der Hoffnung auf eine Überfahrt gestaut haben. Seitdem der 11,4 km lange Gudvangen-Tunnel zwischen dem Nærøy- und Aurlandsfjord fertig gestellt und auch der 24,5 km lange (mautfreie!) Lærdal-Tunnel zwischen Aurland und Lærdal eröffnet wurde, kann man diese zeitraubenden Fährpassagen in der südöstlichen Sognefjord-Region vergessen. Für Landschaftsgenießer gibt es jedoch weiterhin Fähren und zahlreiche Ausflugsschiffe oder atemberaubende – im Winter allerdings gesperrte – Gebirgsstraßen.

Unmöglich, den besten Tipp für die Weiterfahrt ab Gudvangen zu geben! Die Fjordfahrt in Richtung Kaupanger/Lærdal durch den nur 500 m breiten Nærøyfjord und den fast ebenso schmalen ****Aurlandsfjord** mit fast senkrechten Wänden und vielen Wasserfällen gehört sicher zu den schönsten Minikreuzfahrten Norwegens. Andererseits ist auch der Landweg überaus reizvoll. Auf jeden Fall empfiehlt sich ein Abstecher nach **Ramsøy** 51. Hier bietet sich der beste Blick auf das Ende des Nærøyfjords. Oberhalb des Aussichtspunktes stürzt der **Kjelsfoss** herab, der auch *Brudesløret* (Brautschleier) genannt wird. Hier soll der Wikingerkönig Karl (Kalv) begraben worden sein.

Setzt man die Reise von Gudvangen auf dem Landweg fort, erreicht man nach zwei 5 km und 11 km (Gudvangen-Tunnel) langen Tunneln den Ort Flåm. Bei **Langhuso**, wo man während der Tunnelfahrt kurz das Tageslicht erblickt, bietet sich ein Abstecher (ca. 7 km) nach **Undredal** ㊾ an. Die Stabkirche von Undredal ist von außen nicht mehr als solche erkennbar, sie ist die kleinste ihrer Art auf dem norwegischen Festland: Nur 3,7 m breit, mit lediglich 40 Sitzplätzen, wirkt sie wie die Miniaturausgabe einer Stabkirche.

Flåm ㊿, am Ende des Aurlandsfjord, ist ein typischer Touristenort, der mit dem **Fretheim-Hotel** über eines der schönen Landhotels aus dem späten 19. Jh. verfügt. Zentrum des Ortes sind der **Bahnhof** und der Hafen. Hier verkehrt in der Saison bis zu elfmal täglich die berühmte **Flåmbahn**, Europas steilste und Skandinaviens spektakulärste Eisenbahnlinie, nach Myrdal, wo der Übergang auf die Bergenbahn möglich ist.

Oben: Auch gut erhaltene Stabkirchen – wie hier in Borgund – müssen regelmäßig imprägniert werden. Rechts: Das Westportal mit der „Norneninschrift".

Von Flåm aus bietet sich die sehr schöne, etwa fünfstündige Rundtour *Norway in a Nutshell* an, für die es ein Kombiticket in Flåm gibt: per Schiff durch den Nærøyfjord nach Gudvangen, dann per Bus nach Voss, mit der Bergenbahn nach Myrdal und von dort mit der Flåmbahn zurück nach Flåm. Von Flåms **Hafen** aus gehen viermal täglich Passagierboote nach Gudvangen. Mit dem Schnellboot ist Bergen in drei Stunden erreicht. Wer es lieber kühl mag, unternimmt einen Tagesausflug zum Jostedal-Gletscher.

Die oberhalb des Orts gelegene **Flåmkirche** (17. Jh.) steht nahe dem **Flåmelv**. Dieser 44 km lange Fluss stürzt aus 1500 m Höhe vom Fjell zum Fjord hinab, seine Lachse und Lachsforellen sind weithin berühmt. Die R50/R243 folgt dem Fjord bis **Aurlandsvangen** 54. Der 1000 Einwohner zählende Ort ist Handels- und Dienstleistungszentrum sowie Kirchenort des gesamten Gebiets. Die gotische **Van-**

Karte S. 96-97, Info S. 134-135

gen-Steinkirche (13. Jh.) ist eine der ältesten der ganzen Provinz.

Von Aurland nach Borgund – Der steile Weg zur alten Kirche

Von **Aurland** steigt die R243, die auch „Schneestraße" genannt wird, steil an der Fjordwand auf das Fjell hinauf. In den Spitzkehren bieten sich den Fotografen Motive in Hülle und Fülle. Unter der R243 verläuft der mit 24,5 km längste Straßentunnel der Welt, der 2000 eröffnete Lærdal-Tunnel. Die Straße – zwar schmal, aber durchgehend asphaltiert – ist nach schneereichen Wintern manchmal noch Anfang Juni gesperrt; immerhin liegt der höchste Punkt der Strecke bei 1300 m. Am Gletschergebiet des **Blåskavlen** gibt es markierte Wanderwege, auch liegen einige Einzelgehöfte am Rande der Straße, ansonsten ist die Gegend praktisch unbesiedelt.

An der Südseite des **Lærdalsfjords** erreicht die R243 wieder die E16 (nach Süden) bzw. die R5 (nach Norden). Letztere quert den Sognefjord mit der Fähre von Fodnes nach Mannheller (15 Minuten, pendelnd), nachdem sie **Lærdalsøyri** 55 durchquert hat. Dieser Ort, wegen der Fruchtbarkeit der Böden auch die „grüne Stadt" genannt, weist noch einige schöne alte Holzhäuser auf, darunter der so genannte Hansehof.

27 km auf der E16 Richtung Oslo liegt **Borgund** 56, der Ort mit Norwegens besterhaltener **Stabkirche**, die man sich nicht entgehen lassen sollte. Sie steht an ihrem originalen Standort, und bis auf die später eingeschnittenen Fenster hat sie ihre ursprüngliche Form aus dem 12. Jh. bewahrt. Sie dient heute als Vorbild für die Restauration anderer Stabkirchen. An ihr lassen sich alle architektonischen und dekorativen Elemente dieses Kirchentyps auffinden: Die Stäbe (*Stavre* = Masten, Pfähle), die den Kirchenrahmen bilden, wurden im Wald getrocknet, ein Verfahren, das

bei Schiffsmasten angewendet wurde. Dazu entastete und schälte man die ausgewählten Bäume, deren kahle Stämme 10 bis 15 Jahre lang Wind und Wetter ausgesetzt wurden, damit das Holz jegliche innere Spannung verlor. Diese Stäbe, auf Bodenschwellen aufgerichtet, tragen das Satteldach. Mit Andreaskreuzen, Rahmenhölzern und Knaggen sind sie ohne jeden Nagel miteinander verbunden. Diese Konstruktion, die nicht von ungefähr an den Schiffsbau erinnert, ist in sich stabil, aber gleichzeitig so elastisch, dass sich die Kirche nicht dem Wind entgegenstemmt, sondern sich gleichsam mit ihm wiegt.

Umgeben ist der Kernbau von einem niedrigen Umgang, den ein Pultdach schützt, das, ebenso wie das Hauptdach, mit Holzschindeln gedeckt ist. Die Dachfirste werden von Drachenköpfen oder Schimären gekrönt. Diese sind zwar heidnische Symbole, doch dürften sie im frühen, ungefestigten Christentum Norwegens als eine Art von Rückversicherung gegen die offiziell aufgegebenen Geister und Dämonen gedient haben. Diese These stützt

auch die Runeninschrift am Westportal der Kirche. Sie lautet: „Ich ritt hier vorbei am St. Olavs Tag. Die Nornen taten mir viel Böses, als ich vorbeiritt“. Ausmalungen in den ursprünglich fensterlosen Kirchen waren zunächst selten und bescheiden, sie entwickelten sich erst langsam mit der Verbesserung der Innenbeleuchtung vom Kienspan zu Öllampen und Kerzen. Die Stabkirche von Borgund ist dem heiligen Andreas geweiht. Sie hat wohl nur die Zeit so unbeschadet überdauert, weil die Bauern der Gegend reich genug waren, nach dem Bau der neuen Kirche zwei Kirchen unterhalten zu können. Auch eine leer stehende Kirche muss regelmäßig gefirnisst werden – daher die dunkle Harzfarbe der alten Stabkirchen – und auch sonst sind Reparaturen notwendig. Die beste Besichtigungszeit ist mittags.

Borgund ist häufig von Touristen überlaufen; in diesem Fall könnte man die kaum frequentierten Stabkirchen von **Øye** und **Hurum** (54 bzw. 84 km in Richtung Fagernes) besuchen.

Zurück in Lærdalsøyri folgt man der R5, setzt auf die andere Seite des **Årdalsfjords** nach Mannheller über und erreicht nach wenigen Kilometern **Kaupanger** ❺❼ auf der Halbinsel zwischen Lustra- und Sogndalsfjord. Der ehemalige Fährknotenpunkt verfügt ebenfalls über eine Stabkirche aus dem 12. Jh. Nach dem Umbau des 19. Jh. und der späteren Restaurierung wirkt sie nun wie eine **Renaissancekirche**. Die alten, verstreuten Kirchenschätze hat man hierher zurückgebracht. Bei Grabungen entdeckte man unter der Kirche zwei Vorgängerkirchen. Münzfunde erlauben eine Datierung ins frühe 11. Jh. Im Ort befindet sich das **Fjordmuseum**, das Fjordboote der letzten Jahrhunderte ausstellt.

Auf halbem Weg nach Sogndal liegt in **Vestrheim** das **Sogn Folke-Museum**, zu dem 32 Gebäude und ein neues Ausstellungshaus mit über 25 000 Schaustücken gehören. **Sogndal** ❺❽ (4500 Einwohner) ist Handels- und Verwaltungszentrum der Region. Be-

Oben: Auf einem alten Thingplatz in Urnes steht die älteste Stabkirche Norwegens. Rechts: Detail des Nordportals.

kannt ist der 1,5 m hohe **Runenstein** aus dem 11. Jh., dessen Inschrift den heiligen Olav als Stifter angibt. Zur Gemeinde Sogndal gehört **Fjærland**, das sich seit 1995 zu einem Zentrum des antiquarischen Buchhandels entwickelt hat.

Zu Gast bei den Eisriesen – Über das *Jotunheimen nach Lom

Sogndal ist der Knotenpunkt von zwei wichtigen Straßen, der R5 und der R55. Die R5 kommt vom Jostedalsbreen im Norden und mündet im Süden bei Lærdalsøyri in die E16. Die R55 folgt dem Sognefjord westwärts, bis sie bei Vadheim auf die E39 trifft. Die R55 Richtung Nordosten ist landschaftlich so reizvoll, dass sie als „Sognefjellsvegen" Nationale Touristenstraße vom Lustrafjord bis Lom ist.

Bei **Solvorn** ist derAbstecher zum **Lustrafjord** ein Muss, denn auf der gegenüberliegenden Seite des Fjords steht die ****Stabkirche von Urnes** (59); sie gehört zu den sechs Stätten Norwegens, die in die Liste des Welterbes der UNESCO aufgenommen wurden. Zwar verkehrt die Autofähre nur ein- bis zweimal am Tag, aber Passagierboote kreuzen regelmäßig den Fjord, sodass man den Wagen in Solvorn zurücklassen kann. Nach zehnminütiger Bootsfahrt und ebenso langem Fußweg ist dann die Kirche von Urnes erreicht. Auf einem natürlichen Plateau, gut 50 m über dem Fjord, steht in wunderbarer Abgeschiedenheit die Stabkirche neben einem Bauernhof; ein Ort, der bereits in vorgeschichtlicher Zeit Kultstätte war und in der frühen Wikingerzeit als Thingplatz diente. Ebenso war die Kirche einst Mittelpunkt eines mächtigen Bauerngehöfts. Sie entstand in der Mitte des 12. Jh., die Nordwand und das nördliche Portal sind mindestens 100 Jahre älter. Daher gilt Urnes als die älteste erhaltene Stabkirche.

Vergleicht man das Schnitzwerk von Urnes mit dem der Wikingerschiffe im

Museum zu Oslo, besonders mit dem Oseberg-Schiff, bemerkt man eine frappierende Übereinstimmung. Der so genannte „Urnesstil" steht demnach in der Wikingertradition des 9. Jh., woher auch immer seine Vorbilder gekommen sein mögen. Die Kirche selbst ist ein schlichter Holzbau, der auf hohe Masten und verbindende Andreaskreuze verzichtet. Einfache, geschosshohe Holzsäulen mit Fabeltierkapitellen tragen die Konstruktion, der Chor ist im 17. Jh. verlängert und die Dachreiter im 18. Jh. aufgesetzt worden. Die Emailleeinlagen der Altarleuchter weisen auf Beziehungen zur südfranzösischen Stadt Limoges hin. Die Kreuzigungsgruppe im Chor stammt aus dem 13. Jh. Die sitzende Madonna, eine der ältesten Marienstatuen Norwegens, wurde aus der Kirche in die Sammlung der Universität von Bergen überführt. Der einzigartige siebenflammige Leuchter in Form eines Wikingerschiffs, der ebenfalls aus dem 13. Jh. stammt, ist wiederum ein Hinweis auf die Tradition, in der sich die frühen Kirchenerbauer und Benutzer sahen.

Wenige Kilometer nördlich von Urnes zweigen von der Bezirksstraße, die nach **Skjolden** führt, das **Krokedal** und das **Feigedal** ab. In den Tälern fand man im 17. Jh. Gold. Im Krokedal steht der **Adelshof Kroken**, der seit dem 14. Jh. führenden Familien des Landes gehörte, nun aber verlassen und dem Verfall preisgegeben ist. Ins Feigedal stürzt der **Feigefoss**, mit 218 m Fallhöhe einer der großen Wasserfälle des Landes.

Zurück in Solvorn führt die R55 zum Lustrafjord. **Gaupne** ⑥⓪, Hauptort der Gemeinde Luster, hat eine Holzkirche aus dem 17. Jh., deren Portal von einer älteren Stabkirche stammt. Erwähnenswert sind die Innenausstattung im Renaissancestil und die gemalten, farbenfrohen Blumenranken. Von Gaupne führt der **Jostedalsvei** (R604) hinauf zum ***Nigardsbreen**, einer viel besuchten Gletscherzunge am Südrand der **Jostedalsbreen**. Vom Parkplatz erreicht man das Gletscherende in 40 Minuten zu Fuß oder per Boot über den Gletschersee. Geführte Eistouren sind möglich.

Oben: Geführte Gletscherwanderung zum Nigardsbreen. Rechts: Der Aufstieg lohnt – Blick vom Galdhøpiggen (2469 m).

Wanderungen über den Plateaugletscher und seine benachbarten gletscherbedeckten Höhenzüge erfordern Erfahrung und/oder einen örtlichen Führer. Auch **Breheimen**, das südöstlich vorgelagerte Gebiet (bis zur R55), ist ein hoch gelegenes, eher anspruchsvolles Wandergebiet mit einer größeren Anzahl Hütten und vielen Übernachtungsmöglichkeiten entlang der Straßen, die das Gletschergebiet umgeben: E39, R15, R55. Für die Mehrheit der Touristen ist dieses Gebiet eher schwierig zu bezwingen, daher versuchen die Informationszentren **Jostedalsbreen Nasionalparksenter Strynvatnet** (an der R15), **Fjærland** (Norsk Bremuseum, abseits der R5) und **Jostedal** (Breheimsenteret, R55/ R604), es den Besuchern schmackhaft zu machen. Hier findet der mit der Bergwelt weniger Vertraute Auskunft und Hilfe. Es gibt auch zahlreiche Angebote, der Gletscherwelt auf vergleichsweise bequeme Art nahe zu kommen: durch Zufahrtsstraßen oder auf Boots- und Kutschenfahrten.

Von **Nes**, unmittelbar südlich, hat man eine gute Aussicht auf den Feigefoss, auf der anderen Seite des Fjordes. Hier steht auch das **Walaker Hotell**, eines der schönen Landhotels, das auch Bootsfahrten nach Urnes vermittelt. Der **Flahamar Gård**, ein alter Bauernhof, steht unter Denkmalschutz; der spätere Begründer der dänischen Nationalliteratur Ludvig Holberg (1684-1754) war hier einst Hauslehrer.

Das 500-Seelen-Dorf **Luster** auf dem Weg nach Skjolden hat eine schöne Steinkirche, die **Dale-Kirche**. Unter den biblischen Fresken aus dem 16. Jahrhundert hat man Reste von 300 Jahre älteren Ausmalungen entdeckt. Aufgrund seines milden Klimas ist Luster Luftkurort. Vom Sanatorium aus, das mit einer Drahtseilbahn zu erreichen ist, hat man den besten Blick auf die Umgebung. Am Ende des Lustra-

fjords liegt der Urlaubsort **Skjolden** ⓺ eingebettet zwischen Wasser und Gebirgslandschaft. Vielfältig ist sein Angebot: Man kann wandern, Boot fahren, segeln, Lachse fangen oder zu Fjordrundfahrten aufbrechen. Ein Sommerweg führt zum **Åsetvatn**, wo drei Wasserfälle mit Fallhöhen zwischen 260 und 320 Meter zu bewundern sind.

Der weitere Verlauf der 83 km langen Strecke nach Lom ist vom ***Jotunheimen** geprägt, einer an die Alpen erinnernden Hochgebirgsfläche, die vom Gudbrands- und Valdresdal im Osten und vom Sognefjord im Süden begrenzt wird. Der Name Jotunheimen („Heim der Riesen") geht zurück auf wandernde Studenten, die sich an die Frost- und Eisriesen der Edda-Sage erinnert fühlten. Mit 3500 km^2 Ausdehnung – 1140 km^2 davon sind Nationalpark – ist dies Nordeuropas höchstgelegenes Fjell. Der ***Galdhøpiggen** (2469 m) und der ***Glittertind** (2464 m) sind Norwegens höchste Berge.

Insgesamt wird das Fjell von mehr als 250 Gipfeln gekrönt, die höher als 1800 Meter aufragen. Der größte Teil des Jotunheimen liegt oberhalb der Baumgrenze, die hier bis auf 1100 Meter ansteigt. Sie muss nach der letzten Eiszeit noch höher gelegen haben, wie Funde von Kiefernwurzeln in den Hochmooren beweisen. Unzählige Seen liegen in diesem schönen Gebiet und geben ihm, zusammen mit den lieblichen Tälern, Almen und malerischen Bauernhöfen, seinen besonderen Reiz.

Ist das Jotunheimen im Sommer ein Paradies für Wanderer und Bergsteiger, so reiht sich im Winter ein Skiort an den anderen. Von Dezember bis April ist das Gebiet schneesicher; es dauert oft bis in den Juni, bis die Sommerwege wieder befahrbar sind. Im September kann hier schon der erste Schnee fallen. An den größeren Straßen gibt es private Hotels und Pensionen; an den Wanderwegen unterhält die *Norske Turistforening* (DNT) sechs bewirtschaftete und 15 unbewirtschaftete Hütten mit zusammen 600 Schlafplätzen. Auf dem Weg zur Wasserscheide an der Provinzgrenze zwischen Sogn og Fjordane und Oppland steigt die R55 in vielen Windungen von Meereshöhe auf 1440 m an.

Bis nach **Fortun**, wo ehemals die später nach Fantoft bei Bergen verbrachte Stabkirche stand, führt die Straße gleichmäßig bergauf, um dann in einen *Slyngvei* (Serpentinenstraße) überzugehen.

Aus jeder der Kurven, die zum Halten ausgebaut sind, hat man einen anderen, sich weitenden Blick auf Fortun und den Lustrafjord. In Berge genossen bereits 1924 die holländische Königin Wilhelmine und Kronprinzessin Juliane diese Aussicht, als sie mit 16 Pferden über das damals noch Sognefjell genannte Jotunheimen reisten. Die 1938 eröffnete Straße steigt weiter bis Turtagrø (1000 m), sie ist Norwegens höchstgelegene Serpentinenstraße. Bevor sie eröffnet wurde, gab es ausschließlich mittelalterliche Handelswege über das Fjell, die nur mit Pferdeschlitten oder Packpferden begehbar waren.

Oben: Wilde Wasser gibt's hier reichlich – Rafting im Jotunheimen. Rechts: Juteteppiche mit altnorwegischen Motiven, beliebte Souvenirs aus Lom.

In **Turtagrø** ❻❷ liegt das berühmte, gemütliche **Turtagrø Hotell**, Ausgangspunkt für Hochgebirgswanderungen und Klettertouren; so zum **Skagastølstinda**, dem dritthöchsten Berg der Gegend (2405 m). Der erste, einfachere Abschnitt der Wanderung dauert vier Stunden und endet am Skagastølsbotn, an einer bewirtschafteten *Baude* (Hütte), in der man übernachten kann. Hier beginnt auch der Aufstieg zum Gipfel, der ebenfalls vier Stunden in Anspruch nimmt und als schwierig gilt. Für die weiteren Touren zum **Fanavåk** (2075 m, 4-5 Std.) und zum **Klypenåser** (1145 m, 2-3 Std.) sind unbedingt Führer erforderlich, die man über das Hotel vorbestellen kann.

Vom Turtagrø-Hotel aus gibt es auch eine Privatstraße nach **Øvre Årdal**, von deren Benutzung mit PKW abgeraten wird, weil man die 30 km zu Fuß vermutlich schneller bewältigt. Vom Minnestein in **Oscarshaugen**, wo im 19. Jh. die schwedisch-norwegischen Kronprinzen, Carl (XV.) und Oscar (II.), bei ihren Wanderungen nächtigten, hat man die beste Fernsicht, die es von der Straße aus gibt. Vorbei an Gletschern und Zinnen kommt man nach **Hervassdammen**. An der alten **Hervassbru** steht jene Hütte, in der Henrik Ibsen 1862 wegen eines Wettersturzes drei Tage und Nächte mit seinem Bergführer verbringen musste. Diesen lernte er dabei so intensiv kennen, dass er einige Wesenszüge seines Begleiters auf die Figur des Peer Gynt übertrug. Ibsen war nicht der einzige Dichter, der hier gewandert ist: Auch Holberg, Asbjørnsen und H. A. Wergeland verbrachten hier Urlaube, die sie in ihren Werken verarbeitet haben. Am höchsten Punkt der Strecke steht die **Sognefjell Turisthytta**, von der aus Wanderungen möglich sind, auch Sommerskiloipen liegen ganz in der Nähe.

Durch das Breiseter- und das Leirdal fällt die R55 nun steil ab, berührt die Touristenorte **Krossbu** und **Bøvertun** und gelangt in **Elveseter** zu einem alten Großbauernhof, der zu einem Hotel umgebaut worden ist, dem Fjellro Turistheim.

In **Galdesand** 63 steht eine der wenigen Kirchen des Jotunheimen, die oktogonale Bøverdalkirche von 1864. Ein Sommerweg führt zur **Juvasshytta**, die Ausgangspunkt zur Besteigung des Galdhøpiggen ist. Drei bis vier Stunden dauert der Aufstieg. Vom Gipfel des Berges hat man bei gutem Wetter fast 100 km Fernsicht, so auch zum östlich gelegenen Glittertind, dessen Höhe wegen seiner Firnhaube nie korrekt angegeben werden kann. Bei schlechtem Wetter sollte man besser unten bleiben.

Vom malerischen **Røisheim-Hotell** führt ein Privatweg zur **Spiterstulen Turisthytte** (12 Kilometer), Startpunkt für Wanderungen zum **Svellnosbreen**.

Durch das **Bøverdal** schlängelt sich die Straße hinab nach Lom, wo sie auf die R15 trifft. **Lom** 64 mit seinen 700 Einwohnern ist ein aufstrebender Touristenort mit der Infrastruktur eines mittleren Dienstleistungszentrums mit Arzt, Post, Bank, Supermarkt und Autoreparaturwerkstatt.

Allein 150 000 Touristen besuchen alljährlich die **Stabkirche**, die sicher älter ist als ihre erste Erwähnung 1240. Sie ist sowohl der Jungfrau als auch Johannes dem Täufer und dem heiligen Olav geweiht. Die Stäbe sind hier mit Andreaskreuzen verbunden, 20 Stäbe tragen die halbrunde Empore. Im 17. Jahrhundert erweiterte man die Kirche nach Westen, schnitt Fenster ein und gestaltete sie zur Kreuzkirche um. Chor und Kanzel stammen aus dem 18. Jahrhundert und sind mit Akanthusblättern, dem Symbol der Entwicklung des Glaubens, verziert. Das Dach ist mit Holzschindeln gedeckt und beeindruckende Drachenköpfe krönen die Firste. Die Pfeiler und Archivolten (Umrandungen des Bogens) des Nordportals sind von geschnitzten Ranken und Tierornamenten geschmückt, die, wenn auch jünger, aus dem Urnesstil hervorgegangen sind.

Im **Lom Bygdemuseum** (Heimatmuseum) steht unter anderem die **St. Olavstugga**, ein Haus, in dem der Heilige übernachtet haben soll. Die alte **Gaustadstuggu** ist heute Teil des **Foss-**

heim Hotells, dessen Inneneinrichtung mit manchem Heimatmuseum in Konkurrenz treten könnte. Das moderne **Norsk Fjellmuseum** unterrichtet kurzweilig über die Bergwelt Norwegens und den Nationalpark Jotunheimen.

Die R15 führt von Lom Richtung Osten nach **Otta** im Gudbrandsdal. Will man die durch Ibsens *Peer Gynt* berühmt gewordene ***Sensengrat-Tagestour** zum **Besseggen-Gipfel** (1743 m) gehen, biegt man bei **Randen** südwärts auf die Straße Nr. 51 ein und fährt bis **Gjendesheim** ⓺⓹. Per Schiff (30 Minuten) gelangt man zur **Memurubu-Hütte**, und von dort über den dramatischen und anspruchsvollen Sensengrat des Besseggen zurück nach Gjendesheim (6 Std.).

Unterwegs zum **Geirangerfjord

Nach Westen folgt die R15 von Lom aus 60 km weit dem Ottadal nach Grotli. Die Gegend ist regenarm, jedoch wasserreich, denn bis in den Herbst hinein schmelzen die Schneemassen auf dem Fjell und speisen so den Fluss. Dieser bildet einige Katarakte, kleine Wasserfälle und größere Seen, die allesamt sehr fischreich sind. Im Ottadal gibt es deutlich mehr Bauernhöfe und Siedlungen als in den Tälern des Jotunheimen. Die Kirchen stammen größtenteils aus dem 17. Jh. (Kreuzkirchen) und 18. Jh. (Achteckkirchen): Sie zeichnen sich alle durch geschnitzte Kanzeln und Altartafeln aus.

Bei **Vollungsbru** ⓺⓺ steht *Gråstein* (Graustein) an, eine feine Granitart, die zu kunstgewerblichen Artikeln verarbeitet wird. **Bismo** nennt man die „Ziehharmonikastadt“, weil diese Musikinstrumente hier hergestellt und fleißig gespielt werden.

In **Dønfoss** ⓺⓻ bildet die Otta einen 14 m hohen, gut erreichbaren Wasserfall. Zum 81 m hohen **Pollfoss** hingegen führt nur ein steiler und rutschiger Pfad – also Vorsicht. Bei **Skjåkseter** beginnt das Skigebiet von Grotli, es ist bis weit in den Sommer benutzbar.

Oben: Im Winter ruht der Bootsverkehr über den Gjendesee. Rechts: Die Eisdecke des Djupvatn taut auch im Sommer nie ganz auf.

Für Eilige führt der Weg auf der R15 über Langvatn, dann hinunter nach Geiranger auf der R63. Aufregender ist der **Gamle Strynefjellsvegen**, die R258 ab **Grotli** ⓺⓼, denn man startet unter winterlichen Bedingungen und landet nach drei Stunden (27 km) im Frühling. Der Abschnitt bis zur Einmündung in die R15 ist Nationale Touristenstraße. Sie ist eng, geschottert, kurvenreich, teilweise nur einspurig in den Schnee gefräst und hat viele Ausweichstellen. Auf dem Langevatn türmen sich auch im Sommer noch die Eisplacken; die Geröllwüste des **Strynfjell** wirkt wie eine Mondlandschaft. Gletscher, Wasserfälle und bis zu 2000 m aufragende Berge begleiten die Straße, die eine der ursprünglichsten Norwegens ist. Kurz vor **Videseter** ⓺⓽ stehen die ersten Skilifte, die vor allem im Sommer in Betrieb sind, wenn Hauptsaison ist; manch einer nimmt lange Anfahrten in Kauf, um im August Ski laufen zu können.

Von Videseter führt die R258 in vielen Serpentinen hinab in den Frühling. An der **Gjøl bru** wird die R15 wieder erreicht, und wenn man durch die neue Tunnelstrecke zurückfährt, ist man in 15 Minuten an der Abzweigung nach Geiranger, aber auch auf 930 Meter Höhe wieder zurück im Winter. Die R63 steigt auf ihren ersten Kilometern noch um weitere 100 Meter an und erreicht am **Djupvatn** ihren höchsten Punkt. Dort entspringt auch die Otta.

Am See, dessen Eisdecke nie ganz auftaut, steht ein Sommerrestaurant. Hier zweigt die Mautstraße auf den ***Dalsnibba** ab. Vom 1495 m hohen Gipfel (Aussichtsplattform, Parkplatz) hat man einen fantastischen Blick auf das Fjell, die Serpentinen hinab nach Geiranger und auf den Fjord selbst. Aus dieser Höhe wirken die Kreuzfahrtschiffe im Fjord und die Autos auf den Serpentinen wie Spielzeug. Besonders schön ist es abends auf dem Dalsnibba, wenn die im Westen stehende Sonne die letzten Strahlen in den Fjord schickt und die Berggipfel golden aufglänzen. Auf dem Weg hinunter nach Geiranger sind dann auf 24 km fast 1500 Höhenmeter zu überwinden, auf kurvenreicher aber gut ausgebauter Straße zum in Luftlinie nur 6 km entfernten Fjord. Die

Fahrt bergab ist überaus beeindruckend. Die Straße, die 1895 fertiggestellt wurde, weist 20 enge Kurven, zum Teil Haarnadelkurven, auf. Auch hier fährt man direkt vom rauen Hochgebirgsklima in die milde, geschützte Fjordlandschaft.

Nach zwei Kilometern zweigt ein kleiner Gehweg zum **Blåfjell** ab, dort befindet sich die *Jyttergryte* (Riesentopf), Ergebnis einer 2,2 m breiten und fast 10 m tiefen Gletschermühle.

Kurz vor der **Øvre Blåfjellbro** hat man einen wunderschönen Ausblick auf das **Flydalshorn** im Westen und **Vindåshorn**, **Såthorn** und **Grindalshorn** im Osten. Von hier kann man auch die „Adlerstraße" erkennen, die auf der anderen Seite des Geirangerfjords das Fjell erklimmt.

Bei **Ørjaseter** ⑳ hat man *Knuten*, eine Kreuzung des alten Weges von vor 1895, als Beispiel für die damalige Straßenbaukunst unter Denkmalschutz gestellt. Über eine kleine Hochebene führt die R63 hinab durch das **Flydal**. Am **Flydalsjuvet** lädt ein Parkplatz zum Verweilen ein. Hier dürften mindestens 50% aller Geirangerfjord-Ansichtskartenmotive aufgenommen worden sein.

Bei **Hole** führt ein kurzer Fahrweg nach **Vesterås**, das nur aus einem Bauernhof mit vielen Ziegen und einer Cafeteria besteht. Der „Wanderweg" zum Storsetfoss, einem Wasserfall, unter dem man hindurchgehen kann, dauert eine gute Stunde. Es wäre angebracht, ihn als Hochgebirgstrainingspfad zu bezeichnen. Am **Hotel Utsikten Bellevue** steht ein Gedenkstein, der an die Krönung Håkons VII. erinnert. Oberhalb von Geiranger liegt das schöne, komplett renovierte **Union Hotel**, ein Haus aus dem 19. Jh. Von der Terrasse aus kann man bei einer Tasse Kaffee den Fjord ohne den Trubel des Ortes in Ruhe genießen. Völlig kostenlos und ebenso ruhig ist allerdings der Blick von der Friedhofsmauer. Dort steht auch die Pfarrkirche aus dem 19. Jh.

Rechts: Wer Einsamkeit sucht, wird sie am Geirangerfjord im Sommer kaum finden.

Geiranger ㉑ besteht heute praktisch nur noch aus Hotels, Pensionen und Souvenirgeschäften. Das ist nicht weiter erstaunlich, gelten doch 2-3 Kreuzfahrtschiffe und 20 Busladungen Touristen in der Hochsaison als normaler Tagesbesuch. Der **★★Geirangerfjord**, auch „Blinddarm" des Sunnylvsfjords genannt, ist UNESCO-Welterbe und Teil des Storfjordsystems. Der 15 km lange Fjordarm wird von steilen, auf 800 m aufragenden Felswänden eingekesselt. Auf den wenigen Steilalmen stehen kleine Bauernhöfe, die aber, weil nicht mehr rentabel, aufgegeben worden sind. Einen Vorteil jedoch hatten diese Höfe früher: Da die Steilwände nur mit Sicherungsseilen zu begehen waren, hatten die königlichen Steuereintreiber große Schwierigkeiten, auf die Höfe zu gelangen, zumal man vor deren Ankunft die Seile entfernte. Auch die Kinder musste man festbinden, wenn sie vor dem Haus spielen wollten, damit sie nicht in den Fjord purzelten.

In Geiranger werden verschiedene Fjordrundfahrten angeboten, die mehrmals täglich durchgeführt werden. Die schönste ist die Fahrt mit der Autofähre nach **Hellesylt** (1 Std., 4- bis 13-mal tägl., saisonabhängig, Mai-September). Weil die Fähren relativ hoch sind, hat man von Deck einen besseren Blick als von den kleinen Fjordbooten. Während der Fährfahrt läuft ein Tonband, das alle Sehenswürdigkeiten mehrsprachig erläutert, so die berühmten Wasserfälle „Freier", „Brautschleier" und die „sieben Schwestern", die zusammen nur während der Schneeschmelze des Frühjahrs zu sehen sind.

Von Hellesylt kann man denselben Weg zurück nehmen beziehungsweise mit dem Linien- oder Rundfahrtbus über **Stranda** und die Fähren Stranda-**Liabygda** (15 Min., ca. 27-mal täglich) und **Linge- Eidsdal** (10 Min., 25-mal täglich) um Sunnylvsfjord und **Nord-**

Karte S. 96-97, Info S. 134-135

dalsfjord nach Geiranger zurückfahren. Die Fahrt ist natürlich auch mit dem eigenen Wagen möglich. Attraktiv sind abendliche Rundflüge mit dem Wasserflugzeug, die in weitem Bogen über Fjord und Fjell führen.

Lange Zeit war Geiranger nur über den Wasserweg oder die Djupvassstraße erreichbar. Seit 1954 gibt es **Ørnesvingen** (Adlerschwinge), einen *Slyngvei*, der auf 6 km Strecke gut 620 Höhenmeter überwindet. Der Weg beginnt in **Møll-Grande**, einem kleinen Dorf mit hübschen, 200 Jahre alten Häusern. Von Kurve zu Kurve weitet sich der Blick, am oberen Ende der Adlerstraße hat man für das Aussichtspublikum einen Parkplatz angelegt. Bei **Korsmyra** ist der höchste Punkt der Straße erreicht, sie folgt nun dem **Eidsdal** zum gleichnamigen Ort am Norddalsfjord. Über diesen pendelt die Fähre in 10 Minuten nach Linge am nördlichen Ufer (s.o.).

Von Linge aus lohnt ein Abstecher ins 20 km entfernte **Stordal** ⑫ über R650 . Kurz vor dem Ort steht die **Stordalkirche** aus dem 18. Jh. Nicht das Äußere ist hier beeindruckend, sondern die Wand- und Deckenmalereien des Kircheninneren, die aus der Frühzeit des Gotteshauses stammen. Ein Wanderbursche, der dringend Geld brauchte, hatte sich der Gemeinde als Kirchenmaler angedient und auch den Auftrag erhalten. Vermutlich war es der erste und letzte Auftrag seines Lebens, denn was er abgeliefert hat, ist wirklich absolut einzigartig. Die Heiligenfiguren sehen mit ihren wirr abstehenden Haaren eher wie Struwelpeter aus, die Symbole der Evangelisten – Engel, Stier, Löwe und Adler – würden problemlos als Schimären durchgehen, und in den Perspektiven hat der Künstler den Kubismus vorweggenommen.

Wenige Kilometer hinter Linge liegt am R63 **Valldal** ⑬ am Eingang des **Tafjords**. Entlang seinem nördlichen Ufer führt ein uralter Weg, den der heilige Olav bereits bei seiner Flucht nach Gardarike benutzt haben soll. An diesem Weg steht auch ein Gedenkstein für die 40 Opfer, die zu beklagen waren, als 1934 zwei Millionen Kubikmeter Gestein aus der Felswand in den Fjord hinabstürzten. Das Valldal, das durch seine Nord-Südausrichtung windgeschützt ist, gilt als das Erdbeerzentrum Mittelnorwegens. Viele Plantagen begleiten die Route, und die Bauern vermarkten ihre Produkte zur Erntezeit direkt an der Straße.

Der *Trollstig

Nach 22 km wird die **Gudbrandsbru** erreicht, wo der **Gudbrandselv** einen tiefen, nur 5 m breiten Canyon bildet. Auf der Brücke steht man direkt über der Schlucht.

An kleinen Seen und Wasserfällen vorbei geht es hinauf nach **Skærsura**, wo der heilige Olav mit seinen Leuten einen Weg durch das Geröllfeld räumen musste: Über 100 hausgroße Steine sollen die 20 Mann weggerollt haben!

Stigrøra markiert den höchsten Punkt der Strecke, kurz dahinter liegt der große Parkplatz von **Trollstigheimen**. Neben einem Restaurant, einer Cafeteria und verschiedenen Souvenirläden gibt es einen Gehweg zur 500 m entfernten Aussichtsplattform. Dort hat man den besten Blick auf den **Trollstig**, die 1936 in die fast senkrechte Wand gebaute Straße und in das 300 m tiefer liegende Isterdal. Der Blick nach Westen auf die rund 1500 m hohen Berge wie **Bispen** (Bischof), **Kongen** (König), **Drottningen** (Königin) und **Karitind** ist ebenso eindrucksvoll wie nach Osten auf die gezackte Linie der **Trolltindane** (Hexenzinnen, 1760 m). Zu all diesen Bergen gibt es Wanderwege. Die Gipfel sollte man nur mit einem Führer in Angriff nehmen, denn hier, im Sommerskigebiet, herrschen ganzjährig winterliche Bedingungen.

Die elf Haarnadelkurven der **Trollstigstraße** (*Trollstigvei*) sind für Wohnwagengespanne nicht befahrbar. An der Stigfossbru sollte man kurz anhalten: Der Wasserfall ist zum Greifen nahe, und man muss darauf achten, dass man auf der windgeschützten Seite steht – denn sonst kommt man in den Genuss einer unfreiwilligen Dusche.

Unten im Isterdal lohnt ein Blick zurück auf die Trollstigwand und die eindrucksvollen Gipfel, die sie überragen. In **Sogge** ⓻⓸ führt ein Weg zur **Grytten-Kirche**, einer hübschen Bauernkirche aus dem 19. Jh.

Nach wenigen Kilometern ist das malerisch am Ende des Romsdalsfjords gelegene **Åndalsnes** ⓻⓹ erreicht. Hier mündet die Rauma in den Fjord, und hier endet auch die Raumabahn, eine Stichbahn der Nordlandbahn, die von Dombås kommt. Åndalsnes mit seinen 3000 Einwohnern ist Kreuzfahrthafen, und verschiedene Betriebe versorgen die Ölplattformen im Atlantik. Åndalsnes war schon zu Beginn des 20. Jh. Ausgangspunkt für die Klettertouren im Trollstiggebiet. Deshalb gibt es hier auch ein **Tinden-**(Zinnen)**-Museum**, das die Entwicklung der Kletterei dokumentiert.

Rechts: Elf Haarnadelkurven führen die steile Wand empor, ein Weg, der vorher Trollen vorbehalten war – Trollstigen.

Zwischen Åndalsnes und Trondheim

Von Åndalsnes gibt es zwei Möglichkeiten, durchs Hinterland nach Trondheim zu reisen: entweder auf der E136 durch das Romsdal nach Dombås und auf der E6 weiter nach Trondheim, oder über die R64/660/62 nach Sunndalsøra und durch das Sunndal nach Oppdal zur E6.

Die E136 durch das Romsdal ist die schnellste Verbindung, die Straße folgt der wild schäumenden Rauma und der Eisenbahn, hat kaum Steigungen und ist gut ausgebaut. Sehenswert ist hier vor allem **Trollveggen**, die 1000 m hohe Westwand der Trolltindane, die erst 1967 bezwungen werden konnte.

10 km weiter zweigt das **Tal von Marstein** ab, eines der engsten Täler Norwegens, auf dessen Sohle 5 Monate im Jahr kein Sonnenstrahl dringt. Die weiteren 80 km durch das dünn besie-

delte Romsdal und später durch das **Lågendal** bieten keine weiteren Höhepunkte. In Dombås wird die E6 und damit der Königsweg zwischen Oslo und Trondheim erreicht.

Die Strecke um den Romsdalsfjord herum ist 40 km länger als der Weg über die E136. Man benutzt ab Åndalsnes die R64 entlang des **Is-** und des **Rødvenfjord** nach **Åfarnes**, wechselt dann auf die R660, die dem **Langfjord** und **Eresford** nach **Eidsvåg** und **Eidsøra** folgt und fährt dann auf der R62 nach Sunndalsøra, zum innersten Ende dieses Fjordsystems. Die Strecke wird neuerdings immer besser ausgebaut, hat nur wenige, moderate Steigungen und kaum enge Kurven. Es ist eine schöne Fjordspazierfahrt, die man auf einem der vielen Rastplätze mit einem Lachspicknick krönen kann, z. B. zwischen **Hen** und **Skorgen** an der R64 am Rødvenfjord, wo es die schönsten Panoramen gibt.

Bei **Leirheim** zweigt ein Weg nach Westen zu einer der nördlichsten Stabkirchen in **Rødven** ⓻⓺ ab. Ihr Kirchenschiff, Portal und das Kruzifix sind noch original mittelalterlich. Am Nordende des Langfjords liegt der **Pfarrhof Nesset** ⓻⓻, auf dem der Dichter Bjørnstjerne Bjørnson aufwuchs.

Sunndalsøra ⓻⓼ ist ein 5000 Einwohner zählender Industrieort mit Norwegens zweitgrößtem Kraftwerk und zwei Aluminiumhütten. Von hier kann man einen Abstecher ins **Lilledal** zum Store Kalken (1880 m) machen, dessen Westwand 1600 m senkrecht abfällt und auf dem ein 200 m hoher steinerner „Hut" sitzt.

Fährt man von Sunndalsøra auf der R70 rund 70 km ostwärts, erreicht man in Oppdal die E6. Das enge **Sunndal**, das man unterwegs passiert und in dem tief unten der **Driva** fließt, ist im Winter höchst lawinengefährdet. Die Häuser sind hier dicht an die Hänge gebaut, damit die Lawinen über sie hinweggehen können.

Bei **Fale** ⓻⓽ steht der **Storfale Gård**, ein für die Gegend typischer alter Bauernhof. Die letzten 116 km auf der E6 von Oppdal nach **Trondheim** ⓼⓪ (siehe S. 153) weisen keine bemerkenswerten Höhepunkte auf.

Internetinfos für das gesamte Fjordgebiet etwa zwischen Stavanger und Trondheim: www.fjordnorway.com.

FLORØ

Strandgt. 30, 6900 Florø, Tel. 57747505, www.vestkysten.no, Mo-Fr 8-15.30 Uhr, im Sommer erweiterte Öffnung.

Im Sommer täglich Personenfähren zur **Insel Kinn**, Info-Tel. 57747505. Hurtigrute täglich ab Florø um 2.15 Uhr (Nordrichtung) und um 8.15 Uhr (Südrichtung); Fjord 1 Fylkesbaatane laufen Florø 1-2x tägl. auf der Strecke Bergen-Nordfjord an, Tel. 57755700.

SKEI I JØLSTER

Skei i Jølster, Tel. 57728588.

BYRKJELO, GLOPPEN

Tel. 57867301, Mitte Juni-Anf. Aug. Mo-Sa 11-18 Uhr. Buchung von Camping- und Hüttenplätzen im Gebiet Jostedalsbreen, geführte Touren ins Gletschergebiet.

OLDEN

Tel. 57873126, Fahrrad- und Bootsverleih, Angelkarten, 9.6.-14.8. Mo-Sa 11-17 Uhr.

Olden-Kirche, Schlüssel im Nachbarhaus. **Briksdal-Gletscher**, Pferde- und Wandertouren zum Gletscher, Führungen: Briksdalsbre Fjellstove, Tel. 57876800, www.briksdalsbre.no, April-ca. 20. Oktober.

LOEN

100 m östl. Alexandra Hotel, Tel. 5787 4040 (s.a. Stryn), www.loeninfo.com, Juni-Aug. 9-20 Uhr, sonst Mo-Sa 9-16 Uhr; Angelkarten.

Kjenndal-Gletscher, ab Sande Camping Bootsfahrt über den Lovatnet. Tel. 94508579.

STRYN

Gemeindeverwaltung Stryn Næringshage, Tinggata 3, Tel. 57874040, www.nordfjord.no, Fahrräder, Angelkarten, Sept.-Mai Mo-Fr 8.30-15.30, Anf. Juni-Ende Aug. Mo-Fr 8.30-18, Sa 9.30-17, Hochsaison Mo-Fr 8.30-18, Sa, So 9.30-17 Uhr.

Sommerskilauf auf dem Strynfjell, Tel. 57875474, www.strynefjellet.com.

ÅLESUND

Skateflukaia, www.visitalesund.com, Tel. 70157600, 1.6.-31.8. Mo-Fr 9-19, Sa 9-17, So 11-17, sonst Mo-Fr 8.30-15 Uhr.

Sunnmøre Museum, www.sunnmore.museum.no, 20.5.-15.9. 11-16 Uhr. **Jugendstilsenteret**, Apotekergt. 16, Di-So, 1.6.-31.8. tgl. 11/12-16/18 Uhr. **Borgund-Kirche**, Juni-Aug. Di-Sa 10-14 Uhr. **Ålesund-Kirche**, Mai-Sept. Mo-Sa 10-16, **Giske-Kirche**, 20.6.-20.8. Mo-Sa 10-17, So 13-19 Uhr.

Mit Bus oder PKW zur **Insel Giske**. Zur **Vogelinsel Runde**: von der Insel Hareid via Insel Remøy auf dem Landweg.

Fähre nach Hareid, 6.30-16 Uhr stündl. Bootstouren u.a. nach Runde und Molde, Tel. 70114430, www.62nord.net.

MOLDE

Torget 4, Tel. 71201000, www.visitmolde.com, Mo-Fr 8.30-15.30, Sommer: Mo-Fr 9-18, Sa 9-16, So 12-17 Uhr.

Romsdalsmuseum, www.romsdal.museum.no, Mitte Juni-Mitte Aug. Mo-Sa 11-17, So 12-18 Uhr. **Moldegård**, privat.

KRISTIANSUND

Kongens plass 1, Tel. 71585454, www.visitkristiansund.com, Sommer. Mo-Fr 9-18, Sa 10-15, So 11-16 Uhr, sonst Mo-Fr 9-16 Uhr.

Kvernes Stabkirche, Averøy, Saison 10-17 Uhr, sonst Tel. 71511587 o. 71513232. **Lossiusgård**, nur Außenbesichtigung. **Kristiansund-Kirche**, Mo-Sa 10-19, sonst 10-14 Uhr. **Nordmøre-Museum**, Tel. 71677195, www.nordmore.museum.no, Di-Fr 10-14 Uhr; u.a. Abt. **Klippfischmuseum** u. **Mellemværftet**, trad./mod. Holzbootprod.

VOSS

Voss Tinghus, Uttrågata, Tel. 5652 0800, www.visitvoss.no, Juni-Aug. tgl. 8/12-19, sonst Mo-Fr 9-15.30 Uhr.

Mølstertunet, Mitte Mai-Mitte Sept. 10-17 Uhr / sonst Mo-Fr 10-15 Uhr. **Magnus Dagestad Museum**, Juni-Aug. Di-Sa 11-14 Uhr. **Voss-Kirche**, im Sommer 9-19 Uhr. **Nesheimtunet**, geöffnet für Gruppen, Anmeldung: Touristeninformation. **Hopperstad Stabkirche**, 20 km nördl. bei Vik, Mitte Mai-Mitte Sept. 10-18 Uhr.

FLÅM / AURLAND / LÆRDAL

Aurland og Lærdal Reiselivslag: www.alr.no; **Flåm**, am Bahnhof, Tel. 57632106, www.visitflam.com, Juni-Aug. tgl. 8.30-20, Mai, Sept. 8.30-16 Uhr, auch Fahrradverleih. **Aurland**, Tel. 57633313, Juni-Aug. Mo-Fr 8.30-19, Sa, So 10-17, sonst 8.30-15.30 Uhr. **Lærdal**, Tel. 57641207, Mitte Juni-August tägl. 8.30-19, sonst Mo-Fr 8-14 Uhr.

Undredal-Kirche, 10 km nördl. von Flåm, Mitte Mai-Mitte Sept. tägl., nur mit Führung. **Flåm-Kirche**, Juni-Sept. tägl. **Borgund-Stabkirche**, 30 km südl. von Lærdal an der E16, Mai-Sept. tägl. 10-17, Juni-Mitte Aug. 8-20 Uhr.

Flåmbahn: Ende April-Ende Sept. bis zu 10x, sonst 4x tägl. Tel. 57632100; www.flaamsbana.no. Kombitouren **Norwegen en miniature**, www.fjordtours.com. Tel. 81568222, Tagestouren u.a. zum **Jostedalsbreen**, Sommer 3x wöchentlich.

Information zum 24,5 km langen **Lærdal-Tunnel** (*Lærdalstunnelen*) Lærdal-Aurland: www.vegvesen. no/sognogfjordane.

SOGNDAL

Gaupne, Tel. 97600443, www.sognefjord.no, Mitte Mai-Mitte Aug. Mo-Fr 9-20, Sa 9-17, So 15-20, sonst Mo-Sa 9-16 Uhr.

Sogn Folkemuseum, Juni-Aug. tägl. 10-18 Uhr, Mai, Sept. Mo-Fr 10-15, Sa, So 10-18 Uhr. **Kaupanger-Stabkirche**, 11 km südlich, Mitte Juni-Ende Aug. 9.30-17.30 Uhr, Tel. 57678840. **Urnes-Stabkirche**, 10 km nördl. am Lustrafjord, Mitte Juni-Aug. 10.30-17.30 Uhr; Informationen des Vorgeschichtsvereins zu Stabkirchen in Sogndal s. unter www.stavechurch.com.

LOM

Lom Turist Office, im Norsk Fjellmuseum, Tel. 61212990, www.visitlom.com, Hauptsaison Mo-Fr 9-19, Sa, So 10-20 Uhr, sonst kürzere Öffnungszeiten.

Stabkirche, Mitte Mai-Mitte Sept. tägl. 10-16, 15.6.-15.8. 8-20 Uhr. **Norsk Fjellmuseum**, Tel. 61211600, www.fjell.museum.no; 15.6.-15.8. Mo-Fr. 9-19, Sa, So 10-19 Uhr, sonst Mo-Fr 9-16 Uhr.

GEIRANGER / TROLLSTIGEN

Destinasjon Geirangerfjord-Trollstigen AS, 6216 **Geiranger**, am Fähranleger, Tel. 70263099, www.visitgeirangerfjorden.com, Juni-Aug. tägl. 9-20, sonst Mo-Sa 9-16 Uhr; Filiale: **Valldal**, Tel. 70257767.

Stordalkirche, 35 km nördlich an der Strecke Valldal-Ålesund, Juli-August tägl. 11-16 Uhr.

Fjordfahrten ab Geiranger: Tel. 7026 3007. MRF-Fähren nach Hellesylt: ab Geiranger Mai-Sept. ca. 4-mal tägl., ab Hellesylt jeweils 90 Min. später, Tel. 71219500, www.fjord1.no. Fjordrundflüge, Auffahrt zum Dalsnibba. Aktivurlaubsangebote wie River-Rafting: Tel. 90014035, www.valldal.no,

ÅNDALSNES

Jernbanestasjonen (Bahnhof), Tel. 71221622, www.visitandalsnes.com, 1.6. bis 31.8. 9-20 Uhr, sonst Mo-Sa 9-16 Uhr.

Tindenmuseum, www.tindenmuseet.no, Ende Juni-Mitte Aug. Di-So 14-18 Uhr. **Stabkirche Rødven**, 35 km nördl., Mitte Juni-Mitte Aug. 11-16 Uhr.

Tägl. Bahnen über Dombås nach Oslo und Trondheim. Busse zum Trollstig und nach Geiranger, Info-Tel. 177.

VON OSLO NACH TRONDHEIM

HAMAR
LILLEHAMMER
GUDBRANDSDAL
PEER-GYNT-WEG
DOVREFJELL
RØROS
TRONDHEIM

DER KÖNIGSWEG ZU OLAV DEM HEILIGEN

Der Königsweg (*Kongeveien*) von Oslo nach Trondheim ist die längste Landverbindung des Mittelalters innerhalb Norwegens. Sie besteht seit über tausend Jahren. Ihre fast mythische Bedeutung erhielt sie, als Håkon V. die Hauptstadt nach Oslo verlegte. Fortan war der Königsweg die „Nabelschnur", die den Regierungssitz mit dem Krönungsort verband und gleichzeitig die Beziehung zum „heiligen", ewigen König Olav herstellte.

Der Verlauf der heutigen E6 entspricht nur noch ungefähr dem Königsweg. So verläuft die Europastraße heute auf der Sohle des Gudbrandsdals direkt am Fluss Lågen, während die alte Straße schon wegen der Frühjahrshochwasser auf halber Höhe der Berghänge entlangführte. Der Königsweg war auch Pilger- und Büßerpfad. Es gab Bittprozessionen zu Olav dem Heiligen, um mit seiner Hilfe gewünschte Entwicklungen zu ermöglichen oder zu beschleunigen. Auch Verstöße gegen kirchliche und gesellschaftliche Normen waren mit einem Bußgang nach Trondheim aus der Welt zu schaffen. Sigrid Undset beschreibt in dem Roman *Kristin Lavranstochter* (1922) die Wallfahrt der unverheirateten, schwangeren Kristin.

Vorherige Seiten: Winterabend in der Olympiastadt Lillehammer. Links: Die Stabkirche Ringebu, ein Kleinod des Gudbrandsdals.

Seit den Olympischen Spielen von 1994 ist die E6 zwischen Oslo und Lillehammer fast durchgehend als gebührenpflichtige Autobahn ausgebaut. Auch eine Schnellbahn verkehrt zwischen der Hauptstadt und der Olympiastadt. Die gesamte Strecke nach Trondheim ist mit der Nordlandbahn zu bewältigen, eine überaus schöne Fahrt in bequemen, modernen Wagen, die 5 bis 6 Stunden dauert.

Knapp 50 km nördlich von Oslo befindet sich in **Gardermoen** ❶ der Flughafen der Hauptstadt. In der Nähe liegt **Raknehaugen**, Nordeuropas größter Grabhügel aus der Zeit der Völkerwanderung (um 500 n. Chr.). Er hat 95 m Durchmesser und ist 15 m hoch. In der Grabkammer, die 1870 geöffnet wurde, wurde König Rakne mit seinen zwei Pferden gefunden, nebst Dienerschaft und Wachsoldaten.

Knapp 20 km nördlich ist das **Eidsvoll verk** ❷ erreicht. 1814 versammelten sich im Hauptgebäude des ehemaligen Eisenwerks 112 Delegierte, um nach Norwegens Trennung von Dänemark eine eigene Verfassung zu erarbeiten, die am 17. Mai – dem heutigen Nationalfeiertag – verabschiedet wur-

de. Norwegen erklärte sich darin zu einem unabhängigen Königreich mit konstitutioneller Monarchie. Der Versammlungsraum ist seit damals völlig unverändert und dient heute als Museum. Das Gemälde von Oscar Wergeland, das die Eidsvollversammlung zeigt, hängt heute im *Storting* in Oslo.

An den Dichter Henrik Wergeland erinnert ein Denkmal im 8 km entfernten Ort **Eidsvoll**. Er war der erste Norweger, der gegen die Bestimmung der Eidsvoll- Verfassung, dass Juden und Jesuiten das Land nicht betreten durften, Front machte. Sechs Jahre nach seinem Tod 1845 wurde dieser Artikel dann auch aufgehoben. Für seinen Einsatz spendeten die schwedischen Juden dem Dichter schon zu Lebzeiten ein Denkmal, das bis zur Grenzöffnung in Stockholm stand und dann nach Oslo überführt wurde. An dem Stein findet alljährlich am Verfassungstag eine Gedenkstunde statt, die auch die zwischen 1940 und 1945 deportierten und ermordeten norwegischen Bürger jüdischen Glaubens einschließt.

Oben: Obstblüte am Mjøsasee, dem größten See Norwegens.

Von Eidsvoll fährt im Sommer *Skibladner*, der älteste noch betriebene Raddampfer der Welt – von 1856 –, mit vielen Stops über den **Mjøsasee** nach Lillehammer. Die E6 erreicht den See bei **Minnesund** ❸; Straßen und Eisenbahnbrücken führen über sein südliches Ende. Der gut 100 km lange und 360 km² große Mjøsa ist Norwegens größter Binnensee. Er bildet mit dem Oslofjord das nördliche Ende einer der großen Grabenbruchzonen Europas.

Wer auf der Westseite des Sees bleibt und von Minnesund ca. 6 km nordwärts auf der Reichsstraße 33 bis **Byrud Gård** fährt, kann steinreich werden: In den **Smaragdgruben** des Hofs Byrud kann man selbst nach kostbaren Mineralien schürfen.

Espa ❹, ein kleiner, verträumter Ort zum Verweilen, lädt an der malerischen **Korsøgårdsbucht** am Ostufer des Sees ein. Die E6 entfernt sich bis Hamar vom Mjøsasee. Näher am See bleibt man, wenn man die R222 benutzt. Sie führt über **Tangen** nach **Stange** ❺, wo eine

Info S. 160-161

der schönsten Steinkirchen der **Hedmark** steht. Sie stammt aus dem 13. Jh., weist romanische und gotische Stilformen auf und wurde auf den Resten einer früheren Kirche errichtet. Zwischen Stange und Hamar liegen große, alte Bauernhöfe am Seeufer. Der **Hof Ringnes** wird bereits in der Olavssage erwähnt, die Gebäude sind 350 Jahre alt.

*HAMAR
Die Bischofsstadt am See

***Hamar** ❻ ist Norwegens größte Binnenstadt und hat 26 000 Einwohner. Ihre ursprüngliche Lage war etwas weiter östlich. Nachdem sie 1152 von Papst Hadrian IV. in den Rang einer Bischofsstadt erhoben wurde, begann ihr Aufstieg. Die Kathedrale, eine dreitürmige, dreischiffige Basilika, baute man außerhalb der Stadt auf der Halbinsel Storhamarodde, wo auch der Bischofspalast lag. Nach dem Zerfall der Kalmarer Union rückten die Schweden gegen Hamar vor und zerstörten die Stadt fast völlig. Pestepidemien taten ein Übriges, und gegen Ende des 16. Jh. wurden dem verbliebenen Marktflecken auch noch die Stadtrechte abgesprochen. Die Einwohnerzahl sank, und der Ort fiel in einen Dornröschenschlaf. Erst ein Parlamentsbeschluss von 1848 schuf die Voraussetzung für den Wiederaufbau der Stadt.

Die vier hoch aufragenden Bögen der Südarkade vom **Dom** sind heute Hamars Wahrzeichen. Diese, die Sockelsteine des dreiteiligen Chores und die Reste des Querhauses sind von der prächtigen Kathedrale übrig geblieben. Zusammen mit den Resten des **Bischofspalastes** und des Bischofshofs bilden sie den Kern des **Hedmarksmuseums**, zu dem auch noch eine Sammlung von Holzhäusern der Gegend gehört. Die Ruinen sind gründlich erforscht und gesichert. Zum Teil hat man sie in das neue Museumsgebäude integriert. Die ganze Domruine ist in einem großen Glaswürfel verschwunden, ge-

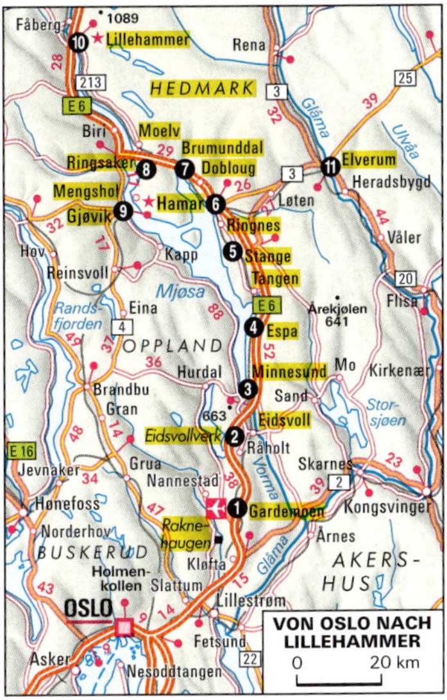

tragen von einer kühnen Stahlkonstruktion, der sie vor Frost und Regen schützen soll. Ein weiterer Teil des Hedmarksmuseums ist das **Auswanderungsmuseum** am kleinen Hafen der Stadt, für das man Siedlungshütten aus Nordamerika hierher geholt hat. Auf dem Weg zur Domruine sieht man Hamars neues Wahrzeichen, die olympische **Eissporthalle** von 1994 in Form eines auf den Kopf gestellten Wikingerschiffs.

Bei **Dobloug** steht die **Furnes-Kirche**, die 1708 aus Steinen der Domruine errichtet wurde. **Brumunddal** ❼ ist Hauptort der Gemeinde Ringsaker; hier endet der *Birkebeinerveien* aus Schweden, über den die *Birkebeinerne* mit Sverre Sigurdson gen Oslo zogen, um Thron und Reich zu erobern. Bei **Moelv** zweigt die R213 ab. Für die Weiterfahrt nach Lillehammer kann man die Nebenstraße R213 nehmen, die im Vergleich zur E6 den schöneren Blick über den See gewährt.

3 km südlich von Moelv liegt **Ringsaker** ❽, hier steht die schönste Kirche der Hedmark. Die Steinbasilika wurde

im 12. Jh. errichtet, der gotische Chor und das Querhaus stammen aus dem 13. Jh. Der 70 m hohe Turm wurde 1694 angefügt. Höhepunkt der Innenausstattung sind die altflämischen Altartafeln, um 1520 in Antwerpen gemalt. Die Reste der Kalkmalerei im Langhaus zeigen die Ankunft des hl. Olav in Ringsaker.

Südlich von Ringsaker, zwischen **Mengshol** und **Gjøvik** ❾, verkehrt eine Autofähre über den Mjøsasee (15 Minuten, 5-mal täglich). Gjøvik heißt wegen seiner vielen hellen Holzhäuser die „weiße Stadt" und hat seit 1994 mit der Eishockey-Felsenhalle eine neue Attraktion.

*LILLEHAMMER

***Lillehammer** ❿ („Klein Hamar") mit seinen 23 000 Einwohnern war schon immer ein wichtiges Wintersportgebiet für den Großraum Oslo. Sowohl alpiner wie auch nordischer Skilauf sind hier auf beleuchteten Pisten möglich. Völlig überraschend wurden der Stadt für 1994 die olympischen Winterspiele zugesprochen; bis dahin war Lillehammmer nur als wichtiger Fremdenverkehrsort und durch Norwegens größtes ***Freilichtmuseum** bekannt.

Oben: Begeistertes Publikum bei den Olympischen Spielen in Lillehammer 1994. Rechts: Schulausflug ins Freilichtmuseum Maihaugen.

Dieses Museum, die *Sandvigske Samlinger* auf dem Hügel **Maihaugen**, geht auf den Zahnarzt Anders Sandvig (1862-1950) zurück. Bei seinen Behandlungstouren von Hof zu Hof musste er feststellen, dass die Holzkultur des Tals im Schwinden begriffen war, weil Gebrauchsgegenstände aus Holz durch solche aus Keramik und Metall ersetzt wurden. Er begann zu sammeln und ließ sich oft genug sein Honorar in diesen Naturalien auszahlen, was den Bauern gefiel. Als Sandvig begann, auch noch Speicher, Gesindehütten und Scheunen zu sammeln, erklärte man ihn vollends für verrückt.

1887 gelang es ihm, die Gemeinde Lillehammer dazu zu überreden, ihm den Hügel Maihaugen zur Verfügung zu stellen – Initialzündung für das spätere Museum. Aus dem gesamten Gudbrandsdal erhielt er Objekte, das Museum hat heute mehr als 100 Häuser und Höfe, einige vollständig eingerichtet. Das älteste Stück ist die **Stabkirche von Garmo**, deren früheste Teile aus dem 12. Jh. stammen. Besonders interessant sind außerdem die **Lehrer-**, **Pfarrer-** und **Amtmannhäuser**, sowie ein **Großbauernhof** aus mächtigen Baumstämmen und die so genannte **Peer-Gynt-Hütte** von 1700, in der der Held aus Ibsens Versdrama gewohnt haben soll. Ein Neubau beherbergt eine große Zahl von **Werkstätten**, vom Tuchmacher bis zum Tischler und vom Büchsenmacher bis zum Besenbinder, darunter auch Sandvigs Zahnarztpraxis. Er selbst ist oberhalb der Garmokirche begraben; die Gemeinde hat ihm auf dem **Marktplatz** ein Denkmal gesetzt.

Karte S. 141, Info S. 160-161

Seit den Olympischen Spielen bietet die **Großschanze** etwas nördlich der Stadt den besten Blick über Lillehammer. Von der Treppe, die an der Schanze entlangführt, kann man den Blick auf Stadt und Tal nach Herzenslust schweifen lassen. Das olympische Dorf ist mittlerweile abgebaut, aber die Hotels sind geblieben, so dass sich Lillehammer gut für eine Zwischenübernachtung eignet.

Eine Alternative zum Königsweg – Durchs Østerdal nach Ulsberg –

Wer die Strecke durch das Gudbrandsdal bereits kennt, hat ab Hamar eine Alternative: Das **Østerdal** zwischen Elverum und **Tynset** ist weniger frequentiert und bietet eine Fülle landschaftlicher Höhepunkte. Von der E6 wechselt man zur E3 oder R25 und erreicht in **Elverum** ⓫ das Tal der **Glåma**, mit gut 600 km Norwegens längster Fluss. Bis in die Nachkriegszeit wurden auf ihm jährlich mehr als eine Million Kubikmeter Holz zur Küste geflößt.

Die Festung **Christiansfjell** schützte seit 1630 das Glåmatal vor dem Einfall der Schweden. Die Stadt von 17 000 Einwohnern ist seit dem 18. Jh. Marktort für das Østerdal und war ab 1877 mit der Eisenbahn an Oslo und Trondheim angeschlossen. Der Ort wurde 1940 fast völlig zerstört, doch heute hat die Stadt ihre ökonomische und administrative Stellung zurückgewonnen. Sie hat ein **Forstmuseum**, in dem auch Jagd und Fischfang dargestellt werden. Eine Brücke verbindet es mit dem **Glåmsdalmuseum**; es zeigt 80 eingerichtete Häuser aus dem Østerdal.

Bis Tynset verläuft die E3, wie die Trondheim-Bahn, durch das Glåmatal, während die R30 in Koppang östlich abzweigt und sich mit der E3 in Tynset wieder trifft. Etwa auf halber Strecke befindet sich zwischen ihnen der **Jutulhogget** ⓬, mit 150 m Tiefe und 2,5 km Länge der größte Canyon Südnorwegens.

In Åkrestrømmen, am Nordende des lang gestreckten Storsjøen, zweigt von der R30 die R217 ab und bietet über die R26 Zugang zum **Femundsee** und da-

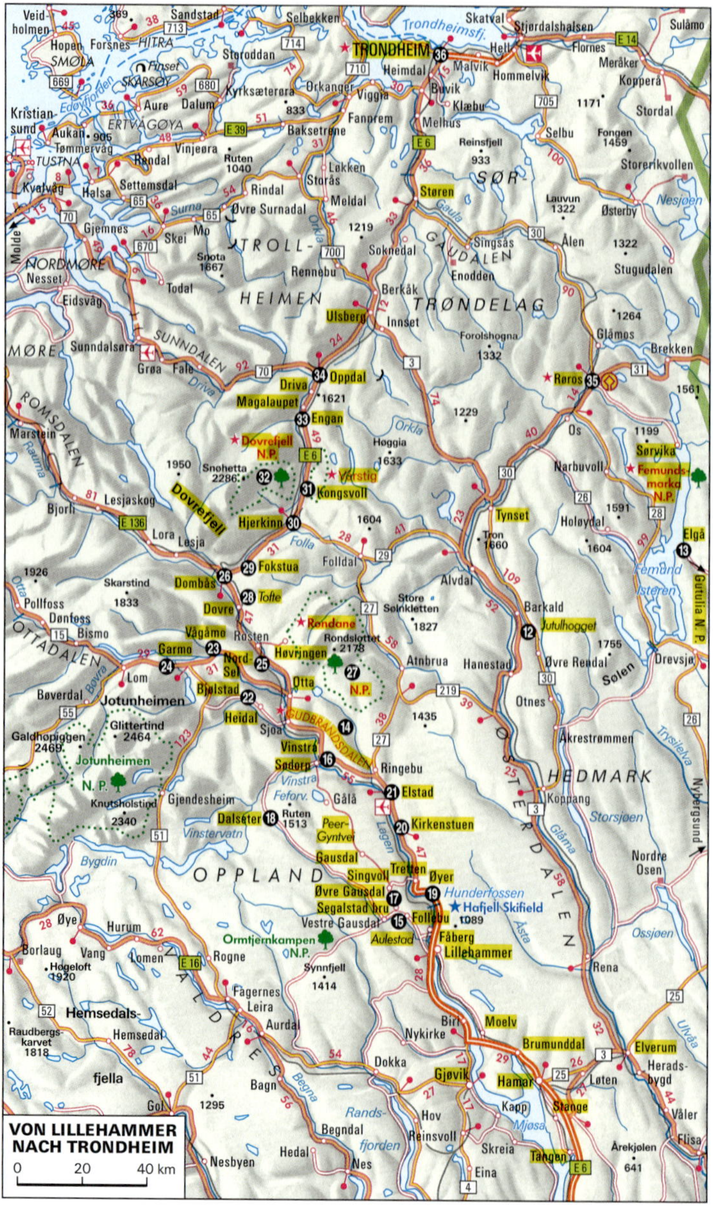
Veidholmen
Sandstad
Selbekken
Trondheimsfj.
Skatval
Stjørdalshalsen
Sulåmo
Hopen
Forsnes
HITRA
SMØLA
Storoddan
TRONDHEIM
Hell
Flornes
E 14
Meråker
Finset
SKARSØY
Kyrksæterøra
Orkanger
Heimdal
Malvik
Hommelvik
Kopperå
Edøyfjorden
Aure
Dalum
Viggja
Buvik
Klæbu
1171
Stordal
Kristiansund
ERTVÅGØYA
833
Fannrem
Melhus
Aukan
905
Tømmervåg
E 39
Baksetrene
E 6
Selbu
Fongen 1459
TUSTNA
Vinjeøra
Ruten 1040
Reinsfjell 933
Storerikvollen
Rendal
Løkken
Kvalvåg
Halsa
Settemsdal
Rindal
Storås
SØR-
Støren
Lauvun 1322
Nesjøen
Surna
Øvre Surnadal
Meldal
Gaula
Østerby
Gjemnes
Mo
Skei
Orkla
1219
Singsås
Ålen
1322
Molde
NORDMØRE
Nesset
TROLL-
Snota 1667
Soknedal
GAULDALEN
Stugudalen
Rennebu
Enodden
Todal
Berkåk
Eidsvåg
HEIMEN
TRØNDELAG
Ulsberg
Innset
1264
Glåmos
MØRE
Sunndalsøra
SUNNDALEN
Forolshogna 1332
Brekken
Grøa
Fale
Driva
Oppdal
Røros
Magalaupet
1621
1561
ROMSDALEN
Engan
1229
Os
1199
Marstein
Rauma
Dovrefjell N.P.
Orkla
Høggia 1633
Sørvika
Narbuvoll
Femundsmarka N.P.
1950
Snøhetta 2286
Vårstig
Kongsvoll
Dovrefjell
Lesjaskog
Tynset
1591
Hjerkinn
1604
Holøydal
Elgå
Bjorli
E 136
Lora
Lesja
Folla
Tron 1660
1604
Folldal
Fokstua
Femund
Alvdal
1926
Skarstind 1833
Dombås
Tofte
Isteren
Otta
Pollfoss
Dovre
Store Sølnkletten
Barkald
Dønfoss
Bismo
Rondane
1827
Jutulhogget
Gutulia N.P.
OTTADALEN
Vågåmo
Rosten
Rondslottet 2178
1755
Garmo
Nord-Sel
Høvringen
Atnbrua
Hanestad
Øvre Rendal
Drevsjø
Lom
Bøvra
Otta
N.P.
Sølen
Bøverdal
Bjølstad
Jotunheimen
Otnes
Heidal
GUDBRANDSDALEN
1435
Glittertind 2464
Galdhøpiggen 2469
Sjoa
Akrestrømmen
Trysilelva
Jotunheimen N.P.
Vinstra
Ringebu
Sødorp
HEDMARK
Nybergsund
Vinstra
Elstad
Koppang
Knutsholstind 2340
Gjendesheim
Feforv.
Gålå
Storsjøen
Dalseter
Ruten 1513
Peer-Gyntvei
Kirkenstuen
Vinstervatn
Lagen
Glåma
ØSTERDALEN
Nordre Osen
Gausdal
Bygdin
OPPLAND
Singvoll
Tretten
Øyer
Øvre Gausdal
Hunderfossen
Segalstad bru
Hafjell Skifield
Vestre Gausdal
Follebu
1089
Øye
Hurum
Ormtjernkampen N.P.
Aulestad
Fåberg
Lillehammer
Ossjøen
Borlaug
Vang
Lomen
E 16
Rogne
Høgeloft 1920
Synnfjell 1414
Rena
VALDRES
Fagernes
Leira
Raudbergskarvet 1818
Hemsedals-
Hemsedal
fjella
Aurdal
Nykirke
Biri
Moelv
Brumunddal
Elverum
Dokka
Gjøvik
Hamar
Løten
Heradsbygd
Bagn
Begna
Kapp
Stange
Gol
1295
Hov
Rands-fjorden
Mjøsa
Våler
Begndal
Reinsvoll
Skreia
Flisa
Hedal
Nesbyen
Nes
Eina
Tangen
Årekjølen 641
VON LILLEHAMMER NACH TRONDHEIM
0
20
40 km

mit zu zwei wenig bekannten, aber reizvollen Nationalparks, **Gutulia** (19 km^2) und ⋆**Femundsmarka** (390 km^2), die beide über die Grenze hinweg Verbindung zu den schwedischen Naturreservaten von Norddalarne haben.

Im Sommer verkehrt ein Schiff auf der ganzen Länge des Sees und hält auch in **Elgå** ⓭. Der Ort ist ein guter Ausgangspunkt für Wanderungen in dem z. T. urwaldartigen Nadelwald im Süden und entlang der Gewässer. Der hügelige Norden hingegen ist ein steiniges Kahlfjell. Von Sørvika, am Nordende des Femundsees gelegen, sind es auf einer kleinen Nebenstraße noch 22 km bis Røros.

Um vom Østerdalen an den nördlichen Teil des Königswegs nach Trondheim anzuschließen, folgt man ab Tynset der E3 nach Ulsberg.

⋆GUDBRANDSDAL
Das „Tal der Täler"

Es war Henrik Wergeland, der im 19. Jh. dem ⋆**Gudbrandsdal** ⓮ den Ehrennamen „Tal der Täler" verliehen hat. Es ist das Synonym für norwegische Täler schlechthin und für reiche Bauernkultur. Als Name für die Region meint der Begriff Gudbrandsdal nicht nur das Tal des Lågen, sondern bezieht sich auch auf die Seitentäler von Gausa, Espe, Sjøa und Otta. Das Tal ist ein Werk des Flusses Lågen, der es in den großen norwegischen Hochfjellkomplex eingeschnitten hat. Zwischen Jotunheimen, Rondane und dem Dovrefjell entstand ein breiter, gleichmäßiger Trog, in dem auf 200 km Wegstrecke nur 440 m Höhendifferenz überwunden werden müssen.

Die Seen, die der Lågen in seinem Verlauf bildet, hat man durch Talsperren ergänzt, um einerseits die Wasserkraft für die Stromerzeugung zu nutzen und andererseits die Wasserfluten der Schneeschmelze zu regulieren. Im Taltrog selbst wächst Gras, das überwiegend zu Winterfutter verarbeitet wird, an den Hängen gibt es auch Kartoffel- und Getreideäcker, die der Selbstversorgung dienen.

Der eigentliche Reichtum des Tals liegt jenseits der Talhänge: die ausgedehnten, schier endlosen Wälder auf dem langsam ansteigenden Fjell. Die großen Herrenhöfe liegen auf halber Talhöhe, was gleich drei Vorteile mit sich bringt: Die Sonne scheint länger als auf der Talsohle, man ist vor Hochwasser geschützt, und zu den Heuplätzen im Sommer ist es ebenso weit wie zu den Holzeinschlagplätzen im Winter. Die kleinen Höfe, auf ungünstigen Standorten errichtet, waren entweder die Lehen dienstpflichtiger Kleinbauern oder nicht erbberechtigter Söhne eines Großbauern. Die Dörfer des Tals sind erst im 19. Jh. entstanden.

Bis weit ins 19. Jh. regierten die Großbauern ihre Höfe wie absolutistische Fürsten ihr Reich. Sie sprachen Recht, hielten Andachten und Gottesdienste, sie mussten ihre Einwilligung zur Eheschließung zwischen Knechten und Mägden erteilen, und oft genug maßten sie sich auch das Recht der ersten Nacht an. Erbberechtigt waren nur die erstgeborenen Söhne, die weiteren konnten als Knechte auf dem Hof bleiben oder fortziehen. Auf den Höfen lebten ständig bis zu 100 Personen, wobei nur die Familie des Großbauern im Haupthaus wohnte. Daneben gab es noch ein Gebäude für den Altbauern und die jeweiligen Gemeinschaftshäuser für Knechte und Mägde, die möglichst weit auseinander lagen. Verheiratetes Gesinde wohnte meist in Katen außerhalb des Hofes: Diese Paare mussten sich vor der Hochzeit dazu verpflichten, auch ihre Kinder wieder auf dem Hof arbeiten zu lassen.

Dass in den langen Winternächten auf den Großhöfen viele Geschichten gesponnen wurden, ist verständlich. Einige dieser Geschichten haben Eingang in die Weltliteratur gefunden, so bei Ibsen und Asbjørnsen und den späteren Nobelpreisträgern Bjørnson, Undset

Info S. 160-161

und Hamsun, die alle eine enge Beziehung zum Gudbrandsdal hatten. Nördlich von Lillehammer gibt es einen Parallelweg zur E6, der den Namen der bekanntesten Sagengestalt, Peer Gynt, trägt. Die Romanfigur des Gynt geht sicher auf historische Vorbilder zurück. Asbjørnsen hat jenen Peer på Hågå zwar nicht mehr gekannt, aber er war der erste, der die von ihm überlieferten Geschichten aufgeschrieben hat. Auch Ibsen waren diese Erzählungen bekannt. Mit großer Gestaltungsfreiheit setzte er die Geschichte des leichtsinnigen Draufgängers, der nach vielen Abenteuern geläutert zu seiner Jugendliebe zurückkehrt und Ruhe findet, in seinem Versdrama um. Neben dem Hågå und dem bereits erwähnten Bergführer des Jotunheimen (s. S. 128) sind sicher noch weitere Personen in der Figur verschmolzen, war es doch die Absicht Ibsens, mit dem Gynt der norwegischen Gesellschaft einen Spiegel vorzuhalten.

Oben: Das Gudbrandsdal, Zentrum norwegischer Großbauerntradition.

DER WEG DES PEER GYNT

Verlässt man Lillehammer auf der E6 in nördlicher Richtung, erreicht man zuerst **Fåberg**, wo eine hölzerne Kreuzkirche aus dem 18. Jh. steht. Sie ist mit großer Sorgfalt restauriert worden, im Inneren sind das Taufbecken und die Altartafeln bewundernswert.

In Fåberg zweigt die R255 ab, der man im Tal der Gausa bis **Follebu** folgt. Vorbei an der alten Steinkirche erreicht man **Aulestad** ⓯. Bjørnstjerne Bjørnson kaufte den großen Bauernhof 1874, um hier einen Treffpunkt für seinen Diskussionskreis zu haben und um selbst wie ein *Odelsbonde* (Erbhofbauer) zu leben. Er investierte viel Geld in den Hof, dessen landwirtschaftlicher Betrieb noch heute im Besitz seiner Familie ist. Das Wohnhaus wurde nach seinem Tod mit Hilfe einer Volkssammlung gekauft und als **Museum** der Öffentlichkeit zugänglich gemacht.

Bei **Segalstad bru** biegt man auf die R254 ab, die nach **Svingvoll** führt. Hier beginnt der **Peer Gynt Vei**, ein privater *Bomvei* (Mautstraße), der südlich von

Karte S. 144, Info S. 160-161

Vinstra ⑯ nach Westen abzweigt und in die R255 mündet. Wegen der Hochfjellhotels entlang der Schotterstraße trug er früher den Namen *Hotellveien*. Dieser Sommerweg (Saisonende ist beim ersten Schneefall) mit maximal 10% Steigung ist auch ideal zum Radfahren und erreicht seinen höchsten Punkt bei **Rauhøgda** (1053 m). Der separate Wanderweg **Peer Gynt Sti** führt mehr oder weniger in der Nähe der Straße entlang.

Die höchsten Berge hier werden genauso gern für den Wintersport benutzt, z.B. der **Skeikampen** (1123 m) bei **Gausdal**, auf den Lifte führen. Hinter Gausdal hat man einen herrlichen Blick auf den See **Gålåvatn**. Die Unterkünfte auf dem Hochfjell reichen von ausgesprochen komfortabel bis zu Hütten und Campingplätzen; daneben gibt es einige gute sowie einfache Restaurants.

Bei **Øvre Gausdal** ⑰ steht der Pfarrhof **Riddervolden**, der größte des Landes. Allein das Wohnhaus hat 34 Räume, und zum Hof gehören 230 Hektar Land, auf denen 17 *Husmen* (Kleinbauern) Arbeitspflicht hatten.

Bei **Vollsdammen** zweigt der Peer-Gynt-Weg zum **Feforsee** und nach **Dalseter** ⑱ ab, wo Scott für seine gescheiterte Antarktisexpedition trainiert hat.

Von Vollsdammen geht es ostwärts zur R256 und weiter nach **Sødorp**, östlich von Vinstra (⑯). Dort, auf dem alten Friedhof bei der Kirche, steht ein Grabstein mit der Inschrift: „Per Gynt, Per Olson Hågå 1732-1785“. Es ist das so genannte **Peer-Gynt-Grab**, dessen Inschrift dem Bauern Peder Olson Hage vom Hof Hågå in Nordgarden gilt. Der Hof selbst liegt 2,5 km östlich von **Vinstra** am **Peer Gynt Setersvei**, seine 18 Häuser sind Privatbesitz. Zwei Gebäude hat man verkauft, eins steht in Maihaugen, und das zweite dient Vinstra als Touristenbüro.

Der Besuch des Peer-Gynt-Landes lohnt sich in den ersten Augustwochen, wenn am Gålåsee und seiner weiteren Umgebung die Peer-Gynt-Festspiele stattfinden. Der malerische See dient dann als Kulisse.

Im Lågental von Lillehammer nach Dombås

Kurz hinter Fåberg liegt der Wasserfall **Hunderfossen**, allerdings gezähmt durch einen Staudamm mit Kraftwerk. In diese Gegend nahe Lillehammer kommen besonders gern Eltern mit Kindern, denn ein Tag im **Familienpark Hunderfossen** verläuft garantiert ohne Langeweile. Kinder sind im nahen Skigebiet **Hafjell** auch im Winter gut versorgt, wo Kinderpisten und Skispiele angeboten werden.

In **Øyer** ⑲ prangt der „Tempel der hl. Dreifaltigkeit“, eine Kreuzkirche aus dem 18. Jh. mit schönem Bauernbarock. 500 m oberhalb der Kirche steht der erste Königshof des Gudbrandsdals, der **Vedumgård**, der aus der Zeit Håkons IV. stammt. **Tretten** war einst der größte Pferdemarkt des Tals. In **Kirkestuen** ⑳ steht die **Fåvang-Kirche**. Sie ist eine umgebaute Stabkirche, bei der man an den Nuten der Stäbe der Nordwand sieht, dass sie schon vor dem Umbau als Kreuzkirche konzipiert war.

Bei **Elstad** ㉑ führt ein Weg zur bekanntesten Stabkirche des Gudbrandsdals, der **Ringebu-Kirche**, die direkt am alten Königsweg liegt. Bei diesem Bau aus dem frühen 13. Jh. treten die Drachen- und Schimärenschnitzereien schon deutlich gegenüber den Pflanzenmotiven zurück. Die Kirche wurde im 16. Jh. umgebaut und 1923 restauriert. Der geschnitzte Altar gehört noch zur originalen Ausstattung, weiteres Kirchenmobiliar ist aus verschiedenen aufgegebenen Kirchen zusammengetragen worden. Im Inneren sind noch Reste der ursprünglichen Bemalung, Drachenköpfe und Fabeltiere, erkennbar. Häufig finden hier Orgelkonzerte statt, und auch als Hochzeitskapelle ist die Kirche beliebt.

In **Vinstra** (⑯) hat man die Hälfte der Strecke von Oslo nach Trondheim

bewältigt. Einige Kilometer nordwestlich, im Tal der Sjøa (**Heidal**), stehen mehr als 20 Höfe unter Denkmalschutz. Der bekannteste ist **Bjølstad** ㉒, er ist seit 25 Generationen in Familienbesitz.

In **Otta** zweigt westwärts die R15 von der E6 ab und führt Richtung Geirangerfjord, Stryn und zum Vestkapp. Die idyllischen alten Bauernhöfe des Ottatals wirken wie eine Kulisse für norwegische Volksmärchen. In **Vågåmo** ㉓ steht die **Vågå-Kirche**, die zweitälteste des Landes. In **Garmo** ㉔ erinnert man sich beim Besuch der **Hamsunstugga** des Dichters Knut Hamsun (1859-1952), der hier geboren wurde.

Nord-Sel ㉕ (E6) hat eine gezimmerte Kreuzkirche, die außen mit Schiefer verkleidet ist. In ihr sind Teile einer älteren Stabkirche verbaut. Abseits der Straße liegen die Höfe **Romundgård** und **Laurgård**. Sie sind Schauplätze in Sigrid Undsets Roman *Kristin Lavranstochter*. Für die Verfilmung des Romanstoffs rekonstruierte man den Hof **Jørundgård**, der die Touristen in die Alltagswelt eines mittelalterlichen Bauernhofs einführt.

Oben: Im Rondane-Nationalpark. Rechts: Einladend und gemütlich – die Seterhütten des Rondaneparks.

Das Gudbrandsdal wird nun bis **Dovre** enger und steiler, der Lågen bildet Stromschnellen und kleine Wasserfälle. Der Verkehrsknotenpunkt **Dombås** ㉖ hat 1500 Einwohner und lebt vom Tourismus. Hier trennen sich Nordland- und Raumabahn sowie E6 und E136.

Vom Streckenabschnitt Vinstra-Dombås der E6 gehen östlich des Gudbrandsdals viele Sommerstraßen und Wanderwege in ein sehr beliebtes Ski- und Wandergebiet ab. Das Zentrum bildet der ***Rondane-Nationalpark** ㉗ (572 km^2) mit dem **Rondslottet** (2178 m) als höchstem Berg. Gletscher der Eiszeit haben das quarzreiche Gestein von **Rondane** vielfach zerstückelt und an einzelnen Bergen Kare hinterlassen: Karg und siedlungsfeindlich ist diese Bergwelt, lang gestreckte Täler deuten noch die ehemalige Lage der Gletscher an. Doch bequeme Erreichbarkeit (E6 im Westen, „Touristenstra-

Karte S. 144, Info S. 160-161

ße" R27/R29 im Osten), vergleichsweise leichte, überschaubare Wanderstrecken und gute Weitsicht bis zu den höchsten Spitzen von Jotunheimen machen den Rondane-Park attraktiv.

Nahe dem Südende des 4 km langen schmalen Sees **Rondvatnet** bewirtschaftet der DNT die komfortable „Hütte" **Rondvassbu** (über 100 Betten), mehr als ein Dutzend Hütten liegen innerhalb des Parks und eine große Anzahl von Übernachtungsmöglichkeiten in seiner Umgebung, insbesondere an oder nahe der E6. Strahlenförmig gehen von Rondvassbu die meisten Wanderwege aus. Für die Besteigung des Rondslottet reicht ein Tag, Bootsverkehr auf dem Rondvatnet verkürzt einige Wanderstrecken. Ein historischer Pfad quert den Südteil des Parks zwischen **Mysuseter** (10 km westlich von Otta) und **Neset** im Osten an der R27: **Rørosveien**, die alte Handelsroute zum Bergwerksort Røros. Auch von **Høvringen** aus (bei Nord-Sel) erreicht man mehrere Wanderrouten.

Südlich des Parks kann man mit dem Auto auf einem 50 km langen Rundweg zwischen Vinstra und Kvam abwechslungsreiches Seen- und Hügelland durchfahren. Die östlich zur E6 parallel laufende Nebenstraße (für PKW) zwischen Dovre und Dombås bietet bessere Aussicht ins Lågental und passiert den alten **Königshof Tofte** ㉘. Seit 1688 in Familienbesitz, sind die ältesten Gebäude aus dem 17. Jh., doch soll hier schon im 10. Jh. ein Königshof existiert haben: Man berichtet von Harald Hårfagre, er begehrte eine Samin so heftig, als er zum *Julmahl* (Weihnachtsessen) hier weilte, dass er sie auf der Stelle besitzen wollte. Ihr Vater bestand aber auf einer ordentlichen Verlobung. Ein Gemälde aus dem 18. Jh., das diese Begebenheit darstellt, befindet sich noch heute auf dem Hof, der Kulisse für manchen Film gewesen ist.

Auf einer 15-km-Wanderung zwischen Dovre und **Fokstua** ㉙ (an der E6) lernt man den *Kongeveien*, den historischen **Königsweg**, kennen. Markiert mit gelb-blauen Krönchen, verlässt er das Gudbrandsdal, passiert den 200 Jahre alten Bergbauernhof Budsjord und klettert über die Westflanke des **Hardbakken** (ca. 1200 m) auf das nackte Dovrefjell.

ÜBERS DOVREFJELL NACH TRONDHEIM

Der Steckenabschnitt der E6 von Dombås nach Hjerkinn wird zunehmend besser ausgebaut; hier ist die Straße schmaler und kurvenreicher als im Gudbrandsdal; sie steigt auf den ersten Kilometern steil an. Die Nordlandbahn, die die Straße begleitet, kann die 400 m Höhendifferenz nur mit Hilfe von Kehrtunneln bewältigen.

Bald ist Fokstua erreicht. Ganz in der Nähe hat man die Reste so genannter „Sælehuser" (Barmherzigkeitshütten) gefunden, die auf dem Dovrefjell zahlreich waren und auf König Øystein zurückgehen. Seit der Zeit galt es für die Einwohner des Gudbrandsdals als Gebot der Nächstenliebe, für die Scharen der Pilger solche Unterkünfte zu bauen. Viele von ihnen sind im Laufe der Zeit durch Unachtsamkeit in Flammen aufgegangen, aber immer wieder neu errichtet worden. Es kam allerdings auch vor, dass die „Sælehuser" und die Brücken des Pilgerwegs planmäßig zerstört wurden, nämlich um den schwedischen Invasoren den Vormarsch zu erschweren.

Das **Fokstumyra** ist ein Hochmoorgebiet östlich von Fokstuna, das bis an die E6 reicht. Dieses Moor, **Norwegens erstes Naturschutzgebiet**, hat einen großen Bestand an seltenen Vogelarten, z. B. Prachttaucher, Odinshühnchen, Blaukehlchen. Brutzeit ist von Mai bis Juli. Jegliches Verlassen der markierten Wanderwege ist strikt untersagt, die gesamte Vegetation steht unter Schutz. **Dovregrubbens Hall** ist ein alter *Kro* (Herberge und Gasthaus) am Königs- und Pilgerweg und dient jetzt als Restaurant mit Hotel.

Rechts: Im Kongsvoll-Hotell, der traditionsreichen Herberge für Naturfreunde auf dem Dovrefjell.

Die E6 führt nach **Hjerkinn** ㉚ (956 m) weiter, im Regenschatten des Dovrefjells gelegen und Norwegens „trockenste" Stadt. Reste der dortigen *Fjellstua*, die bereits in Snorri Sturlusons Saga erwähnt wird, wurden westlich der Stadt gefunden. Möglicherweise hat sie König Øystein, der als der Stifter gilt, wiederaufbauen lassen, denn bei Grabungen wurden deutsche Münzen und irischer Goldschmuck aus dem 10. Jh. gefunden. Dies beweist, dass der Königsweg schon vor Olavs Zeiten ein bedeutender Handelsweg war. An der Abzweigung der R29 von der E6 hat man König Øystein als Dank für seine Barmherzigkeitshütten eine Kirche gestiftet, die 1969 geweiht wurde. Über dem Eingang grüßt eine Statue des Königs, und ein Gedenkstein erinnert an die 41 norwegischen Könige, die diesen Weg entlang gezogen sind.

Westlich der E6 unterhält die norwegische Armee einen Schießplatz: Militärisches Sperrgebiet, und das gilt auch für Wanderer! Nach einem Kilometer ist der höchste Punkt der Strecke erreicht (1026 m). Im Westen kann man wiederum Snøhetta und Svånåtindane (2286 und 2215 m) sehen, an deren Fuß noch große Wildrenherden äsen. Dass sie den Pilgern auch als Proviant dienten, beweisen 500 Rentierskelette, die bei der Fjellstua gefunden wurden.

Die E6 begleitet nun die Nordlandbahn auf ihrem Weg über das Fjell. Holztunnel und Schneezäune schützen den Schienenweg vor den Schneewehen, die der Wind auch in dieser niederschlagsarmen Gegend manchmal aufhäuft. Die **Kongsvoll Fjellstua** ㉛ ist heute eine wissenschaftliche Station für Botanik und Wildforschung, wird aber zugleich weiter als Restaurant und Hotel betrieben. Auch der nahe gelegene alte **Kongsvoll Kro** ist Gasthaus. Nicht weit von ihm hat die norwegische Staatsbahn einen kleinen botanischen Garten anlegen lassen, gilt doch der ***Nationalpark Dovrefjell** ㉜, den die Straße berührt, als die Wiege der nor-

Karte S. 144, Info S. 160-161

wegischen Flora. Der 265 km² große Park setzt sich mit einem fast ebenso großen Landschaftsschutzgebiet östlich der Straße fort. Einige der seltenen Pflanzen, so glauben die Botaniker, haben hier die letzte Eiszeit überdauert.

Nördlich von Kongsvoll verläuft ein Zweig des Königswegs als ***Vårstig** (Frühlingsweg) parallel zur E6. Er wurde während der Frühlingshochwasser benutzt, wenn das enge Tal der Driva unpassierbar war. Der Weg, er wurde bereits 1182 erwähnt, war wegen der Steigungen und der häufig herabstürzenden Felsbrocken bei den Pilgern gefürchtet. Um 1700 wurde er so ausgebaut, dass ihn Kutschen und Kaleschen befahren konnten. Heute wird der Frühlingsweg als Wanderweg benutzt, er ist mäßig steil und maximal 2,20 m breit.

Bei **Engan** ㉝ wird Oppdalschiefer abgebaut, und in **Magalaupet** bildet das Tal eine Klamm, durch die die Driva hindurchschäumt. Von der **Bahnstation Driva** aus kann man in die Gebirgslandschaft des **Loseter** fahren. Östlich ragt der **Sisselhø** (1621 m) auf, den man in 3 Stunden besteigen kann.

Oppdal ㉞ hat 6000 Einwohner, ist ein bekannter Wintersportort mit einigen Skiliften und hat das einzige *Vinmonopolet* (Alkoholgeschäft) weit und breit. Nahe der Stadt liegt eines der größten **Gräberfelder** des Landes mit mehr als 1000 Einzelgräbern aus der jüngeren Eisenzeit, die im 19. Jh. geplündert worden sind. Die Kirche aus dem 17. Jh. ist eine gezimmerte Kreuzkirche, ihr Chor ist ausgemalt und mit geschnitzten Ornamenten verziert.

Von Oppdal führt die R70 ins Sunndal, 70 km sind es bis Sunndalsøra. Von dieser bildschönen Strecke zweigen zahlreiche Zufahrten und Wanderwege in das beliebte Wandergebiet Trollheimen ab.

Auf der E6 sind von Oppdal bis nach Trondheim 116 km zu bewältigen. Die Strecke ist gut ausgebaut und landschaftlich reizvoll, bietet aber keine Höhepunkte; sie ist in knapp zwei Stunden zu bewältigen. Es bietet sich daher an, ab Ulsberg und über Tynset (R3/R30) in die alte Bergbaustadt Røros zu fahren und von dort über **Støren** auf die E6 zurückzukehren. Dieser Ausflug ist

ab Støren oder Trondheim auch mit der Bahn möglich.

*RØROS
Die Museumsstadt des Bergbaus

Die alte Bergbaustadt ***Røros** ㉟ ist eines der sechs Objekte Norwegens auf der Liste des Welterbes der UNESCO. Bekannt wurde die Stadt und das Los ihrer Bergleute einem breiteren Publikum durch die Romantrilogie von Johan Falkberget, die im Deutschen den Titel „Im Zeichen des Hammers" (1927-35) trägt.

Røros ist Norwegens einzige Fjellstadt. Sie liegt auf 630 m Höhe, und das Klima ist sehr rau. 1644 fand man zufällig Kupfer und im gleichen Jahr wurde die erste Schmelzhütte in Betrieb genommen. Weil Norwegen keine Bergbautradition hatte, holte man Bergleute aus ganz Europa nach Røros, die die Gruben im **Storvola** anlegten und ausbeuteten. Ihnen oder auch dem Namen des ersten Ingenieurs, Oskar Schwartz aus Deutschland, ist die Verballhornung des Namens Storvola in „Storvarts" zu danken. Im Laufe der 333 Jahre, die der Bergbau in Røros betrieben wurde, entstanden eine Reihe weiterer Bergwerke wie Hestkletten, Christianus Quintus, Nyberget und die **Olavsgrube**, die heute besichtigt werden kann. Die Entwicklung verlief nicht kontinuierlich, denn bei jeder kriegerischen Auseinandersetzung mit den Schweden wurde Røros niedergebrannt. Das Stadtbild war geprägt von kleinen, flachen Holzhäusern, die zum Teil noch heute im Schatten der Schlackenhalden stehen. Die Gebäude für die Direktoren, Ingenieure und Beamten, kurzum für die „besseren" Leute, standen in gehörigem Abstand zu diesen Hütten weiter unten in der Stadt.

Oben: Die „museale" Bergbaustadt Røros ist noch voller Leben. Rechts: König Olav Tryggvasson blickt auf Trondheim.

Zentrum war einst **Malmplassen** (Erzplatz): Wo das angelieferte Erz gewogen wurde und die Glocke stand, die Schichtbeginn und -ende einläutete, dokumentiert heute das **Bergwerksmuseum Smelthytta** die früheren Arbeits-

Karte S. 144, Info S. 160-161

gänge. **Røros** wird überragt von der **Oktogonkirche** (1784). Am Turm sind die Bergmannszeichen Meißel und Schlägel angebracht. Das Kircheninnere prägen offene und geschlossene Galerien und die Königsloge. An den Wänden hängen Bilder der Pastoren und Bergwerksdirektoren. Auch eine Barockorgel gehört zum Inventar.

Westlich der Kirche liegt der **Aasen Gård**, das älteste Gebäude von Røros. Hans Aasen hatte 1644 nicht nur hier gerodet und den Hof gebaut, sondern auch das erste Kupfererz gefunden. Er gilt daher als „Vater" der Stadt. Am östlichen Rand der Bebauung stehen die **Bergmannsstuben**, eine Sammelunterkunft für unverheiratete Bergleute oder solche, die ohne Familie hierher gekommen waren. Die Touristeninformation veranstaltet Rundgänge durch die malerischsten Teile der Welterbestadt, die bis heute bewohnt sind; auch die alten Schlackehalden werden nicht ausgelassen.

13 km nordöstlich von Røros (R31) liegt die **Olavsgrube** als historisches Bergwerk (das Smelthytta-Museum gibt Auskunft über Transfers und Führungen). Durch die Nybergetgrube aus dem 17. Jh. gelangt man in die Stollen, in denen von 1936 bis zum Konkurs der Bergwerksgesellschaft 1971 gearbeitet wurde. Die Maschinen sind noch intakt, und Tonbänder vermitteln den Eindruck, als würde noch immer gearbeitet. In einem der großen Abbauhohlräume hat man ein Theater eingerichtet, in dem im Sommer Konzerte gegeben werden und Folklore aufgeführt wird. Zur **Grubenführung** sollte man sich warm anziehen, denn 50 m tief im Berg ist es nur 5 °C warm und recht feucht.

⋆TRONDHEIM
Alter Dom und junge Leute

Nidaros, so hieß ⋆**Trondheim** 36 bis ins 16. Jh., war die erste Hauptstadt Norwegens und sein erstes und einziges religiöses Zentrum. Olav Tryggvasson,

der später Olav I. genannt wurde, hat die Stadt im Jahr 997 gegründet. Als Urenkel Harald Hårfagres wollte er dessen Fehler, keine zentrale Hauptstadt zu bestimmen, nicht wiederholen. Er wählte die strategisch günstige Stelle im Mäanderbogen des Nidaroselv (Nidelva) aus. Dort ließ er den **Nidarnes**, seinen Königshof, und eine erste, dem heiligen Clemens geweihte Kirche bauen. Nach seinem Tod in der Schlacht bei Svolder (1000 n. Chr.) regierten dort die Statthalter der Dänenkönige, bis 1015 Olav II. die Regentschaft in Nidaros antrat. Ihm waren 13 Jahre der Herrschaft vergönnt. Er nutzte sie, um sein Staatswesen straff zu organisieren und das Christentum als Staatsreligion zu etablieren, was ihm bei Adel und Bauern keineswegs nur Sympathien einbrachte, bangten sie doch um ihren Einfluss. Im Gegenteil, als er – nach seiner erzwungenen Flucht – aus Gardarike nach Norwegen zurückkehrte, um seinen Thron wieder zu besetzen, trat ihm in Stiklestad ein Bauernheer entgegen, das ihn vernichtend schlug. Olav fand dabei den Tod und wurde im Sand verscharrt.

Merkwürdigerweise markiert sein Tod auf dem Schlachtfeld am 30.7.1030 den Aufstieg von Nidaros zum religiösen Zentrum des Landes. Nach nur fünf Jahren nämlich wurde aus dem unerwünschten König ein Heiliger (1035), dessen Leichnam man in die Clemenskirche überführte. Die Pilgerströme, die nun zum „neuen" norwegischen Heiligen einsetzten, wuchsen schnell an. Die Clemenskirche war bald zu klein, und der Plan, eine neue, große Kirche zu bauen, nahm Gestalt an. Im 11. Jh. begann man, ihn in die Tat umzusetzen. Daneben musste die für die Pilger notwendige Infrastruktur wie Speisehäuser und Herbergen geschaffen werden, wodurch die Stadt ihren ersten Wachstumsimpuls erhielt. Als Olav Kyrre im 11. Jh. die norwegische Kirche vom Bremer Klerus löste, dem sie bis dahin unterstand, und die Bistümer Oslo, Bergen und Nidaros schuf, wurde Nidaros deren größtes. Ab 1153 Erzbistum, unterstanden ihm sieben Bistümer.

Auch wirtschaftlich erlangte Nidaros eine erste Blüte durch die Pilger sowie durch den wachsenden Handel mit Nordnorwegen und den Atlantikinseln. Bis zum Beginn des 13. Jh. war Nidaros auch die Hauptstadt des Landes. Als Håkon IV. die Hauptstadt in den Süden nach Bergen verlegte, blieb Nidaros religiöses Zentrum, in dem, neben der Kathedrale, neun Kirchen und fünf Klöster entstanden. Auch die Kalmarer Union, in der die Dänen dominierten, konnte diese Stellung nicht erschüttern.

Der Handel erlitt durch die Kopenhagener Dominanz und die Privilegien der Hanse einen Einbruch. Regelmäßige Brandkatastrophen verhinderten jeden Versuch einer kontinuierlichen Entwicklung. Dazu kam, dass mit der Reformation 1536 der Wallfahrtstourismus ein Ende fand und der Erzbischof Nidaros verlassen musste. In diese Zeit fällt auch die Namensänderung der Stadt. Hatte sie bis dahin den Namen des sie schützenden Flusses getragen, wurde sie nun Trondhjem genannt. Als 1931 die „Zurückbenennung" erfolgen sollte, stimmte der Mehrzahl der Bürger dagegen: So änderte man nur die Schreibweise.

Mit dem Niedergang der Hanse und der Anerkennung Norwegens als eigenständigem Staat unter dänischer Krone setzte eine neue Blüte ein. Holz, Hering, Stockfisch und das Kupfer aus Røros wurden exportiert. Als 1681 ein verheerender Brand Trondheim aufs Neue in Schutt und Asche legte, änderte man den Plan der Stadtanlage. Während man bis dahin die Häuser immer wieder auf den alten Fundamenten aufgebaut und die Straßenzüge beibehalten hatte, wurden nun die Straßen großzügig verbreitert, erste Steinhäuser errichtet und jenes schachbrettartige Stadtmuster angelegt, das das Zentrum von Trondheim noch heute prägt. General de Cicignon, der damalige Stadtplaner, orientierte sich an den noch vorhandenen Monumentalbauten. So legte er einen zentralen Straßenzug vom Dom in Richtung der Mönchsinsel, die Munkegate; den zweiten plante er senkrecht dazu, entlang der Marienkirche (die heute Liebfrauenkirche heißt), die Kongensgate. Auch legte er mit Bakklandet, östlich des Nidaroselv (Nidelva), den ersten Stadtteil außerhalb der schützenden Halbinsel an.

Der Handel geriet jedoch sehr schnell wieder in die Hände von Ausländern, aber auch diese nahmen nach und nach die norwegische Staatsbürgerschaft an. Aus jener Zeit stammen die großen Kaufmannshöfe wie Stiftsgården und Hornemansgården, die Palais der Familien Møllmann und Schøller. Im Jahr 1800 lebten in Trondheim mehr Menschen als in Oslo, und 1814 legte die Eidsvoll-Verfassung die Kathedrale von Trondheim als Krönungskirche für die norwegischen Könige fest.

Mit der Industrialisierung kam ein neuer Wachstumsschub. Die Hafenanlagen wurden 1880 erweitert und die neuen Häfen am Nordende der Stadt angelegt. Zur gleichen Zeit wurde die

Info S. 160-161

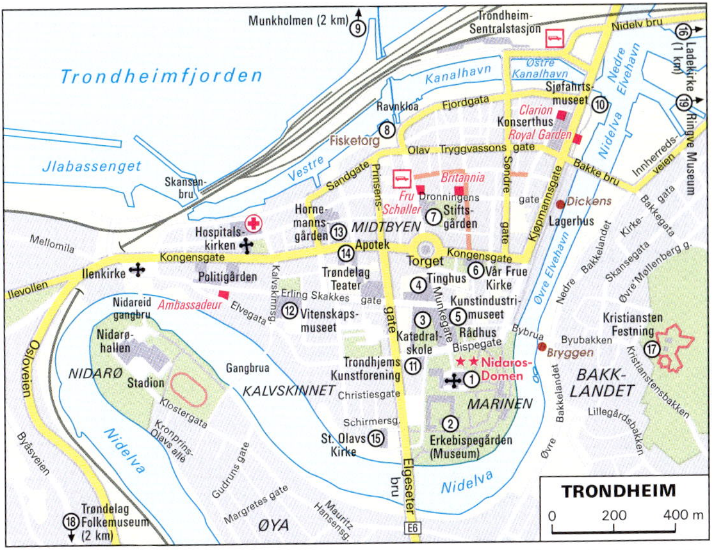

Dampfschifffahrtslinie nach Oslo eröffnet und die Rørosbahn fertig gestellt. Dazu kamen später die Bahnlinie über das Dovrefjell und die Meråkerbahn nach Schweden.

1914 hatte die Stadt bereits 55 000 Einwohner. Außerhalb des Zentrums entstanden immer neue Stadtteile. Heute reicht Trondheim weit über die umgebende Hügelkette hinaus und hat 156 000 Einwohner. Die ökonomischen Aktivitäten sind breit gefächert, und die Pädagogische und die Technische Hochschule wurden 1969 zur Universität verschmolzen. Heute studieren hier 20 000 junge Leute; Studenten prägen das Stadtbild. Die alte junge Stadt, wie sie sich gern selbst nennt, bietet nicht nur historische Sehenswürdigkeiten, sondern auch eine Fülle von Aktivitäten und Veranstaltungen, die von Kneipenkonzerten bis zu den berühmten Domkonzerten in der St. Olavswoche reichen, und somit hohe Lebensqualität. Man kann sogar mitten in der Stadt Lachse angeln. Entlang der E6 hat Trondheim, ähnlich wie Oslo, Bergen, Kristiansand u. a., Mautzahlungen eingeführt, die Abgaben sind an jeder Mautstelle zu entrichten.

Der ★★Nidarosdom – Die Kathedrale des Nordens –

Der ★★**Nidarosdom** ① ist das gewaltigste Bauwerk des Mittelalters in Norwegen. Mit 102 m Länge und 50 m Breite ist er die größte gotische Kirche in Skandinavien überhaupt. Die Baugeschichte des Krönungsdoms der norwegischen Könige ist überaus wechselvoll und reicht fast über ein ganzes Jahrtausend.

Nachdem die unverweste Leiche Olavs II. von Stiklestad (s. S. 168) nach Nidaros überführt und in der **Clemenskirche** beigesetzt worden war, soll sich neben der Kirche eine Quelle aufgetan haben, deren Wasser alle Krankheiten geheilt habe. Als Olav Kyrre 1066 mit der Leiche seines in England gefallenen Vaters nach Nidaros zurückkam, befanden sich in seinem Gefolge auch angelsächsische Edelleute. Kyrre ließ seinen Vater, Harald Hardråde, in der Marienkirche beisetzen, die Clemenskir-

che abreißen und mit dem Bau einer neuen großen Kirche für Olav den Heiligen, seinen Onkel, beginnen. Den Bauplan entwarf wohl einer seiner englischen Gefolgsleute, denn das überlange Kirchenschiff verrät angelsächsischen Einfluss. Kyrres Bau blieb vermutlich unvollendet, denn die Fundamente des Langhauses brechen im Westen unvermittelt ab. Im 12. Jh. wurde das Langhaus neu konzipiert und das Querhaus, noch im romanischen Stil, angefügt.

Erst Øystein Erlandson, der zweite Erzbischof von Nidaros, brachte von einer Rom-Reise einen neuen Baustil mit, den der Zisterzienser. In diesem Übergangsstil zwischen Romanik und Gotik wurden die oberen Teile des Querhauses und die Marienkapelle, die heutige Sakristei, fertig gestellt. Nach einem Streit mit König Sverre musste Øystein für zwei Jahre nach England gehen. In

Oben: Heilige, Könige und Märtyrer zieren die Fassade des Nidarosdoms. Rechts: Der mächtige Vierungsturm dominiert den Bau des Nidarosdoms.

Canterbury lernte er die englische Gotik kennen und schätzen. Daraus wuchs der Gedanke, die Kirche über Olavs Grab in eben diesem Stil zu vollenden. Nach seiner Versöhnung mit Sverre begann er mit dem Bau des Chores. Er ließ den **Hochchor** als Oktogon mit Umgang in zierlicher Gotik ausführen, die es in dieser Form nirgends sonst im Norden gibt. Nach Øysteins Tod, 1188, unterbrachen weitere Streitigkeiten mit dem König die Arbeiten bis 1210. Erst danach wurden das Oktogon und die Gewölbe über dem Umgang und Langchor fertig gestellt. Die Bauleitung hatten vermutlich Meister aus Lincoln inne, die sich mit gotischen Kreuzrippengewölben auskannten. Zwischen 1235 und 1250 wurde der bereits um 1100 begonnene Vierungsturm gotisch umgebaut, dazu das Sterngewölbe der Vierung eingefügt und die Seitenschiffe des Langhauses errichtet. Die Türme der Westfassade waren noch nicht fertig gestellt.

Nach einem ersten Brand im 14. Jh. folgten weitere, die die Kirche schwer beschädigten. Zur Zeit der Reformation war das Langhaus eine Ruine. Man begann zwar, Chor und Querschiff als protestantische Pfarrkirche instand zu setzen, doch schafften die Dänen den Kirchenschatz nach Dänemark und schmolzen ihn größtenteils ein, so auch den silbernen Schrein Olavs. Der hölzerne innere Schrein blieb in Trondheim und wurde später in einem gemauerten Grab beigesetzt. Dieses Grab verfüllte man auf Geheiß des Dänenkönigs Friedrich II. mit Erde, damit der Heilige in Vergessenheit gerate. Heute ist die Grabstätte unbekannt, vermutlich befindet sie sich in der Nähe des Hochaltars. Neun eingemeißelte Kreuze erinnern hier an Olav und die weiteren acht Könige, die in der Kathedrale beigesetzt sind.

Die Wiederherstellung des Doms begann 1869. Bis 1906 waren das Langhaus, die Seitenschiffe und der Langchor neugotisch wiederhergestellt, der

Stadtplan S. 155, Info S. 160-161

Hauptchor war unbeschädigt geblieben. Von der Fassade waren nur die baufälligen Untergeschosse und fünf Skulpturen erhalten. Daher musste man sie komplett neu konstruieren, wobei ein Kupferstich aus dem 17. Jh. Anhaltspunkte bot.

Christian Christie, der erste Bauleiter, holte 1897 den Bildhauer Gustav Vigeland nach Trondheim, der allerdings mit seinem Auftrag nicht glücklich war. Er „verdiene zwar sehr viel Geld, verkaufe aber seine Seele" schrieb er einem Freund, und überhaupt war ihm der ganze Dom „zu protestantisch" geworden. Immerhin hielt er zehn Jahre durch, bevor er sich von dem Auftrag entbinden ließ. Später veranstaltete man einen Wettbewerb, den 1928 der 30-jährige Helge Thiis gewann; er übernahm auch die künstlerische Bauleitung. Die Fassade war noch nicht fertig, als der Dom am Olavstag 1930 wieder geweiht wurde, doch konnte zu diesem Anlass bereits die in Deutschland gebaute Orgel ertönen.

Erst 1946 begann man, die endgültige Fertigstellung der **Westfassade** in Angriff zu nehmen. Stinius Fredriksen übernahm die künstlerische Leitung und ordnete die **Figuren** der Fassade. Das Ensemble ist ein Bilderbuch des christlichen Glaubens geworden. Von Adam und Eva über die Propheten des alten Testaments, die Erzengel und die Heiligen bis zur Jungfrau mit dem Kind und dem himmelfahrenden Christus sind alle wichtigen Gestalten der Bibel und der Heiligenlegenden in der Fassade vereint. Die Figuren wurden von verschiedenen Künstlern – wie man deutlich erkennen kann – neu geschaffen; die einzige Ausnahme ist der bronzene Erzengel Michael auf dem nördlichen Fassadenturm. Einige der schönen Glasfenster stammen von Gabriel Kielland. Besonders eindrucksvoll ist die **Glasrosette** über dem Westportal.

Sehenswürdigkeiten im Zentrum

Südlich des Doms steht das **Erzbischöfliche Palais** ②, *Erkebispegården* genannt. Es ist der älteste Profanbau des Nordens und geht auf Bischof Øystein zurück. Die mit einem Torhaus verbundenen Flügel, die sich zur Nidelva hin öffnen, sind zwar im frühgotischen Stil gebaut, wirken aber ausgesprochen erdverhaftet, als sei der Kontrast zur himmelstrebenden Gotik der Kathedrale beabsichtigt. Nach der Reformation wurde das Palais als Lehnsherrensitz und Militärbasis genutzt. Gut erhalten ist der **Rittersaal** von 1180. Heute dienen die Gebäude teilweise als **Museum**. Waffen, Fahnen und Ausrüstungsgegenstände von den Bauernheeren des 16. Jh. bis zu den Truppen des norwegischen Widerstands sind hier ausgestellt.

Verlässt man das Domareal nach Norden, gelangt man auf die **Munkegate**. Hier ist noch der Backsteinbau der **Kathedralschule** ③ erhalten, und etwas nördlich davon steht das **Thinghaus** ④, ein Verwaltungsbau aus den 1950er Jahren mit Bronzetüren und Keramikreliefs, die Szenen aus der Stadtgeschichte zeigen. Gegenüber befindet sich das **Kunstindustrimuseum** ⑤ für historische Möbel, Schmuck, Trachten sowie Designobjekte der 1950er und 1960er Jahre.

Die Munkegate führt weiter zum großen Markt, dem **Torget**, auf dem eine 20 m hohe Säule mit einer Statue des Stadtgründers **Olav Tryggvasson** steht. Sie dient zugleich als Zeiger einer Sonnenuhr. Auf diesem zentralen Platz findet Mo-Sa ein malerischer Markt statt. Einer fröhlichen, rundlichen Marktbesucherin hat man an der Südostecke ein **Denkmal** gesetzt. Biegt man nach Osten in die **Kongensgate** ab, ist nach wenigen Metern die **Liebfrauenkirche** ⑥ erreicht, die auf den Resten der alten Marienkirche erbaut wurde. Die Kirche wurde im 18. Jh. nach Westen verlängert, und auch der Turm stammt aus dieser Zeit. Der Barockaltar stand früher im Dom.

Weiter nördlich liegt an der Munkegate, Ecke **Dronningensgate**, der **Stiftsgården** ⑦. Das 13 m breite und 58 m lange Palais wurde um 1770 von der Familie Schøller im Rokokostil erbaut. Es ist eines der größten Holzpalais in Skandinavien und dient heute der königlichen Familie als Domizil. Ganz am Ende der Munkegate steht die städtische **Fischhalle** ⑧. Jede Art von Frisch- oder Räucherfisch wird hier angeboten.

In der Verlängerung der Munkegate, 2 km vor der Stadt im Trondheimsfjord, liegt **Munkholmen** ⑨, die Mönchsinsel. Vom **Anleger Ravnkloa**, direkt unterhalb des Fischmarkts, legen Boote dorthin ab. Bevor Benediktinermönche auf der Insel ein Kloster errichten durften, war sie die Richtstätte der Stadt gewesen. Nach der Reformation wurde das Kloster verlassen; ein Brand zerstörte es 1531 völlig. Die Ruinen verbaute man zu einer Festung, die aber aufgegeben wurde, als man feststellte, dass die Kanonen nicht einmal bis zum Festland schießen konnten. Danach diente Munkholmen als Gefängnisinsel. Bei schönem Wetter locken dort heutzutage ein Badeplatz und ein Hotel mit Restaurant.

Wendet man sich von Ravnkloa nach Osten und schlendert die geschäftige **Olav Tryggvassonsgate** hinab, kommt man zur Nidelva. Am Fluss entlang führt die **Kjøpmannsgate**, an deren nördlichem Ende das alte Gefängnis aus dem 19. Jh. steht, das heute als **Schifffahrtsmuseum** ⑩ dient. Wendet man sich nach Süden, kommt man an den schönen alten ***Speicherhäusern** vorbei, Pfahlbauten, die mit großem Aufwand restauriert worden sind und unter Denkmalschutz stehen. Den besten Blick auf die Reste der Speicherstadt hat man von der alten **Bybrua**, einer Zugbrücke, die früher der einzige Zugang zur Stadt war. Damit gelangt man wieder in der Nähe des Doms.

Besuchenswert ist im Stadtzentrum das **Haus des Kunstvereins** ⑪ (Bispegate 7) mit Werken norwegischer Künstler, einem Munch-Zimmer mit

Rechts: Die alten Speicherhäuser von Trondheim hat man liebevoll restauriert.

Stadtplan S. 155, Info S. 160-161

Grafiken und einer Sammlung europäischer Maler des 19. und 20. Jh. In der Skakkesgate 47 steht das **Haus der Königlichen Gesellschaft der Wissenschaften** ⑫. Ausstellungen zur Ornithologie, Mineralogie, Zoologie und der Kirchenkunst kann man hier besuchen. An der Kongensgate, ganz in der Nähe des Torget, sind der alte **Hornemannsgården** ⑬ und die **Schwanapotheke** ⑭ erhalten geblieben, schöne Holzbauten aus dem 18. Jh. Im Keller der Sparebanken am Torget sind die Reste der **Gregoriuskirche** aus dem 12. Jh. zu besichtigen. Aus dieser Zeit gibt es von ehemals neun nur noch zwei weitere Kirchen in Trondheim, die Ruine der **Olavskirche** ⑮ in der Nähe des Doms und die **Ladekirche** ⑯ auf dem gleichnamigen Herrenhof im Osten der Stadt.

Sehenswürdigkeiten außerhalb des Zentrums

Am östlichen Ufer der Nidelva liegt die **Festung Kristiansten** ⑰ aus dem 17. Jh. Frühmorgens hat man hier den besten Blick über die Stadt. Im Abendlicht ist dagegen die **Sverresborg**, das **Trøndelag Folke Museum** ⑱ im Westen der Stadt, am schönsten. Hier sind 55 Holzhäuser aus dem Trøndelag – dem Gebiet Mittelnorwegens –, Samenzelte und die Reste der alten Burg von König Sverre zu besichtigen.

Unterhalb des Museums, an der Kurve vom Sverdrupsveien zum Byåsvei, liegt ein weiterer Aussichtspunkt. Eine dritte Möglichkeit, die Stadt von oben zu sehen, bietet das **Drehrestaurant** des 85 m hohen **Fernsehturms** auf einem Hügel im Osten der Stadt.

Nahe der E6, an der Ausfahrt nach Norden, liegt der alte Herrenhof ***Ringve Gård**. Inmitten eines neu angelegten botanischen Gartens ist hier ein **Museum für historische Musikinstrumente** ⑲ entstanden. In chronologischer Ordnung werden die Instrumente präsentiert und ihre Funktionsweise mit Klangproben erläutert. 1999 eröffnete eine Abteilung zur Geschichte der Musik. Im Sommer gibt das Ringve Kammerensemble Konzerte mit historischen Instrumenten.

EIDSVOLL / MINNESUND

Eidsvoll 1814, Eidsvoll Verk, Carsten Ankers vei, Tel. 63922210, www.eidsvoll1814.no; Mai-August tägl. 10-17 Uhr, sonst Mi-Fr 10-15 (April, Sept. auch Di), Sa, So 10-17 Uhr, Museum und Shop Jan. und Febr. geschlossen. **Smaragdgruvene**, Byrud Gård, Minnesund, Tel. 63968611, www.smaragdgruvene.no, 15.4.-1.10.: 8-18 Uhr, Führungen bis zu viermal täglich.

Raddampfer Skibladner, fährt seit 150 Jahren Liniendienst Eidsvoll-Gjøvik-Lillehammer, Tel. 61144080, www.skibladner.no; Ende Juni-Mitte August Di, Do, Sa: Hamar-Gjøvik-Lillehammer; Mi, Fr, So: Gjøvik-Hamar-Eidsvoll. Zug ab/bis Oslo.

HAMAR

Hedmark Reiseliv BA, Grønnegt. 11, Tel. 2317 Hamar, Tel. 62553320, www.hedmark.com, Juni-August Mo-Fr 10-17, Sa 10-14 Uhr. **Turistkontor / Vikingskipet, Olympiahall**, www.hoa.no, Tel. 6251 7500; 1.6.-31.8. Mo-Sa 8/10-18, sonst Mo-Fr 8-16 Uhr; Info u. Multifunktions-Sporthalle.

Hedmarkmuseum, www.domkirkeodden.no, Ende Mai bis Anf. Sept. Di-So 10-16, Mitte Juni-Mitte August tägl. 10-17 Uhr. **Auswanderungsmuseum**, www.museumsnett.no/emigrantmuseum, Di-Fr 9-15.30, Juni-Aug. Mo-Sa 10-16, So 12-16 Uhr. **Eisenbahnmuseum**, Strandvn. 132, Tel. 6251 3160, www.norsk-jernbanemuseum, Sept.-Mai Di-So 11-15/16, Sommer: tägl. u. länger. **Eissporthalle** s. o., **Ringsaker Kirche**, Tel. 62330770, 20 km nördlich, Schlüssel im Nachbarhaus.

LILLEHAMMER

Jernbanetorget 2, www.lillehammerturist.no, Tel. 61289800; Mo-Fr 9-16, Sa 10-14, Mitte Juni-Mitte August längere Öffnungszeiten.

Freilichtmus. Maihaugen, www.maihaugen.no, Sept.-Mai Di-Sa 11-16, So 11-18 Uhr, Juni-Aug. tägl. 10-17 Uhr, Freigelände tägl.7-22 Uhr außer an Feiertagen, stdl. Führungen in mehreren Sprachen.

Alpiner und nordischer Skilauf Ende Nov.-Ende April. Hotels ganzjährig geöffnet, Reserv. bes. in den Ferien nötig.

ELVERUM

Storgt. 24, 2406 Elverum, Tel. 6241 3116, www.elverum-turistinfo.com; Juni-Aug. 9-20 Uhr, sonst Mo-Sa 9-18 Uhr.

Festung Christiansfjell, jederzeit zugänglich. **Glomdalsmuseet**, **Norsk Skogmuseum**, Tel. 62419100, www.glomdal.museum.no, Juni-Aug. tägl. 10-18, sonst 10-16 Uhr.

PEER-GYNT-WEG

Kirchen Fåberg u. Follebu offen im Juli, sonst Schlüssel nebenan. **Aulestad**, geöffnet 18. bis 31. Mai und September 11-14.30 Uhr, Juni und August 10-15.30 Uhr, Juli 10-17.30 Uhr.

www.peergyntvegen.no. Ende Juni bis Anfang August: Eine 5-Tage-Wanderung von einem Hotel des Peer-Gynt-Wegs zum nächsten (mit Gepäcktransport) kann gebucht werden bei: **Peer Gynt Hotels**, c/o Gausdal Reiseliv, Tel. 61220066, www.gausdal.com.

Das Hochfjell ist von November bis in den Mai schneesicher.

GUDBRANDSDAL

www.gudbrandsdalen.no. **Ringebu**, Tel. 61234700, www.ringebu.com. **Vinstra**, Nedregt. 5 A, Tel. 61294770, Festspiele s.a. www.peergynt.no. **Dombås**, Tel. 61241444, www.dovrenett.no, Juni-Aug. tägl. 9-16/18, sonst Mo-Fr 9-16 Uhr. **Otta**, Ola Dahlsgt. 1, Tel. 61236650.

Ringebu Stabkirche, Mitte Juni-Mitte Aug. 10-18 Uhr. **Königshof Tofte**, Privatbesitz, Besichtigung nur von außen.

Hunderfossen Familjepark, Fåberg, www.hunderfossen.no. **Wintersport**: Zwischen Ringebu (Abfahrtslauf), Otta und Dombås, sowie im Rondanemassiv. Unbedingt voranmelden.

RØROS

Røros Reiseliv, Tel. 72411165, www.rorosinfo.com; Mo- 9-15, Sa 10.30-12.30 Uhr, im Sommer erw. Öffnungsz.

Kirche, ganzj. offen. **Smelthytta Bergwerksmuseum**, Malmplassen, Tel. 72406170, www.verdensarvenroros.no, Mitte Sept.-Mai Di-Fr. 11-15, Sa, So 11-14 Uhr, im Sommer tägl. u. länger. **St.Olavs-Gruben**, 13 km nördlich der Stadt, Fahrten ab Stadtmitte s. Touristeninformation.

TRONDHEIM

Visit Trondheim AS, Munkegata 19, Tel. 73807660, www.visittrondheim.com; www.trondheim.no ist informatives Stadtportal.

Palmehaven, im Hotel Britannia, Tel. 73800800, erstklassig, aber sehr teuer. **Chablis**, Øvre Bakklandet 66, Tel. 73874250, in einem alten Speicher am Fluss, empfehlenswert Fisch und Rentier, häufig Livemusik. **Vertshuset Tavern**, Sverresborg allé 17, Tel. 73520932, seit 1739, traditionelle norwegische Küche. **Dickens**, Kjøpmannsgt. 57, Tel. 73515750, **Havfruen**, Kjøpmannsgate 7, Tel. 7387 4070, Fischspezialitäten.

Trondhjems Kunstforening, Art Shop, Bispegt. 9a. **Møllers Gullsmedsforretning**, Munkegt. 3, traditionelle Gold- und Silberarbeiten. **Arne Rønning**, Nordregate 10, besonders Holzarbeiten. Einkaufszentrum **Trondheim Torg**, Torget; dort auch mehrere Restaurants.

Nidarosdom, www.nidarosdomen.no, 20.6.-20.8. Mo-Fr 10-18, Sa 9-14, So 13-16; Mai-Juni/Aug.-Mitte Sept. Mo-Fr 9-15, Sa, So wie Sommer; sonst Mo-Fr. 12-14.30, Sa 11.30-14, So 13-15 Uhr. **Krönungsinsignien**, Mitte Juni-Mitte Aug. tägl. 8.30-18 Uhr, sonst kürzer geöffnet. **Erzbischöfliches Palais**, Kongsgårdsgt. 1, südl. neben Dom, 20.6.-20.8. Mo-Sa 10-17 Uhr, So 12-17 Uhr, sonst 11-15/12-16 Uhr, Sept.-Mai nur Di-So. **Liebfrauenkirche**, Kongsgt. östl. Markt, Juni-Aug. Di-Fr 10-13, sonst Mi 11-14.30 Uhr. **Stiftsgården**, Munkegt. 23, 20.6.-20.8. Mo-Sa 10-17/So 12-17 Uhr. **Insel Munkholmen**, Abfahrt v. Anleger Ravnkloa, Mitte Mai-Mitte Sept. jede volle Stunde ab 10 Uhr, Besichtigung 10.30-17.30 Uhr, Badegelegenheit auf der Insel, s.a. www.nova-hotell.no. **Schifffahrtsmuseum**, Fjordgt. 6, Juni-Aug. tägl. 10-16 Uhr. **Haus des Kunstvereins**, Bispegt. 9, Di-Fr 10-16/Sa, So 12-16 Uhr. **NTNU Vitenskapsmuseet** (Königl. Ges. d. Wissenschaften), www.ntnu.no/vmuseet, Erling Skakkesgt. 47, Di-Fr 9-14, Sa, So 12-16 Uhr. **Ruinen der Gregoriuskirche**, Kongensgt. 4 im Keller v. Stridens Sparebank, geöffn. zur Geschäftszeit. **Festung Kristiansten**, www.kristianstenfestning.no, 1.6.-31.8. Mo-Fr 10-15, Sa, So 11-16 Uhr. **Trøndelag Folkemuseum**, www.sverresborg.no, Juni-Aug. tägl. 11-18 Uhr, sonst 11-15/So 12-16 Uhr. **Tyholt Tower** Fernsehturm, Mo-Do 11-22, Fr, Sa 11-22.30, So 12-22 Uhr. **Herrenhof Ringve**, Musikhistorisches Museum, Ladeallé 60, www.ringve.com, Aug.-Mitte Sept. tägl. 11-15/17 Uhr, Botan. Garten immer offen.

Orgelkonzert im Nidarosdom 20.6.-20.8. täglich 13 Uhr, sonst Sa 13 Uhr. **Orgelkonzert Liebfrauenkirche**, Sa 14 Uhr während der Schulzeit. **St. Olavs-Woche**, um den 29. Juli. Es gibt ein beheiztes **Meerwasser-Schwimmbad** in der Prinzengate.

Fjordfahrten, Angeltouren, Ausflüge Dovrefjell, Røros organisieren ganzjährig Visit Trondheim AS, s. o. und Trøndelag Reiseliv AS, Tel. 73842440; s.a. www.trondelag.com.

FLUG: Tägl. direkt Oslo, Bergen, Tromsø. Verbindung zu den meisten Orten der westlichen Küste. SASBraathens Tel. 05400. Widerøe, Tel. 81001200.

BAHN: Täglich Expresszüge zwischen Oslo und Trondheim, die teilweise auch die Rørosbahn benutzen. Gen Norden verkehrt die Norlandbahn nach Bodø, nach Osten geht die Meråkerbahn nach Schweden.

BUS: Über Røros nach Oslo; Verbindungen nach Bergen und Tromsø.

SCHIFF: Hurtigrute ab Trondheim täglich 12 Uhr in Richtung Norden, 10 Uhr in Gegenrichtung, Tel. 81030000.

DER LANGE WEG ZUM NORDKAP

TRONDHEIM – MO I RANA
MO I RANA – NARVIK
NARVIK – TROMSØ
LAND DER SAMEN
HAMMERFEST
NORDKAP

Bis ins frühe Mittelalter war das Gebiet nördlich von Trondheim für die Norweger bedeutungslos. Man nannte es die „Lappenhölle“. Erst als findige Kaufleute feststellten, dass man mit den samischen Pelzjägern gute Geschäfte machen konnte, schenkte man der Gegend größeres Interesse. Eine Zeit lang florierte der Handel zur beiderseitigen Zufriedenheit, und selbst die Samen kamen nicht zu kurz. So ist es nicht erstaunlich, dass auch die skandinavischen Könige auf die Gegend aufmerksam wurden. Erst schickten sie ihre Steuereintreiber, und im 16. Jh. begannen sie sogar, untereinander um das Gebiet zu streiten. In diese Auseinandersetzung zwischen der dänisch-norwegischen und der finnisch-schwedischen Seite mischte sich auch Russland ein, das sich dabei die Kola-Halbinsel sicherte.

Ab dem 17. Jh. wanderten verstärkt südnorwegische Bauernsöhne in die nordnorwegischen Täler ein. Die Samen wurden verachtet und entrechtet, aber sie ließen sich nicht als billige Arbeitskräfte missbrauchen, weil sie unter dem Einwanderungsdruck einfach nach Norden zurückwichen. Die Versuche des 20. Jh., sie in die Industriegesellschaft zu integrieren, sind nur teilweise gelungen. Seit dem Zweiten Weltkrieg genießen die Samen als nationale Minderheit Sonderrechte.

Vorherige Seiten: Mutter und Tochter in der Festtracht der Samen. Links: Pflücken verboten! Wollgras steht unter Naturschutz.

VON TRONDHEIM NACH MO I RANA

Auf der E6 zum Snåsavatn

Verlässt man Trondheim, hat man die Wahl zwischen der neuen mautpflichtigen Autobahn und der alten Straße entlang des Fjords. Letztere führt durch einige hübsche Vororte von Trondheim und dauert etwa eine Stunde, während die 15 km Autobahn in 10 Minuten zu bewältigen sind. Bei **Hell** ❶ treffen beide Wege wieder zusammen. Ganz in der Nähe hat man Felszeichnungen aus der Steinzeit gefunden; überhaupt ist der ganze innere Trondheimfjord reich an solchen prähistorischen Stätten.

Kurz vor dem Tunnel, der unter dem Flughafen von Trondheim hindurchführt, steht die **Værneskirche** aus dem 13. Jh. Die Balkenenden ihres offenen Dachgestühls zeigen fantastisch geschnitzte Tier- und Menschenköpfe. Der prachtvolle Kirchenstuhl, nach dem eine ganze Stilrichtung „Værnesstil“ heißt, wurde 1685 geschnitzt.

Kurz hinter dem Flughafen zweigt die E14 nach Schweden ab; an der Strecke liegt **Hegra** ❷ mit einer einst gegen die Schweden errichteten Festung.

Meråker ❸, ebenfalls an der E14, ist eine alte Bergbaustadt, in der Kupfer und Bleiglanz abgebaut wurden, allerdings haben die Gruben nie die Bedeutung von Røros erreicht. In der Kirche beeindruckt ein Barockaltar. Ein gewisser Johan Fundtaunet, der im 19. Jh. Glöckner der Kirche und Goldschmied war, soll ein strafwürdiges Geheimnis gehabt haben: Er habe unbemerkt eine Silbermine betrieben, deren Profit er selbst eingesteckt habe, obwohl alle Edelmetallgruben Eigentum der Krone waren. Der Wahrheitsgehalt dieser Geschichte lässt sich nicht mehr feststellen, denn sein Geheimnis hat er mit ins Grab genommen. Seine schönen Schmuckstücke sind aber noch immer im Museum von Meråker zu bewundern.

Auf der E6, 15 km nordwärts von der Abzweigung der E14, erreicht man den Ort **Tiller** ❹ inmitten von Feldern, die den Fjord säumen. Ein kleiner Fahrweg führt zum Fjordufer. Bei Niedrigwasser erreicht man die **Insel Steinviksholm** zu Fuß, im Sommer ist auch eine Brücke installiert, ansonsten nimmt man das Boot des Inselwärters. Auf Steinviksholm hatte sich Olav Engelbrektson, der letzte Erzbischof von Trondheim, 1525 eine Festung errichten lassen. Ob er sie bereits damals als Fluchtburg plante, ist nicht beweisbar, aber zu vermuten, da er sich in jeder erdenklichen Weise gegen die heraufziehende Reformation zu wappnen versuchte – so zum Beispiel mit der gescheiterten Königswahl von Bud (s. S. 108). Als 1536 die Reformation endgültig eingeführt wurde, glaubte man, Engelbrektson werde versuchen das Land zu verlassen, und sperrte deshalb den Trondheimsfjord. Der Bischof, der dies wohl geahnt hatte, nistete sich aber unter Mitnahme des Olavsschreins in Steinviksholm ein und verließ erst 1537 in aller Heimlichkeit das Land.

Es gibt keine Berichte darüber, ob diese Flucht das Ergebnis eines Tauschhandels war, in dem freies Geleit gegen den Olavsschrein, der zurückblieb, aufgerechnet wurde, dies liegt aber nahe. Jedenfalls hat Engelbrektson von Rom aus, wo er sein Exil nahm, nach Kräften Rache an den Nordeuropäern genommen. In Büchern beschrieb er die meterlangen Schuhe, die sie trügen, die hausgroßen Fische, die sie äßen und die Tage und Nächte, in denen es weder dunkel noch hell würde.

Nahe **Langstein** fand 1942 eine der merkwürdigsten Seeschlachten des Zweiten Weltkriegs statt. Ein Fischer versuchte mit einem unter seinem Boot versteckten Torpedo, das hier ankernde Schlachtschiff „Tirpitz" zu torpedieren, ein Versuch, der aber fehlschlug. Bei **Åsen**, 11 km weiter, zweigt die R753 auf die **Halbinsel Frosta** ab. In der Nähe von **Logtun** ❺ (23 km) liegt eine der wichtigen alten Thingstätten des Nordens. Hier wurden bereits 940 die *Frostating*-Gesetze beschlossen, ein Gesetzbuch für das Trøndelag-Gebiet.

Wer bei **Holte** die Felszeichnungen von **Holtesmoen** ❻ bewundern möchte, muss die neue E6 bei **Ronglan** verlassen und auf die alte Straße einschwenken. Diese führt direkt an den 3500 Jahre alten Tier- und Jagddarstellungen vorbei.

In **Skogn** qualmt die größte norwegische Fabrik für Zeitungspapier, deren Jahresproduktion eine halbe Million Tonnen beträgt. Bei **Korsbakken** führt ein kleiner Weg zur **Alstadhaugkirche**, einer Steinkirche aus dem 13. Jh. Dort sind einzigartige Kalkmalereien aus dem Mittelalter zu bewundern, die bei der Restaurierung in den 1950er Jahren freigelegt wurden.

Neben dem Kirchenhügel, von dem man eine gute Aussicht hat, steht die *Ammestue* (Ammenhaus), ein zweistöckiges Holzhaus, in dem früher die Mütter mit ihren Kindern auf die Taufe warteten. Die *Ammestue* gilt als das älteste Holzhaus des Trøndelag und ist heute ein Museum. Ganz in der Nähe liegt **Ølivshaugen**, ein Grabhügel mit 6 m Höhe und einem Durchmesser von

Info S. 199-201

NORWEGIAN SEA
NORWAY
SWEDEN
NORD
TRØNDELAG
JÄMT
LANDS
NAMDALEN
VON TRONDHEIM NACH MO I RANA
0 20 40 60 km
TRÆNA
Trænfjorden
Kilboghamn
Melfjordbotn
Svartisen N.P.
1294 Høgtuvbreen
Stokkvågen
LUNDERØY
TOMMA
Mo i Rana
Rølvåg
Nesna
Levang
Hemnesberget
Ranafjorden
Storakersvatnet
Bjerka
Leirosen
Bjørn
Elsfjord
DØNNA
Korgen
Sandnessjøen
Herøy
ALSTEN
Stabbfossen
1912
Okstindan
Rossåga
Vefsnfjorden
Alstahaug
De Syv Søstre
Bleikvassli
Nymoen
Mosjøen
Herringbotn
Tjøtta
Husvika
1559
Varntresk
1162
Geittinden
Røssvatnet
Gladstad
Forvik
VEGA
791
Anndalsvågen
Horn
Laksfors
Trofors
Hattfjelldal
Brønnøysund
Velfj.
Torghatten
Berg
Blåfjellet 1293
Hommelstø
SØMNA
Tosbotn
Hurtigrute
Vik
Simskar
Kroken
Børgefjellet
808
Majavatn
Børgefjell
Kvigtinden 1703
Vennesund
Holm
Tosenfj.
Nas.- park
LEKA
1063
Terråk
Åbjøra
Solsem
Sørgutvik
Frøningsfjellet
1097
VIKNA
Møllebogen
Foldereid
Namsvassgardan
Store Namsvatnet
Valøy
Rørvik
Kolvereid
Namsskogan
Kongsmoen
Gjersvik
Røyrvik
Stora Blåsjön
Salsbruket
Brekkvasselv
Limingen
Jormlien
Selkentjakke 1314
Foldefjorden
Salsvatnet
Tunnsjøen
JØA
Brekksillan
746
Høylandet
Namsen
Frostviksbränna
Grøndalselv
Østnes
OTTER-ØYA
Fiskumfoss
Bjorkvattnet
Ranemsletta
Skogmo
Kvarnbergsvattnet
Sør-Flatanger
Namsos
Gartland
Kvelia
Nyneset
Nordli
Gäddede
Grong
Formofoss
Sanddøla
1072
Jøssund
872
Häggnäset
Gressåmoen Nasjonalpark
Sjøåsen
Solem
Hestkjølen 1390
Fågelberget
1187
Sundet
Vegset
Gressåmoen
Namdalseid
Snåsavatn
Snåsa
Sørli
Berglia
Munsvattnet
Finnvollheia 676
Sprova
Kvam
Megard
Jule
Malm
Asp
Bølareinen
1332
Blåfjellshatten
Binde
Bardal
Gjævram
Steinkjer
Lustad
1139
Valsjöbyn
Beitstadfj.
Mærekirke
Skjækerhatten
Hotagen
Sparbu
Torrön
Tjourenstugorna
Rötviken
Straumen
YTTERØY
1247
Ålåsen
Alstadhaug-kirke
Verdalsøra
Stiklestad
Skäckerfjällen
Sösjöfjällen
1230
Leksvik
Vuku
Levanger
Sørmoen
Kolåsen
Jänsmässholmen
Ronglan
Skogn
FROSTA
Holtesmoen
Sandvika
Anjansfjällst'n.
Frankrike
601
Logtun
Åsen
Morkabygd
Juvuln
Rönnöfors
Kjøljaugan
Vannvikan
Tiller
Langstein
1249
Feren
Storrensjön
TRONDHEIM
Stjørdalshalsen
Sulåmo
Hell
Hegra
Flornes
Meråker
Häggsjöbränna

20 m. Er stammt aus der Zeit der Völkerwanderung im 5. Jh. n. Chr.

Ein weiteres Gräberfeld kann man in der Nähe von **Levanger** ❼ besichtigen: den **Geite Gård** aus der Eisenzeit. Das Gräberfeld war zu Beginn des 20. Jh. ein bevorzugtes Arbeitsfeld norwegischer Archäologen, in dem man reiche Funde an Schmuck und anderen Grabbeigaben gemacht hat. Von der **Geitehøgde** genannten Anhöhe hat man einen weiten Blick über den Fjord und die fruchtbare Ackerlandschaft. 8 km östlich sind die Ruinen des 1968 restaurierten **Munkeby-Klosters** zu besichtigen.

Verdalsøra ❽ mit seinen 7000 Einwohnern lebt heute fast ausschließlich vom Bau von Ölförderplattformen, die hier im tiefen Fjord aus Spannbeton gegossen werden. Von hier sind es nur 8 km nach **Stiklestad** (R757), dem Ort der Schlacht von 1030, in der der „Bekehrerkönig" Olav der Heilige fiel. Alljährlich am 29. Juli führen 300 Darsteller das *Spelet om heilag Olav* auf, das bis zu 5000 Zuschauer in das **Freilichttheater** zieht. Über dem Theater steht die **Reiterstatue Olavs**. In der **Stiklestadkirche**, die zwischen 1150 und 1180 auf dem Schlachtfeld errichtet wurde, wird noch heute zum Todestag eine Messe für den Heiligen gelesen. Die Kalkmalereien des Langhauses der Kirche legte man während der Restaurierung 1930 frei. Das Taufbecken und der Chor mit seinem Kreuzgewölbe stammen noch aus dem Mittelalter; die Fresken des Chors, die Szenen aus der berühmten Schlacht zeigen, malte Alf Rolfsen 1930.

An der Kirche wird im Sommer das „Spiel des heiligen Olavs" als Dia-Schau wiederholt zur Aufführung gebracht. Eine **Olavssäule** ziert heute die Stelle, an der der Schuppen stand, in dem man den Leichnam des Heiligen in der ersten Nacht nach seinem Tod aufgebahrt hatte. Der Stein, auf dem sein Kopf ruhte, soll später in den Altar der Kirche eingemauert worden sein, und das bloße Berühren habe alle Krankheiten geheilt.

Die **Mærekirche** ❾, 30 km nördlich an der E6, stammt aus dem 12. Jh. und wurde 1277 zum ersten Mal umgebaut. Die Steinkirche hat ein offenes Dachgestühl, dessen Tragbalken an den Enden zu grotesken Tierköpfen geschnitzt sind. Altar und Kanzel sind im 17. Jh. entstanden. Der herausgehobene Standort der Kirche hat schon früher zu der Vermutung Anlass gegeben, dass die Kirche auf einem alten Tingplatz stehe. Dies hat sich bei Grabungen während der letzten Restaurierung auch bestätigt.

Steinkjer ❿ markiert das innerste Ende des Trondheimfjords. Die Stadt zählt 21 000 Einwohner und wurde nach den Zerstörungen des Zweiten Weltkriegs praktisch neu errichtet. Zu der Kirche von 1965 haben wichtige Nachkriegskünstler des Trøndelag bei-

Oben: Dieser Kirchenstuhl aus dem 17. Jh. in Værnes gab einer ganzen Stilrichtung den Namen – Værnesstil. Rechts: Felszeichnungen bei Bardal.

Karte S. 167, Info S. 199-201

getragen, insbesondere Jacob Weidemann. Ansonsten bietet Steinkjer ein kleines Freilichtmuseum auf dem Flathaugen, und bei Tingvold findet sich eine Steinsetzung mit 38 wieder aufgestellten *Bautasteinen* (Gedenksteine ohne Inschrift).

In der an vorgeschichtlichen Zeugnissen reichen Gegend lohnt ein Abstecher nach **Bardal** (15 km nordwestlich), wo Steinzeitzeichnungen (Elche, Rentiere, Menschen) und solche aus der Bronzezeit (Schiffe, Pferde, Sonnen) zu sehen sind.

Beim **Hof Helge** am Byfoss, 2 km nördlich von Steinkjer an der R763, finden sich Grabhügel, 4 m hohe Bautasteine sowie ein Steinkreis und ein Steinwall, der zu diesem Heiligtum gehörte. Nahe der eiszeitlichen Endmoräne von **Eggevammen** breitet sich das **Egge-Museum** aus, eine Freilichtanlage mit dem **Hof Gjævram** auf den Resten einer alten Landburg aus der Zeit der Völkerwanderung. Solche befestigten Siedlungshöfe sind in der Gemarkung Steinkjer zahlreich, bisher konnten neun davon gefunden werden.

Über Asp und Sem erreicht die E6 das **Snåsavatn**, einen 36 km langen Süßwassersee voller Forellen und Aale, und folgt dann seinem westlichen Ufer. Man kann aber auch die R763 am östlichen Ufer des Sees benutzen, eine Strecke, die landschaftlich genau so schön, aber kulturhistorisch interessanter ist: Hier gelangt man bei **Binde** ⓫ zum Aussichtspunkt **Gusthaugen** mit dem besten Blick über das Snåsavatn. Ca. 30 km nördlich von Steinkjer, zwischen den Bahnhöfen **Valøy** und **Vikran** (auch die Nordlandbahn folgt dem östlichen Seeufer), liegt die berühmteste Felszeichnung des Nordens: das 6000 Jahre alte **Rentier von Bøla** ⓬ (*Bølareinen*), das ein steinzeitlicher Künstler mit sicherer Hand lebensgroß in den Fels geritzt hat.

Abseits der Hauptstraße – Auf der R17 über Namsos nach Mosjøen

Zur E6 gibt es zwischen Steinkjer und Mosjøen bzw. Mo i Rana, und sogar bis zum Saltstraumen in der Höhe von Bodø als Alternative den **Kyst-**

riksveien („Küsten-Reichsstraße" oder „Rv17"). Die R17 geht entlang der Fjorde und über viele Inseln, ist landschaftlich überaus reizvoll, kostet aber wegen mehrerer Fähren erheblich mehr Zeit als die Variante über die E6.

Während der ersten 40 km hinter Asp berührt diese Route einige kleinere Bauerndörfer und erreicht dann **Sjøåsen** ⓭ am Ende des blau schimmernden **Lygnenfjords**, der von 600 m hohen, schneebedeckten Bergen überragt wird. Die Straße folgt dem Fjord und überquert kurz vor **Namsos** ⓮ den Namsen auf einer 900 m langen Brücke. Hier lädt ein Aussichtspunkt zum Blick über die Stadt ein. Namsos hat 11 000 Einwohner und genießt neben Steinkjer als einzige Kommune des nördlichen Trøndelag Stadtrechte. Als 1940 alliierte Truppen in Namsos landeten, wurde die Stadt von der Hitlerarmee in Grund und Boden gebombt. Der Wiederaufbau begann aber schon während des Zweiten Weltkriegs und wurde aus schwedischen Spenden finanziert. Dieser Stadtteil heißt noch heute *Svenskebyen* (Schwedenstadt).

Für Besucher lohnt sich ein Besuch des **Namdal-Museums** (an der Einfahrtsstraße zur Stadt) und ein Blick vom Hausberg **(Bjørums-)Klompen** oberhalb des Fredriksbergparken. Das Museum zeigt Boote und Gebrauchsgegenstände aus dem Trøndelag und hat eine Abteilung über samische Siedlungsformen und Kultur. In Namsos werden Fjordfahrten, Bootsfahrten zu den Inseln, Schnellbootverbindungen nach Trondheim und Wanderungen im Namdal und Radtouren angeboten.

Die R17 begleitet den Lauf des Namsen, schneidet einige seiner Mäanderbögen, die gute Ausblicke auf den Fluss bieten, und erreicht **Ranemsletta** ⓯. Die alte **Ranemskirche** steht seit dem 13. Jh. dicht am Fluss. Eine Prophezeiung besagt, dass die Kirche dereinst an einem Buß- und Bettag voll besetzt ins Wasser stürzen wird. Um dies zu verhindern, sicherte man bereits im 18. Jh. die Flussseite mit Faschinen. Es scheint genützt zu haben, denn noch heute steht die Kirche auf ihrem Marmorsockel.

Rechts: Insellandschaft bei Alstahaug.

Bei **Skogmo** ⓰ verlässt die R17 den Namsen, dem eine Straße bis nach Grong zur E6 folgt. Skogmo ist ein Paradies für Lachsangler.

Entlang dem Fluss Kongsmoelva erreicht man **Kongsmoen** ⓱ am **Indre Folda**, einem schmalen, aber tiefen und 70 km langen Arm des Foldafjords. In Kongsmoen wurde der Eisenkies aus Skorovass verschifft, der über eine 45 km lange Seilbahn hierher gelangte. Eine Brücke überspannt den Indre Folda kurz vor **Foldereid**. Hinter der kleinen Hafenstadt liegt **Trolldalen**, die höchste Erhebung Foldereids mit einzigartigem Blick über Ort und Fjord.

Die R17 folgt nunmehr dem **Kollfjord**, dem **Sørfjord** und führt dann über **Møllebogen** nach **Holm**, wo die Fähre nach **Vennesund** (20 Minuten, 15-mal täglich) übersetzt. **Vik** und **Berg** passiert man auf der Strecke nach **Brønnøysund** ⓲, das bereits in der Provinz Nordland liegt. Sein Hafen ist ständiger Anlaufpunkt der Hurtigrute und wichtiger Umschlagsplatz für die Helgelandküste. Die Gegend ist reich an prähistorischen Zeugnissen, natürlichen Grotten und Höhlen. Die bekannteste ist ***Torghatten**, 10 km südlich von Brønnøysund auf der Insel Torget. Hier hat das Meer, als nach der letzten Eiszeit das Land noch 100 m tiefer lag, ein 160 m langes, 14 m breites und 30 m hohes Loch in einen Granitfelsen gespült. Man erreicht den Torghatten über eine Straße oder per Boot, bei gutem Wetter fährt auch die Hurtigrute einen Schlenker um die Felsöffnung herum.

Auf den ersten Blick unspektakulär wirkt demgegenüber der aus unzähligen Inselchen bestehende, seit 10 000 Jahren besiedelte ***Vega-Archipel**, der es auf die Liste des UNESCO-Welterbes geschafft hat. Eindrucksvoll sind die Fischersiedlungen und die Natur,

Karte S. 167, Info S. 199-201

besonders aber die nachhaltige Wirtschaft der Inselbewohner: Auf einzigartige Weise nutzten sie Eiderenten als Haustiere, bauten ihnen Bruthäuschen und trieben Handel mit Eiern und Eiderdaunen.

Nach der Fähre zwischen **Horn** und **Anndalsvågen** (20 Minuten, 10-mal täglich) fährt man 17 km Landweg, bevor man die nächste Fähre zwischen Forvik und **Tjøtta** (60 Minuten, 7-mal täglich) auf der **Insel Alsten** erreicht. Die R17 benutzt die westliche Seite der Insel entlang ***De Syv Søstre** („Die Sieben Schwestern"), einer Bergkette mit sieben Gipfeln, aufgereiht wie Perlen auf einer Schnur. Die zwischen 800 und 1100 m hohen Gipfel verbindet ein Wanderweg, auf dem auch eine Art Wettrennen veranstaltet wird.

Der Weg beginnt im Süden, bei **Alstahaug** ⓳, wo 1689 der Pfarrer und Volksdichter Petter Dass (1647-1707), Sohn einer Norwegerin und eines Schotten, seine letzte Pfarrstelle antrat. Sein Hauptwerk, das Epos *Nordlands Trompet*, beschreibt liebevoll und wahrheitsgetreu das harte Leben der Fischer und Bauern im Helgeland seiner Zeit. Ein Petter-Dass-Museum befindet sich im restaurierten **Pfarrhaus**. Der Dichter-Pfarrer ist in seiner sehenswerten **Kirche** (12. Jh.) bestattet. Hier residierte Nordnorwegens erster Bischof. Auch die **Königsgräber**, die größten des Nordens, lohnen einen Besuch.

Sandnessjøen ⓴ ist Handels- und Dienstleistungszentrum der Alstahaug-Gemeinde und hat 7000 Einwohner. Auch hier legt die Hurtigrute an. Es gibt eine Vielzahl von Fähr- und Bootsverbindungen zu den vorgelagerten Inseln der Helgelandküste. Die am weitesten westwärts liegende Insel ist **Træna** ㉑. Die Inselgruppe, die 40 km vor der Küste direkt auf dem Polarkreis liegt, wird von **Stokkvågen** in 4-5 Stunden erreicht. Sie besteht aus 5000 Inseln, von denen nur fünf ganzjährig bewohnt sind. Mit rund 100 Einwohnern bilden die Inseln Norwegens kleinste Gemeinde, ihr Besuch ist immer noch ein besonderes Erlebnis. Eine Fahrt nach Træna kann man recht gut mit dem Besuch weiterer Inseln Helgelands verbinden.

Sandnessjøen verlässt man über die neue **Helgelandbrücke** und kehrt aufs Festland zurück. In **Leirosen** muss man sich entscheiden: Entweder fährt man über die R78 nach Mosjøen an der E6, oder per Fähre von Levang nach **Nesna** (25 Min., 15-17-mal tägl.), dann über die R17 und R12 direkt nach **Mo i Rana**. Oder man nimmt die R17 Richtung Bodø; dabei sind zwei weitere Fähren zu benutzen. Diese Strecke wurde als Nationale Touristenroute ausgezeichnet und bietet eindrucksvolle Landschaftserlebnisse bis zum Saltstraumen nahe Bodø (s. S. 179); der **Polarkreis** wird bei einer Fährüberfahrt mitten auf dem **Melfjord** überquert.

Durch das Nordland – Vom Snåsavatn auf der E6 nach Mo i Rana

Die E6 folgt dem Westufer des Snåsavatn. Nach der halben Strecke entlang dem Seeufer erreicht man bei **Kvam** ㉒ ein ehemaliges Schulhaus, das heute als Rasthaus dient. Seine dem See zugewandte Terrasse lädt zum Verweilen ein. Am Ende des Sees zweigt bei **Vegset** die R763 nach **Snåsa** ㉓ ab. Der 1000 Seelen zählende Ort ist heute eines von sechs Lappenzentren Norwegens und als solches für die samische Bevölkerung Nordnorwegens zuständig.

1979 wurde das **Samische Kulturhaus** eingeweiht, hier gibt es eine samische Bibliothek und eine permanente Ausstellung über das samische Leben. Unter den 300 Exponaten befindet sich auch eine faltbare Orgel, die ein früher Lappenpriester auf seinen Missionsreisen mit sich führte. Chor und Sakristei der **Snåsakirche** sind mittelalterlich, das Langhaus wurde im 19. Jh. erneuert. Interessanter ist der **Sognestua**, ein Holzhaus aus dem 16. Jh., das zu den ältesten Häusern des Trøndelag zählt.

In der Gegend von Snåsa wachsen seltene Orchideen, für die man in der Nähe der Bahnhöfe Snåsa und Jørstad Schutzgebiete eingerichtet hat.

Oben: Wenn der Schnee taut, brechen die Rentierherden nach Norden auf. Rechts: Juni bis August – die Zeit der Lachsangler.

Karte S. 167, Info S. 199-201

Auf dem Gebiet der Gemeinde Snåsa liegt der 1970 geschaffene **Gressåmoen-Nationalpark** ㉔. In dem 171 km^2 großen Schutzgebiet wächst urwaldartiger Fichtenbestand, in dem der Luchs zu Hause ist. Das Gebiet ist weglos bis auf einen Pfad, der sich am Lauf des ost-westlich fließenden **Luru** orientiert; es ist ein historischer Handelsweg, der nach **Berglia** östlich außerhalb des Parks gelangt (dort Straßenanschluss). Die im übrigen weglose Moor- und Fjell-Landschaft erfordert erfahrene Wanderer. Zu erreichen ist der Park (35 km östlich von Snåsa) durch das Tal des Luru. Entlang der schwedischen Grenze zieht sich der 2004 eingerichtete **Nationalpark Blåfjella-Skjækerfjella** und lädt naturerprobte Wanderer ein.

Zurück zur E6: Der Wasserfall **Formofoss** ㉕ am **Sanddøla** stellte mit seinen 30 m Höhe für Lachse lange Zeit ein unüberwindliches Hindernis dar. In zehnjähriger Arbeit hat man eine Tunnel-Lachstreppe angelegt. Bei **Grong** wird wieder der Fluss Namsen erreicht, dem die E6 auf den nächsten 100 km folgt.

In **Gartland** ㉖, wo eine neue Schnellstraße zur R17 abzweigt, steht die **Gløshaugkirche** aus dem 17. Jh. Die Stützpfeiler vor dem Chor stammen noch von einer abgerissenen Stabkirche aus dem 13. Jh. Auch die heutige Kirche war zum Abriss bestimmt, bis ein Engländer sie kaufte und sie so vor ihrem Schicksal bewahrte. In ihr wurden früher so genannte „Finnmessen“ abgehalten. Ursprünglich war es Pflicht der Pfarrer von Snåsa und Overhalle, einmal im Jahr eine Pfarrreise zu den Samen zu machen, dort die Messe zu lesen und die Kinder zu taufen. Später ersetzte man diese Reisen dadurch, dass man die Samen verpflichtete, einmal im Jahr an der Messe in der Gløshaugkirche teilzunehmen. Dazu erschien dann auch der Lappenvogt, der praktischerweise bei dieser Gelegenheit gleich die Steuern eintrieb.

Im enger werdenden **Namdal** sieht man während der Lachssaison viele Holzgalerien, die zum Angeln in den fischreichen Fluss gestellt werden. Wenn das Eintreffen der Lachse unmittelbar bevorsteht, halten erfahrene Angler Wache, damit die kurze Saison optimal genutzt werden kann.

Der **Fiskumfoss**, 7 km nördlich von Gartland, ist ein doppelter Wasserfall, mit 30 und 7 m Fallhöhe. Hier hat man Kraftwerke installiert und zudem künstliche Lachstreppen. In **Grøndalselv** zweigt die R764 ab, die der stillgelegten Taubahn folgt, mit der früher der Schwefelkies der Skorovass-Gruben nach Kongsmøen am Indre Folda geschafft wurde.

Brekkvasselv ㉗ ist eine beliebte Station der Lachsangler, hier zweigt eine Straße (R773) nach **Røyrvik** ab. Über sie gelangt man zu den unberührten Seen von **Tunnsjøen** und **Limingen**. Der berühmte Ziegenkäse dieser Gegend ist allerdings gewöhnungsbedürftig.

Der Ort **Majavatn** ㉘ am Ostufer des großen Sees liegt bereits in der Nord-

land-Region und war bei den Samen ein beliebter Platz für ihr Winterlager, von dem aus sie zu den Weidereisen in Richtung Norden aufbrachen. Inzwischen züchten jedoch einige sesshafte Samenfamilien am Ostufer des Sees Rentiere. Von der frühen Samenmission ist die **Lappenkirche** erhalten. Am See lädt das **Majavatn Vertshus** zu einer gemütlichen Rast ein.

Von Majavatn oder auch 6 km nördlich (Richtung Fiplingsvatn) führen Wege zum 1106 km² großen **Børgefjell-Nationalpark** ㉙, der wildnisgewohnte Wanderer mit reißenden Flüssen, stillen Seen und Kahlfjellhöhen (bis 1703 m) lockt.

Die E6 steigt nun zur Wasserscheide zwischen Namsen und Vefsna auf 375 m an. Vor und hinter dem höchsten Punkt der Straße sprudeln die Flüsschen munter dahin. Knapp 10 km hinter Trofors ergießt sich der **Laksfors** ㉚, nur 200 m neben der Straße. Über fünf Stufen stürzen die Wassermassen 16 m tief herab, und die Lachse nutzen diese natürliche Treppe, um in den oberen Flusslauf zu gelangen. Direkt neben dem Wasserfall hat man eine **Cafeteria** gebaut, von deren Terrasse man die Fische bei ihrer kräftezehrenden Unternehmung beobachten kann. Etwas abseits an der alten Straße liegt das **Laksfors House**, eine Art Clubhaus englischer Angler, die ihr Kaminzimmer über und über mit Bildern von gefangenen Lachsen geschmückt haben.

Oben: Freilichttheater in Mosjøen. Rechts: Knapp unterhalb der Baumgrenze – das Korgfjell zwischen Mosjøen und Mo i Rana.

Mosjøen ㉛ mit seinen 13 500 Einwohnern erstreckt sich beiderseits des Skjerva in den Vefsnfjord. Südwestlich des Flusses liegt **Sjøgata**, die größte zusammenhängende bewohnte Holzhaussiedlung Nordnorwegens. Alle Häuser stammen aus dem 18. und 19. Jh. Die oktogonale **Dolstadkirche**, am nördlichen Stadtausgang an der E6, datiert ebenfalls aus dem 18. Jh. – die älteste ihrer Art im Norden des Landes. Komplett restauriert, weist sie noch Reste ihres ursprünglichen Dekors auf, so die zwölf um die Kanzel gruppierten Apostelbilder. Dach und Wände der Kirche, die zwischenzeitlich verändert worden waren, hat man bei der Restaurierung in den ursprünglichen Zustand zurückversetzt. Neben der Kirche befindet sich als Abteilung des Helgelandmuseums das **Vefsn-Freilichtmuseum**.

Spektakulär ist der Besuch der **Øyfjellgrotte** im Südwesten der Stadt. In der Grotte gibt es einen kleinen Fluss, einen Wasserfall und einen See. Zum Besuch sollte man grottenmäßig – mit Gummistiefeln, Regenjacke, Seil und Taschenlampe – ausgerüstet sein, und man muss sich einer Führung anschließen.

Der **Harevollen** am Kjerringavei ist der Hausberg Mosjøens – mit einem weiten Blick über die Stadt, den Vefsnfjord und das Øyfjell. Ökonomisch ist Mosjøen heute geprägt von der Aluminiumhütte und dem Kunstfaserwerk im Norden der Stadt. Lohnend ist auch ein Besuch bei der **Lachsgenossenschaft**

Karte S. 167, Info S. 199-201

am Güterbahnhof, wo man günstig frischen und geräucherten Lachs erstehen kann.

Während der nächsten 55 km steigt die E6 bis zum **Korgfjellet** auf 550 m Höhe an. Die Straße führt an vier Seen vorbei, die so windgeschützt liegen, dass sich die Berge im glatten Wasser spiegeln. Auf der alten Straße findet man an der Wasserscheide ein Rasthaus, hier ist auch die Baumgrenze. Schnelle Reisende benutzen den 8533 m langen Korgfjelltunnel.

In **Korgen** gab es während des Zweiten Weltkriegs ein Lager für jugoslawische Gefangene, die die Straße bauen mussten. Viele kamen dabei um, daran erinnert ein Gedenkstein an der Straße. Die restlichen 37 km bis Mo i Rana folgen dem **Ranafjord**; bei gutem Wetter sieht man das nördlich von Mo gelegene Gletschergebiet des Svartisen.

Mo i Rana ㉜ hat heute 10 000 Einwohner, deren größter Teil erst nach dem Krieg zugezogen ist. Früher war der Ort Handelsplatz für Norweger und Samen, die hier getrocknetes Rentierfleisch und Felle gegen Butter, Mehl und Tabak tauschten. Diese Marktrechte gingen im 19. Jh. an die Familie Meyer über, die damit reich genug wurde, um 1860 den ganzen Ort zu kaufen. Etwa zur gleichen Zeit begann man im Gebiet von Mo mit dem Grubenbetrieb. Zink, Blei und Eisenerze wurden hier gefördert, und um 1900 wurden auch die Gruben des Dunderdals erschlossen. Das Erz wurde verschifft, bis 1946 das Parlament beschloss, ein Stahlwerk in Mo zu errichten. Es ist das größte Nordeuropas geworden. Zu dem Industriekomplex gehört auch eine Kokerei, die Kohle aus Spitzbergen verarbeitet. Weil Wasserkraft reichlich vorhanden ist und die Technik weiterentwickelt wurde, ist man seit den 1960er Jahren dazu übergegangen, mehr und mehr elektrische Energie zur Eisenschmelze einzusetzen. Das Werk hatte in den 70er Jahren noch 3600 Mitarbeiter, eine Zahl, die heute auf 200 gesunken ist.

Das **Rana Museum** in Mo basiert auf der Sammlung der Familie Meyer und hat Abteilungen für Kunsthandwerk, Landeskunde, Bergbau und Geologie, dazu Ausstellungen aus dem

Oben: 66° 33' Nord – der Polarkreis, wo zur Sommersonnenwende die Sonne nicht mehr hinter dem Horizont versinkt.

Fundus der Nationalgalerie und des Munch-Museums von Oslo. Mo ist außerdem auch der Sitz der norwegischen Nationalbibliothek.

VON MO I RANA NACH NARVIK

Zwischen Mo i Rana und Bodø

Kurz hinter dem Flughafen von **Røssvoll** gelangt man an den Weg zum **Svartisvatn**. Auf halber Strecke (5 km), beim **Hof Grønli**, liegt die rund 1200 m lange ***Grønligrotte** mit ihren eindrucksvollen Stalaktiten – nur eine von über 200 Kalksteingrotten des Gebiets. Auch die nahe **Setergrotte** und weitere Höhlen im Norden, bei **Beiarn** ㉝, sind zu besichtigen.

Das **Svartisen-Gletschergebiet** ist Nordnorwegens größtes Gletscherplateau. Es bildet mit dem östlich anschließenden **Saltfjellet** einen 2105 km² großen **Nationalpark** ㉞. Das 370 km² große Plateau, getrennt durch das Glomsdal, schickt seine Zungen in alle Himmelsrichtungen; sie gehen seit den 1950er Jahren langsam, aber stetig zurück. So ist auch das Svartisvatn entstanden, das quasi die „Pfütze" ist, die der abschmelzende Gletscher hinterlässt. Gründe für das Abschmelzen der Gletscher sind die allgemeine Klimaerwärmung und die Luftverschmutzung, die die Reflektionsfähigkeit des Eises beeinträchtigt. Daran ist auch das Stahlwerk von Mo nicht unschuldig. Von der **Svartisenhytta** kann man Bootstouren und Wanderungen zur Gletscherzunge Østerdalsisen am Ende des Sees unternehmen, es finden geführte Touren statt. Eindringlich gewarnt sei vor Gletscherbegehungen auf eigene Faust. Vom Informationszentrum *Porten til Svartisen* am Holandsfjord (Küstenstraße R17) werden Bootstouren zur Svartisen-Westseite angeboten.

Die E6, wie auch die Nordlandbahn, folgen nun dem Lauf des Flusses **Rana**. **Storforshei** ㉟ ist ein Bergbauort mit 1000 Einwohnern, von denen nur noch wenige in den Gruben des Dunderdals arbeiten. Dafür sieht man in den Tagebauen die größten LKW Europas, die bei 245 t Gesamtgewicht 170 t transportieren.

Bei **Krokstrand** lohnt ein Stopp am **Silfoss** ㊱, der sich in den Rana ergießt. In **Randalsvoll** zweigt der alte Fjellweg nach Schweden ab. 10 km östlich, bereits auf schwedischem Gebiet, liegen die **Nasa-Silbergruben**, die schon lange stillgelegt sind. Im 17. Jh., während des Krieges mit Schweden, hat hier ein Lehnsherr seine Bauern gesammelt, ist mit ihnen zu der Grube gezogen und hat sie zerstört.

Die Straße überschreitet die Baumgrenze, die hier bei 580 m liegt, und man gelangt auf das **Saltfjell**. Kurz vor der Wasserscheide (692 m) quert die Straße den **Polarkreis**. Hier wartet das **Polarsirkelensenter** ㊲ mit Souvenirläden, Multivisionsshow und Cafeteria; davor steht die viel fotografierte Polarkreissäule.

Info S. 199-201

Der Nordpolarkreis (66° 33' n. Br.) ist die Linie, an der die Sonne in der Mittsommernacht gerade den Horizont erreicht, aber nicht untergeht. Dies bezieht sich auf einen Beobachterstandort auf Meereshöhe. Auf dem Saltfjell hat man den Verlauf des Polarkreises mit auf Pyramiden gesetzten Globen markiert. Unzählige Touristen haben hier zudem ihre Steintürmchen errichtet, die man nach altem samischem Glauben an einem Ort aufschichtet, an den man gerne zurückkehrt.

Neben dem Parkplatz steht ein Denkmal für die jugoslawischen Kriegsgefangenen, die während des Kriegs die Straße über das Saltfjell bauen mussten. Sie war damals die einzige Landverbindung nach Norden, da die Nordlandbahn noch in Mo endete. Heute fährt sie, geschützt durch Schneezäune und Holztunnel, quer über das Saltfjell, und immer wenn sie den Polarkreis quert, pfeift sie laut.

Die Landschaft ist karg, die Vegetation beschränkt sich auf Krüppelbüsche, Moose und Flechten. Die Straße folgt hinter der Wasserscheide dem **Lønsdal**. 3 km nördlich stehen bei **Stødi** ㊳ drei alte **Samische Opfersteine**. Hier haben die Samen, die keine angelegten Kultplätze kannten, sondern sich natürlicher Gegebenheiten bedienten, ihren Göttern geopfert. Wenn es – was nicht selten war – nur wenig zu essen gab, reichten auch ein paar Knochen als Opfer. Im **Naturschutzgebiet** zwischen **Stødi** und **Semska** bitte nicht das geschützte Wollgras pflücken! Westlich davon erstrecken sich die Wandergebiete des **Saltfjells**. Es hat mehrere Hütten; Wege führen über das Fjell und durch lang gestreckte Täler mit Seen, Mooren sowie Flussläufen mit reicher Vogelwelt.

Von **Hestbrinken** führt die R77 durch das Junkerdal nach Schweden. Die Straße wird auch **Silberstraße** genannt, weil die Samen hier mit ihren Edelmetallen nach Schweden zogen, um das Rohmaterial zu Schmuck verarbeiten zu lassen. Die schwedischen Sil-

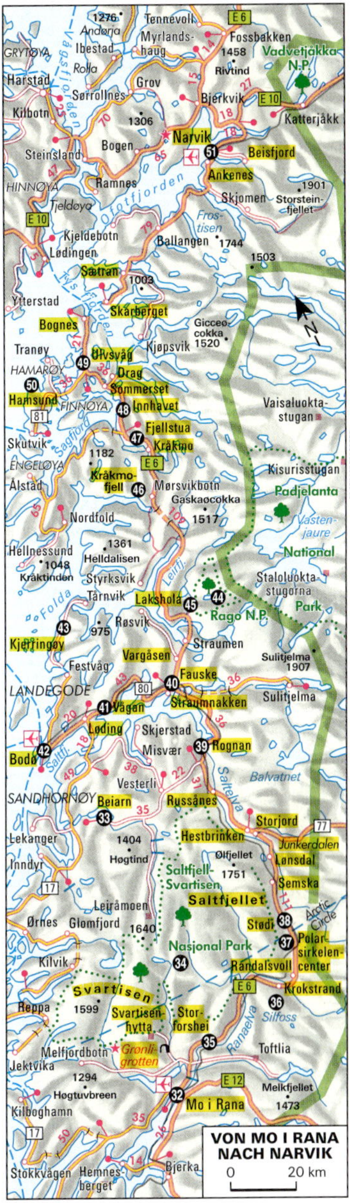

berschmiede schufen daraus jenes typische Lappensilber: dünne, breitgewalzte Schmuckstücke mit vielen Löchern. So brauchte man nur wenig vom eingesetzten Rohmetall, und der eigene Profit stieg gewaltig.

Das Wandergebiet **Junkerdal**, das seinen Namen von jenem Junker hat, der die Nasa-Gruben zerstören ließ, ist für seine Flora berühmt: Neben arktischen Pflanzen wachsen hier auch wärmebedürftige Blumen aus Mitteleuropa. Diese merkwürdige Symbiose hat dazu geführt, dass das Gebiet bereits 1928 unter Naturschutz gestellt wurde.

In **Storjord** hat die staatliche Baum- und Forstakademie ihren Sitz. Bei **Russånes** beginnt das Saltdal, das im frühen 19. Jh. von südnorwegischen Bauernsöhnen besiedelt worden ist. In dem breiten, fruchtbaren Tal hat man der E6 eine völlig neue Trasse gegeben, sie verläuft nun als Schnellstraße an den Ortschaften vorbei. Über **Røkland** gelangt man nach **Rognan** ㊴ am südlichen Ende des **Saltfjords**. Der Ort hat ein wenig Industrie. Neben der Kirche hat man einen Friedhof für englische Soldaten angelegt, wie es auch bei **Botn** einen für deutsche Soldaten und russische Kriegsgefangene gibt.

Oben: Auf den sumpfigen Wiesen des Nordens glitzert im Sommer das Wollgras. Rechts: Im Luftfahrtmuseum von Bodø.

Die E6 führt hoch über dem Saltfjord entlang und die Parkplätze sind zugleich Aussichtspunkte. Bei **Straumnakken** hat die letzte Eiszeit seltsam geformte Endmoränen als unverwechselbare „Fingerabdrücke" hinterlassen.

Auf der E6 gelangt man nach wenigen Kilometern nach **Fauske** ㊵, eine im Krieg zerbombte und neu aufgebaute Stadt. Sie ist Startpunkt der nordnorwegischen Buslinien, die zum Nordkap und nach Kirkenes führen. Fauske (6500 Einwohner) ist berühmt für seine Marmorbrüche, aus denen auch die Verkleidung des UN-Gebäudes in New York stammt.

Lohnend ist ein Abstecher nach Bodø. Man folgt der R80 bis **Vågan** ㊶, wo eine berühmte 4000 Jahre alte Felszeichnung zu bewundern ist. Bei **Løding** biegt man auf die R17 zum großar-

Karte S. 177, Info S. 199-201

tigen Naturschauspiel des *Saltstraum** (Salzstrom) ab. Hier beträgt der Tidenhub zwar nur 3 m, aber wegen des engen Fjords wird das Wasser wie durch eine Düse gepresst und erreicht Geschwindigkeiten von bis zu 30 km pro Stunde. Diesen schnellsten Gezeitenstrom der Welt kann man von der neuen Brücke, die ihn überquert, gut beobachten.

Bodø ㊷ (40 000 Einwohner) ist ein wichtiger Fährhafen; u. a. legen hier Schiffe zu den südlichen Lofoten ab. Bodø wurde im Zweiten Weltkrieg zerstört, doch mit dem Wiederaufbau begann das Wachstum der Stadt, die sich mittlerweile zu einem wichtigen Hochschulstandort entwickelt hat. Bodø bietet gute Möglichkeiten zur Beobachtung der Mitternachtssonne (4. Juni bis 18. Juli).

Bodøs **Nordland Fylkemuseum** an der Prinsensgt. ist eines der bedeutenden Regionalmuseen des Nordens. Die Fischereiabteilung zeigt die Entwicklung dieses Erwerbszweigs von vorgeschichtlicher Zeit bis zur modernen Hochseefischerei. Die ältesten Exponate der historischen Abteilung sind 20 000 Jahre alt, und die Wikingerabteilung zeigt den **Schatz von Rønvik**, 1919 gefundene angelsächsische und arabische Münzen. Daneben gibt es noch die Abteilungen für Folklore und zur Stadtgeschichte. Darin enthalten sind Erinnerungsstücke an Pietro Quirini, einen venezianischen Kaufmann, der 1431 von Kreta nach Flandern segeln wollte, aber auf der südlichsten Lofoteninsel Røst ankam und dort drei Monate Polarnacht über sich ergehen lassen musste.

Zu den Attraktionen von Bodøs neuem **Luftfahrtzentrum** gehören eine zum Wasserflugzeug umgebaute JU 52 und ein Flugsimulator. Ein beliebtes Ausflugsziel ist das 40 km nördlich gelegene **Kjerringøy** ㊸, ein Freilichtmuseum aus 15 Holzgebäuden. In Kjerringøy absolvierte einst der Romanautor Knut Hamsun seine Kaufmannslehre.

Abends sollte man sich den Blick von der Panoramabar des SAS-Hotels auf den Fischereihafen und die sinkende Sonne nicht entgehen lassen.

An Fjorden entlang von Fauske nach Narvik

Der Abschnitt der E6 zwischen Fauske und Narvik gehört zu den schönsten Strecken Norwegens überhaupt. Die Fjorde sind tief eingeschnitten, und dadurch wirken die von der Eiszeit glatt polierten Berge höher als sie in Wirklichkeit sind. Die Straße weist zwischen Fauske und Bognes, wo die einzige verbliebene Fähre dieser Stecke benutzt werden muss, 15 Tunnel auf, die bis zu 2700 m lang sind. Die neue Trassenführung der E6 durchschneidet einige bis dahin völlig unberührte Naturlandschaften.

Die Europastraße verläuft von Fauske über **Vargåsen**, folgt dem **Sørfolda** und überquert dessen Seitenfjord auf einer 200 m langen Brücke. Man ist hier nahe an einem der ausgedehntesten Nationalparkgebiete Skandinaviens: Der **Rago Park** ㊹ auf der norwegischen Seite setzt sich in Schweden mit den Parks von Padjelanta, Sarek und Stora Sjöfallets fort. Eine enge Seitenstraße führt nach **Lakshola** ㊺, wo ein Wanderweg zur Storkogsvass- und **Ragohytta** beginnt und den Park Richtung Schweden durchquert. Das übrige Seen-, Fluss- und Fjellgebiet (bis 1300 m) ist weitgehend weglos.

Die E6 folgt nun dem **Leirfjord** und durchquert dann das völlig unberührte **Blåfjell**. Dieser Abschnitt der Strecke, der die Fähre von Sommarset nach Bonåsjøen ersetzt, war bis zum Jahr 2002 gebührenpflichtig. Vorbei am **Mørsvikfjord** erreicht die Straße das **Kråkmofjell** ㊻ („Krähenheide"). Von den Kråkmozinnen, neun an der Zahl, tragen nur die drei höchsten Namen, die weiteren hat man einfach durchnummeriert. Vom **Kråkmo Gård**, auf 390 m Höhe am **Tennvatn** gelegen, kann man die dritthöchste der Zinnen, **Kråkmotinde** (924 m), in 2 Std. besteigen. Von oben hat man einen prächtigen Blick über die sieben Seen **Sagvassdals**.

Vorbei an Kråkmo gelangt man zum **Sandnesvatn**. An seinem Ende liegt die **Fjellstua** ㊼, eine alte Herberge, die heute Hotel und Campingplatz ist. Hier soll ein Wassertroll sein Unwesen treiben; seine Existenz lässt sich besonders gut erahnen, wenn man bei windigem Wetter das Wasser über die Felsbuckel im See rauschen sieht. Hier beginnt die Landschaft Salten, in der Knut Hamsun aufgewachsen ist und die er in seinen Romanen verewigt hat.

Am Ende der schmalen Landzunge zwischen **Sagfjord** und **Kaldvågfjord** liegt **Innhavet** ㊽. Eine Bezirksstraße führt auf die **Halbinsel Reili** zwischen den Fjorden. Hier unterhalten die Samen ein Winterlager, in dem man auch im Sommer Rentierfelle und andere Souvenirs erstehen kann.

Bei **Sommerset** führt eine neue Straße nach **Drag** und von dort eine Fähre (45 Minuten, 6-mal täglich) nach **Kjøpsvik**, die eine Alternative zur stark frequentierten Fähre an der E6 darstellt. Der **Tysfjord**, den beide Fähren überqueren, ragt mit seiner Fortsetzung **Hellemofjord** so tief ins Festland hinein, dass es von seinem Ende nur noch 6,5 km bis zur schwedischen Grenze sind.

Vor **Ulvsvåg** ㊾ führt die E6 in Serpentinen bergab. Da hier keine vorgelagerten Inseln oder Berge die Sicht stören, hat man einen fantastischen Blick auf die 30 km entfernte ***Lofotenwand**. In Ulvsvåg zweigt die R81 nach Skutvik und zur Fähre nach Svolvær (Lofoten) ab. An ihr liegt in **Hamsund** ㊿ der **Hof Hamarøy**, auf dem Knut Hamsun aufgewachsen ist. Sein Vater, der Pedersen hieß, hatte diesen Hof gekauft, als Knut drei Jahre alt war. Nach dem Ort Hamsund änderte der Dichter dann seinen Namen. Als Erwachsener lebte er eine Zeitlang in Kråkmo, wo auch seine Werke *Die Stadt Segelfoss* und *Segen der Erde* entstanden. Heute ist auf dem Hof ein Museum zu besichtigen.

Rechts: Eine der Attraktionen von Narvik ist die Gondelfahrt auf das Fagernesfjell.

Karte S. 177, Info S. 199-201

Von **Bognes** legt eine Fähre zu den Lofoten ab. Für den weiteren Weg nach Norden auf der E6 benutzt man jedoch das Fährschiff nach **Skarberget** (25 Minuten, 15-mal täglich). Während der Überfahrt sieht man im Osten den **Eidet**, einen 846 m hohen natürlichen Obelisken, der als der größte der Welt gilt. Über **Skjellesvikskaret**, vorbei an merkwürdig geformten Bergen wie dem **Kugelhaugen** (979 m), gelangt man nach **Sætran**. Hier führen drei Brücken über die völlig glatt geschliffenen Inseln im **Efjord**. Der hier *Kjerringstraum* (Hexenstrom) genannte Fjord wird durch die Inseln verengt und hat daher eine starke Strömung.

Ankenes am **Beisfjord** gehört bereits zu Narvik. Fährt man mit der Seilbahn hinauf zum Skizentrum in 255 m Höhe, hat man einen herrlichen Blick über Narvik, die Erzverladeanlagen, den Ofotfjord und die Bergketten dahinter. Eine davon, die wie ein dicker, liegender Mann aussieht, heißt bei den Samen „Der Alte um die Ecke“ und trägt seit 1945 den Namen „Winston Churchill“. Direkt vor Narvik überquert eine Brücke den Beisfjord und eine kleine Straße führt zum gleichnamigen Ort. Von hier aus beginnen Wanderwege in die Gletschergebiete des **Blåsen** und des Storsteinfjells. Fotogen ist auch der **Beisfjordglubben** mitten im Ort, ein natürliches Steingebilde, das einem Troll gleicht.

★Narvik

★Narvik ⓫ mit seinen 14 000 Einwohnern liegt auf der Landzunge zwischen Beisfjord und Rombakfjord. Seine Bedeutung verdankt es einerseits dem Golfstrom, andererseits der relativen Nähe zu den schwedischen Erzbergen von Kiruna. Nur der eisfreie Hafen von Narvik ermöglicht mit vertretbarem Aufwand, das Erz ganzjährig zu verschiffen.

Bis 1883 war der Ort ein unbedeutender Fischereihafen. Dann bekam eine englisch-schwedische Gesellschaft die Konzession für den Bau der **Erzbahn**, zeigte sich der Aufgabe aber nicht gewachsen. Die norwegische Staatsbahn übernahm 1887 den norwegischen Teil

der Bahnlinie und nahm sie 1902 in Betrieb. Damit begann der Aufschwung der Stadt, denn das Erz aus Kiruna mit seinen 70 % Eisengehalt war europaweit gefragt. Die **Verladeanlagen** (Malmkaien) wurden kontinuierlich ausgebaut. Heute werden die Erzwagen der bis zu 400 m langen Züge vollautomatisch entladen, und die Transportbänder zu den bis zu 350 000 BRT großen Schiffen befördern 10 000 t pro Stunde. Die Jahreskapazität von 30 Mio. Tonnen wird aber nur noch zur Hälfte genutzt, denn überseeische Erze vergleichbarer Qualität stellen angesichts konkurrierender Seefrachtkosten für europäische Stahlerzeuger eine kostengünstige Alternative dar.

Der Erzhafen von Narvik war einer der wichtigsten Gründe für die deutsche Invasion in Norwegen. Die Stadt wurde am 9.4.1940, kurz vor dem Eintreffen der Engländer, eingenommen. Verladebahnhof, die Hafenanlagen und 900 Wohnhäuser wurden zerstört. Für die Gefallenen hat man im Norden der Stadt einen **Soldatenfriedhof** angelegt.

Oben: Das Sonnen auf dem Deck eines Schiffs der Hurtigrute bedarf einer temperaturgerechten Verpackung.

Die Erzverladeanlagen teilen Narvik: Im Westen liegen die Wohnviertel von **Frydenlund**, im Osten die Geschäftsviertel von **Oscarsborg**. Die **Brugate** verbindet beide Stadtteile. Von der Brücke aus hat man einen guten Überblick über den Verladekai, durch den auch Führungen angeboten werden.

Lohnend ist auch eine Fahrt mit der Erzbahn bis nach Bjørnfjell an der schwedischen Grenze. Die Fahrt dauert 45 Minuten und die Strecke steigt entlang dem Rombakfjord steil an und führt hoch über dem Fjord entlang. Es gibt auch durchgehende Personenzüge nach Kiruna und weiter nach Südschweden.

Des Weiteren lohnt die 13-minütige Auffahrt mit der **Fjellheisen-Gondelbahn** auf das **Fagernesfjell**, 700 m über dem Meer. Der Blick vom dortigen Restaurant ist, besonders wenn sich die Mitternachtssonne zeigt (10.6.-8.7.), das Eindrucksvollste, was Narvik zu bieten hat. Neben der Brücke nach Fry-

Karte S. 177, Info S. 199-201

denlund steht der oft fotografierte **Wegweiser** mit Entfernungsangaben für ganz Europa. Am **Torget** (Großer Platz) liegt auch das **Kriegsmuseum**, das sich besonders den Schlachten des Frühsommers 1940 widmet.

Am **Sjøvei** im **Park Brennholt** ist die 4000 Jahre alte Felszeichnung eines lebensgroßen Elchs zu bewundern. In Narvik werden Fjordtouren und mehrtägige Ausflüge auf die Lofoten angeboten.

VON NARVIK NACH TROMSØ

Nach dem Vorbild der „Kalotte", dem Käppchen, mit dem die katholischen Geistlichen ihre Tonsur vor der Kälte schützen, bezeichnet man mit „Nordkalotte" das dünn besiedelte, kahle Gebiet nördlich des Polarkreises. Da jedoch in Norwegen dank des Golfstroms das Klima milder ist als bei den östlichen Nachbarn und die Küsten bis über 68° Nord noch besiedelt sind, benutzt man hier diesen Begriff erst ab Narvik.

Bjerkvik, sieht man von Narvik aus, liegt aber 40 km entfernt. Die E6 quert den Rombakfjord, dann zweigt die E10 nach Schweden ab. Für den kurzen Weg bis Bjerkvik sind E6 und E10 identisch, dann biegt die E10 nach Westen zu den Vesterålen und Lofoten ab. Für diese Europastraße hat sich **Nordkalottenvei** eingebürgert; sie durchquert die Nordkalotte von Ost nach West.

Nördlich von Bjerkvik führen viele Serpentinen hinauf zum **Ofoteidet** (350 m); hier ist die Provinzgrenze zwischen Nordland und **Troms**. Ab **Kolbanskaret** beginnt das **Salangsdal**, eines der vielen Täler Nordnorwegens, die dem Gudbrandsdal ähneln – sicher einer der Gründe, warum sich so viele Bauern aus dem Süden hier niedergelassen haben, die mit ihrem Hausstand auch die Ortsnamen ihrer südnorwegischen Heimatgemeinden mitbrachten.

Am **Lundamo Gård** 52 liegen zwei Museen, das **Bardu Bygdetun**, eine Sammlung alter Häuser, und das **Verteidigungsmuseum** (an der Toftakerstua). Die ganze Nordkalotte ist noch heute von militärischen Anlagen übersät, war doch Norwegen das einzige NATO-Land, das eine gemeinsame Grenze mit der ehemaligen UdSSR hatte. Zahlreiche Kasernen und Übungsgelände säumen die Straße; dort herrscht, wie bei allen militärischen Einrichtungen der Welt, absolutes Fotografierverbot.

Kobberyggen ist die Wasserscheide zwischen dem Salangs- und dem **Bardudal**. Dort hat man einen guten Blick über beide Täler und den Berg **Istinden** („Eiszinne", 1490 m) im Osten.

Setermoen 53 ist Hauptort der Gemeinde **Bardu**, der Name stammt aus dem Samischen und bedeutet „Bärental". Die Kirche des Städtchens ist eine Kopie der Kirche von Tynset bei Røros, von wo die ersten hier siedelnden Bauern stammten. Der **Polarzoo**, nur 3 km abseits der E6 und nördlichster Tierpark der Welt, ist vor allem für Familien eine willkommene Unterbrechung: Endlich sieht man alle Tiere der polaren Wildnis, vom Moschusochsen über Braunbär, Elch und Vielfraß bis zum Wolf.

Elverum 54 ist ebenfalls eine Gründung von Siedlern aus dem Glåmadal. Von hier gibt es eine Alternative zur E6, die R87 nach **Øvergård**. Diese Straße führt am Lachsfluss Målselv (Lachstreppe am Målselvfoss), an fischreichen Seen und vielen Wasserfällen vorbei; bei Skjold bietet sich ein Abstecher in den wildreichen ***Øvre Dividal Nationalpark** 55 an (Wanderwege, Hütten, Trekking mit Saumpferden).

Die E6 erreicht nun **Andselv-Bardufoss** 56, eine Doppelstadt, die vom Militär geprägt ist, das hier einen großen Flugplatz unterhält, den im Zweiten Weltkrieg Gefangene für die Besatzungsmacht bauen mussten. Dieser ist seit 1990 auch für zivile Maschinen geöffnet. Vom großen Stadtplatz, an dem alle Geschäfte, Post und Bank zu finden sind, führt eine Straße zum Flugplatz. An dieser liegt auch der Wasserfall, der

der Stadt den Namen gegeben hat. In Bardufoss gibt es außerdem das einzige *Vinmonopolet* zwischen Narvik und Tromsø.

Im **Målsdal**, auf dem Weg nach **Moen**, steht der **Fagerlidalgård** ⓹⓻ von 1789. Dies ist der noch immer bewirtschaftete und bewohnte Hof des ersten Siedlers aus Südnorwegen. Im Tal hat man in den 1960er Jahren mit der Zucht grönländischer Moschusochsen begonnen, die hier prächtig gedeihen.

In Moen überquert man das Ende des **Målselvfjords**, und die E6 folgt dem Takelv hinauf zum **Takvatn**, einem See inmitten großartiger Fjell-Landschaft. Er wird von über 1400 m hohen Bergen überragt. Die Silhouette des **Blåtind** (1380 m) erinnert stark an das Matterhorn. In Heia wird die Wasserscheide zwischen Malselv- und Balsfjord überschritten.

Jenseits der Wasserscheide liegt das **Sagelvvatn**, ein weiterer großer See, an dessen Ufer ein Gasthaus zur Rast einlädt. Die Umgebung des Sees ist zum Naturreservat bestimmt worden. In dem moorigen Gebiet lassen sich gut Sumpfvögel und seltene Entenarten beobachten. Wer Zeit hat, kann die alte E6 entlang des Ostufers des Sagelvvatn nach **Storsteinnes** ⓹⓼ benutzen. Die Stadt hat 7000 Einwohner und verfügt über die größte Käserei für *Geitost* (braunen Ziegenkäse) in Norwegen.

Die E6 folgt dem **Balsfjord**, der von schneebedeckten, Höhen um 1300 m erreichenden Bergen gesäumt wird, und

 Info S. 199-201

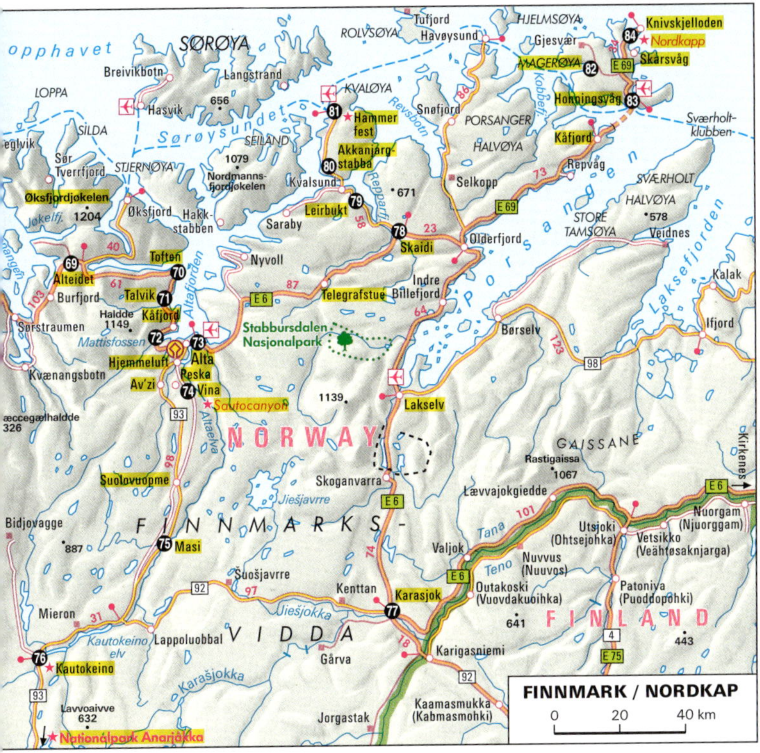

trifft in **Nordkjosbotn** auf die E8, die (von Finnland kommend) nach Tromsø weiterführt.

*Tromsø

Die 73 km lange Strecke von Nordkjosbotn nach Tromsø folgt als E8 dem Balsfjord bis nach Laksvatn, das ebenso erreicht wird, wenn man von **Seljelvnes** die Bezirksstraße um den 1219 m hohen **Lilletind** wählt. Die E8 verläuft durch das enge **Lavangsdal**, bis sie den **Ramfjord** erreicht, einen Seitenfjord des Balsfjordes. Bei **Norberg** hat man einen herrlichen Blick über den **Balsfjord** und seine Inseln; zu Recht gilt er als einer der schönsten Fjorde Norwegens. Nach weiteren 10 km hat man ***Tromsø** 59 erreicht, das auf 69° 39' nördlicher Breite auf einer Insel mitten im Balsfjord liegt. Heute verbinden zwei Brücken die Stadt einerseits mit dem Festland und andererseits mit den Inseln **Kvaløya** und **Ringvassøya**.

Tromsø ist eine relativ junge Stadt mit 55 000 Einwohnern, die größtenteils auf der Fjordinsel **Tromsøya** leben. Flächenmäßig ist Tromsø mit 2400 km^2 eine der größten Städte der Welt, aber bisher sind nur 0,3 % der Fläche der Stadt bebaut. Der Golfstrom mildert die Temperaturen im Winter, im Sommer klettert das Thermometer bis auf 25 °C; in den Vorgärten blühen dann Blumen, und die bis zu 2 m hohe *Tromsøpalme*, ein Doldengewächs, zeigt ihre gefiederten Blätter.

Erstmalig wurde Tromsø 1250 erwähnt, als Håkon IV. hier eine Kirche stiftete, die vom Papst die „Kirche der heiligen Maria bei den Heiden“ genannt wurde. Solange der Handel in Nordnorwegen von Bergen und Trondheim dominiert wurde, hatte die Stadt, die bereits im Jahr 1794 Stadtrechte bekam, kaum Entwicklungsmöglichkeiten. Erst der Tauschhandel mit Russland führte zu einem bescheidenen Wachstum, das dann die Eismeerschifffahrt im beginnenden 19. Jh. beschleunigte. Dazu kamen die Herings-, Wal- und Robbenfänge in den arktischen Gewässern, die mit steigenden Preisen einhergingen. So wuchs die Bevölkerung von 18 im Jahre 1801 auf rund 5000 im Jahre 1890. Die Eidsvoll-Versammlung bestimmte 1814 Tromsø zum Verwaltungsort und Bischofssitz. Kurzzeitig war Tromsø 1940 auch Sitz der Regierung, die vor den deutschen Besatzern geflohen war und von hier aus ins Exil nach England ging.

Oben: Chorwand der Eismeerkathedrale von Tromsø (Glasmosaik von Victor Sparre).

Internationale Bekanntheit erlangte Tromsø durch Polarexpeditionen. Von Carlsen, der Spitzbergen umrundete, über Nansen, Amundsen und Andrée, der eine Ballonfahrt zum Nordpol versuchte, haben alle Polarforscher hier Station gemacht oder sind von hier gestartet. Auch Amundsens letzte Reise, der Rettungsversuch für den mit einem Luftschiff havarierten Kollegen Nobile, begann hier.

Heute lebt Tromsø überwiegend von seinem Hafen, an dem sich viele exportorientierte Industriebetriebe niedergelassen haben. Große Hoffnung setzt man auf die Ausbeutung der Gasfelder von Tromsøflakt, deren rote Versorgungsschiffe bereits den Hafen dominieren. Daneben ist Tromsø Handels- und Dienstleistungszentrum und hat seit 1972 die nördlichste Universität der Welt. Der Anteil der Studenten an der Einwohnerzahl ist hoch, sie prägen das Bild der Stadt, und nirgendwo sonst im Norden findet man eine derartige Häufung von Restaurants, Bars und Diskotheken.

Eismeerkathedrale und Nordlicht – die Sehenswürdigkeiten Tromsøs

Bevor man über die 1300 m lange **Tromsøbru** in die Stadt hineinfährt, sollte man an der modernen ***Tromsdalenkirche** ①, die überall „Eismeerkathedrale“ (*Ishavskatedralen*) genannt wird, Station machen. Die von Jan Inge Hovig entworfene Kirche wurde 1965 eingeweiht. Ihr Vorbild waren die Stockfischgestelle des Nordens. Die Chorwand der Kirche hat Victor Sparre entworfen, auf 140 m^2 zeigt sie die Wiederkunft Christi. Er bediente sich dazu der ungewöhnlichen Dralletechnik, die in den 1930er Jahren in Frankreich entwickelt wurde: Glasblöcke – bei 10 cm Stärke kann man nicht mehr von Scheiben sprechen – werden mit Moniereisen umwickelt und in Beton eingegossen. Entstanden ist so ein 23 m hohes, farbiges Glasmosaik.

Info S. 199-201

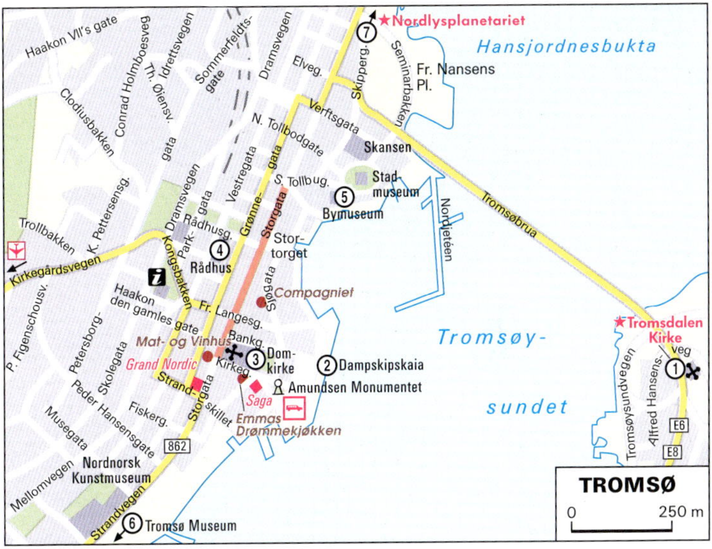

Ist man über die Tromsø-Brücke in die Stadt gelangt, beginnt man den Rundgang am besten an der **Dampskipskaie** ②, wo die Schiffe der Hurtigrute anlegen. Auf dem großen Platz dahinter steht eine **Statue Amundsens** – der Polarforscher blickt gen Norden. Ganz in der Nähe, an der Kirkegate, liegt die hölzerne **Domkirche** ③, mit 750 Sitzplätzen eine der größten des Landes. Sie wurde 1861 gebaut.

Folgt man der **Storgate**, der Hauptstraße von Tromsø, kommt man zur **Rådhusgate**. Hier sind noch viele alte Holzhäuser erhalten geblieben, denn Tromsø ist die einzige größere Stadt in Norwegen, die beim Rückzug der Deutschen 1944 nicht in Brand gesetzt wurde. Die Fläche vor dem **Rathaus** ④ ist zu einem großen autofreien Platz umgestaltet worden, an dessen unterem Ende ein **Walfängerdenkmal** steht. Hier findet auch morgens der **Fischmarkt** statt, den man sich nicht entgehen lassen sollte. In der Mitte der Anlage steht die kleine hölzerne, katholische **Marienkirche**, die, da Tromsø Bischofssitz ist, die kleinste Kathedrale der Welt ist.

An der Tollbodgate, etwas nördlich fast unter der Tromsøbru, befindet sich das **Bymuseum** ⑤ mit Ausstellungen zu Stadtgeschichte und Polarexpeditionen.

Zur Besichtigung des **Tromsø Museums** ⑥, das 5 km entfernt an der Südspitze der Insel liegt, sollte man am besten den Wagen oder den Bus benutzen. Mit viel Mühe haben hier die Einwohner Tromsøs in den langen Winternächten die Dekorationen für die Ausstellungen geschaffen. Es gibt Abteilungen zur Kirchenkunst, zur Flora, Fauna, Geologie und über das Leben der Samen und Lofotenfischer. Angeschlossen ist eine meeresbiologische Station, deren **Aquarium** besichtigt werden kann.

Einen Besuch lohnt auch das ***Nordlysplanetariet** ⑦ (Nordlicht-Observatorium) am Breivik im Norden der Stadt. Das Institut zur Erforschung des vom Sonnenwind ausgelösten Lichteffekts zeigt Vorführungen zu dem Phänomen, das in den hellen Sommernächten nicht beobachtet werden kann. Diese Sommernächte mit der Mitternachts-

Info S. 199-201

sonne, die hier vom 21.5. bis 23.7. zu sehen ist, lässt sich vom 420 m hohen **Storstein**, einem Berg in **Tromsdalen** auf der Festlandsseite, besonders gut beobachten. Bei gutem Wetter fährt die **Seilbahn** bis weit nach Mitternacht, und so lange ist auch das **Restaurant Fjellstua** geöffnet. Es ist aber zu beachten, dass der Tiefststand der Sonne in Tromsø – auf 19° östlicher Länge – bereits um 23.18 Uhr erreicht wird, bei Sommerzeit um 0.18 Uhr.

Im Winter ist die Sonne ab November gar nicht mehr zu sehen, und wenn sie sich im Januar endlich wieder zeigt, feiern die Tromsøer dies mit dem *Nordlysfestival*.

Um den Besuchern und Einwohnern von Tromsø die Polarwelt noch schmackhafter zu machen, entstand **Polaris**, das Nationale Zentrum zur Vermittlung von Polarwissenschaft – eine lehrreiche und unterhaltsame Ausstellung. Schiffstouren führen von Tromsø zum Nordkap und nach Spitzbergen.

Oben: Auf der Vogelinsel nördlich von Svensby brüten hunderttausende Papageitaucher. Rechts: Beim Wandern in Lappland sind die eigenen Kochkünste gefragt.

DURCH DAS LAND DER SAMEN
Von Tromsø nach Alta

Will man Tromsø in Richtung Norden verlassen, hat man die Wahl, entweder nach Nordkjosbotn zurückzufahren und dann der E6 zu folgen, oder ab Fagernes die R91 zu benutzen, die erst bei Olderdalen auf die E6 trifft.

Die letztere Variante ist mit 48 km kürzer als der Weg über die Europastraßen (192 km), es müssen allerdings zwei Fähren von zusammen 60 Minuten Fahrtdauer benutzt werden: Vorbei an schneebedeckten Bergen und kleinen Wasserfällen gelangt man auf der R91 über Horn nach **Breivikeidet**, wo die Fähre nach **Svensby** (25 Minuten, 14-mal täglich) ablegt. 70 km nördlich der Fährroute über den Ullsfjord liegt die Vogelinsel **Fugløya** ⓺⓪, die größte Brutkolonie von Papageitauchern in Norwegen. 40 verschiedene Vogelarten brüten dort, und bis zu 300 000 Brutpaare haben dort ihre Nistplätze. In

Stadtplan S. 187, Karte S. 184-185, Info S. 199-201

Lyngseidet ❻❶ führt die nächste Fähre über den malerischen **Lyngenfjord** nach **Olderdalen** (40 Minuten, 7-mal täglich). Lyngseidet ist ein alter Handelsplatz, der schon 1789 seine Marktrechte erhielt. Sofern man auf die Fähre warten muss, kann man die Lyngenkirche besichtigen. Die Kreuzkirche aus dem 18. Jh. musste komplett restauriert werden, weil die Besatzungsmacht sie als Pferdestall missbraucht hatte. Von der Fähre bietet sich ein schöner Blick auf die Gletscherzungen im östlichen **Lyngenfjell**.

Verlässt man Tromsø über die Europastraße 8, erreicht man in Nordkjosbotn die E6 und bald darauf den **Storfjord**, das Südende des **Lyngenfjords**, der als der schönste Nordnorwegens gepriesen wird und dem die Straße über 120 km folgt. Rastplätze und Aussichtspunkte laden zum Verweilen oder zum Picknick ein. Auf der gesamten Strecke nach Alta liegen nur wenige größere Siedlungen.

Bei **Kitdal bru** ❻❷ zweigt eine Bezirksstraße ins **Signadal** ab. Die für den Norden ungewöhnlich üppige Vegetation hat dazu geführt, dass sich hier schon im 19. Jh. Bauern aus dem Øster- und Gudbrandsdal angesiedelt haben.

Wer über **Signalnes** nach **Paras** ❻❸ weiterfährt, kann dort eine Wanderung unternehmen, die durch Norwegen, Schweden und Finnland führt (4 Std.). Die E6 erreicht **Olderbakken**, wo die E8 nach Finnland und Schweden abzweigt. Sie folgt dem alten Handelsweg der Samen, die auf dieser Route zum Markt nach **Skibotn** ❻❹ zogen. Dort tauschten sie Felle und Rentierfleisch gegen Mehl, Butter und Werkzeuge – mit dem Beginn des 20. Jh. zunehmend gegen Tabak und Schnaps. Über das Skibotndal kamen auch die finnischen „Kvænen“ (Einwanderer) nach Nordnorwegen.

An der Westseite des Fjords erblickt man nun die **Lyngenhalvøya** mit ihren Gipfeln und Gletschern (Lyngsalpen). In **Odden** sieht man zwar in 3 km Entfernung Olderdalen liegen, man braucht aber 33 km um den **Kåfjord** herum, um dorthin zu gelangen; spätestens hier wird klar, weshalb die norwegische Küstenlänge dem halben Erdumfang

entspricht. Bis **Djupvik** folgt die E6 dem Lyngenfjord. Hier sollte man einen Abstecher nach **Spåkenes** ⓺⓹ (2 km) machen, wo eine natürliche Plattform in den Lyngenfjord hineinragt und einen unvergleichlichen Blick bietet. In **Langslett** zweigt die R866 nach **Skjervøy** ⓺⓺ ab, wo die älteste Kirche des Bistums Troms steht.

Über das Fjell (227 m) zwischen Rotsund und Reisafjord kommt man nach **Storslett** ⓺⓻. Hier ermöglicht die R865 einen Abstecher in das klimatisch begünstigte **Reisadal**. Wer die 43 km bis **Bilto** auf sich nimmt, kann dort ein Boot mieten und auf dem Fluss zum **Mollisfoss** weiterfahren. Der Wasserfall ist mit 270 m lotrechter Fallhöhe einer der größten des Landes. Er liegt im ***Reisa-Nationalpark** ⓺⓼, durch den ein Wanderweg bis zum RV896, 35 km vor Kautokeino, führt.

An **Straumfjord** und **Oksfjord** entlang steigt die E6 im Kvænangsfjell auf

Oben: Auf riesigen Gestellen im Wind gedörrt – so wird Kabeljau zu Stockfisch. Rechts: Die Steinzeichnungen von Alta.

402 m Höhe an. Hier, in ausgezeichneter Lage, steht das **Gildetun Hotell**, eines der schönsten Hotels Nordnorwegens. Mit großer Mühe hat der Besitzer jedem Raum des Haupthauses eine andere hölzerne Innenausstattung gegeben, wobei er nur lokale Hölzer verwendete. Einmalig ist der Blick über den Kvænangenfjord und auf das gegenüberliegende Øksfjordjøkul. Knapp unterhalb des Hotels haben Kautokeinosamen ein Winterlager mit den typischen erdbedeckten Hütten errichtet.

Die Straße führt hinunter zur Sørstraumen-Brücke über das Ende des Kvænangenfjords, die 33 km Weg um den Fjord einspart. Wiederum steigt die Straße auf 270 m an, von **Burfjord** aus sieht man im Westen die Zinnen des Kvænangstindan (1175 m). Von **Alteidet** ⓺⓽ aus führt ein Weg zum **Jøkelfjord**: Dort werden Bootsfahrten zum **Øksfjordjøkul** angeboten, dem einzigen norwegischen Gletscher, der in einen Fjord kalbt.

Auf der Wasserscheide zwischen Bur- und Langfjord verläuft die Provinzgrenze zwischen Troms und Finnmark, der nördlichsten und größten Provinz des Landes. Die Europastraße folgt nun dem schönen **Langfjord** über 40 km, an dessen Ufer zahlreiche Trockengestelle für Stockfisch stehen. Die Plattform von **Toften** ⓻⓪, am Übergang des Langfjords in den **Altafjord**, hat die deutsche Wehrmacht mit Befestigungsanlagen bestückt. Sie versperren aber nicht den Blick über den Fjord nach Alta, das zum Greifen nah scheint, aber 43 enge, kurvenreiche Straßenkilometer entfernt liegt.

In der Umgebung von **Talvik** ⓻⓵ und **Kåfjord** gab es im 19. Jh. einige Zink- und Kupferminen. Eine englische Berggesellschaft hatte die Konzession und köderte überall im Land Mitarbeiter, denen man das Blaue vom Himmel versprach. Waren sie erst einmal mit ihren Familien zu den Gruben gezogen, wurde ihr Lohn zuerst mit den Umzugskosten, der Miete und den daraus resul-

Karte S. 184-185, Info S. 199-201

tierenden Zinsen verrechnet, so dass die Arbeiter über den Status von Lohnsklaven nicht hinauskamen. Aus dieser Bergbauzeit stammen auch die englischen Kirchen mit ihren typischen Staffelchören.

Am **Mattisfoss** ⓻❷ umgeht eine 450 m lange und 45 m hohe Lachstreppe den Wasserfall.

In **Hjemmeluft** bei Alta hat man Wohnplätze aus der jüngeren Steinzeit ausgegraben und dabei einen großen samischen Silberschatz aus dem 16. Jh. gefunden. Hier, direkt neben der Straße, liegt auch das größte **Feld von Felszeichnungen**, das es in Norwegen gibt. Über 2000 einzelne Zeichnungen hat man auf den von der Eiszeit glatt geschliffenen Felsbuckeln gefunden, das größte Feld hat die Ausmaße von 20 mal 26 m. Seit diese Zeichnungen auf der UNESCO-Liste des Welterbes stehen, hat man ein neues Museum gebaut und die einzelnen Zeichnungsstätten mit hölzernen Laufstegen verbunden. Die Interpretation der Zeichnungen ist nicht einfach, denn sie sind über einen Zeitraum von gut 3000 Jahren entstanden (5000 bis 2000 v. Chr.). Sicher hatten sie kultische Bedeutung, verschiedene Jagdtiere und Fische sind ebenso gut zu erkennen wie Schlitten und Boote. Merkwürdigerweise sind die Menschendarstellungen auf Strichmännchen reduziert. Einzelne Linien – durchgezogen, gepunktet oder in Form von Eisenbahnschienen – scheinen Grenzen anzudeuten, wenn auch auf beiden Seiten ähnliche Figuren zu finden sind. Das museumspädagogisch hervorragend gestaltete ****Alta-Museum** informiert jedoch nicht nur über Felskunst, sondern auch über die Samen-Kultur, Bergbau und Fischerei.

Der Grund für die frühe und dauernde Besiedlung des Altafjords ist das außergewöhnlich milde Klima. Nirgends sonst auf der Welt wird jenseits des 70. Breitengrads Getreide reif. Auch sind die Gärten der Häuser von vielen blumenreichen Gärten umgeben, als wolle man den von den Südnorwegern spöttisch gemeinten Beinamen „Italien der Finnmark" bestätigen. Die Mitternachtssonne ist in Alta vom 16.5. bis zum 26.7. zu sehen.

Alta 73 merkt man an, dass die Stadt, mit 15 000 Einwohnern die größte der Finnmark, aus mehreren Dörfern entstanden ist. Über 10 km zieht sie sich an der E6 entlang. Bossekop war der Name des Fleckens, an dem die Samen ihre Märkte abhielten. Von weit her kam man, um an den Frühlings- und Herbstmärkten Produkte zu tauschen. Ab dem 19. Jh. dominierten Pelzhändler des Südens diese Märkte; sie verkauften den Samen Gewehre für Edelmetall und bezahlten Pelze mit Schnaps, den sie zwar nicht selbst trinken, aber an die Samen weitergeben durften.

Heute sind die Samen in Alta eine Minderheit. Dazu hat auch das Militär beigetragen, das in Alta einen großen Stützpunkt unterhält und viele Familienangehörige der Soldaten hier angesiedelt hat. Die Militärkommandantur residiert sinnigerweise im **Gebäude der Arktischen Mission** (*Missio Circuli Polaris Arctici*). Dieses war bis 1814 Sitz des Amtmanns der Finnmark, der dann nach Tromsø umzog. Als 1851 das Verbot der Eidsvoll-Verfassung aufgehoben wurde, nach dem Juden und Jesuiten das Land nicht betreten durften, gründete man in Rom die erwähnte katholische Mission, als deren Sitz man Alta wählte. Man kaufte den leer stehenden **Amtsgård** und versah ihn mit einem Glockenturm. Die arktische Mission war ein ziemlich erfolgloses Unterfangen und wurde bald aufgegeben. Das Gebäude der Mission ging dann in Militärbesitz über. Es ist im Krieg abgebrannt, aber man hat es liebevoll restauriert und auch den Wiederaufbau des Glockenturms nicht vergessen. Das weiße Herrenhaus liegt im Norden der Stadt, in der Nähe des Flughafens, direkt an der E6. Es beeindruckt durch seinen akkuraten weißen Zaun und den militärisch kurz gestutzten Rasen.

Oben: Das Ostertreffen der Samen in Kautokeino beginnt mit dem Gottesdienst. Rechts: Darauf folgt das Rentierschlittenrennen.

Die größte Attraktion von Alta ist die alljährliche Lachssaison am **Altaelv**, wenn Tausende von Lachsanglern einfliegen, um hier, am lachsreichsten Fluss der nordnorwegischen Atlantikküste, ihrem Hobby zu frönen.

Zur Hauptstadt der Samen – Von Alta nach *Kautokeino

Wenn es eine Strecke gibt, die den Namen „Straße der Samen“ verdient, ist es die R93 von Alta nach Kautokeino. Nur in ihrem Einzugsbereich, im Binnenland der Finnmark, stellen die Samen noch die Bevölkerungsmehrheit. Dieses Land zwischen Taiga und Tundra, das von Moosen, Flechten, Krüppelbirken und Moosbeeren bewachsen ist, haben die Norweger den Samen überlassen, als sie sie aus den fruchtbaren Tälern verdrängten. 20 000 Samen leben noch in Nordnorwegen, 35 000 sind es insgesamt. Da von den 70 000 Einwohnern der Finnmark zwei Drittel an den klimatisch günstigeren Küstensäumen leben, stehen den Samen pro Person statistisch gut 2 km² zur Verfügung, die sie allerdings mit sieben Rentieren teilen müssen. Trotzdem ist das Gebiet übervölkert, denn es gibt kaum Arbeitsplätze, und 150 000 Rentiere sind für die zwar weite, aber karge Landschaft bei weitem zu viel.

Der Einfluss des Golfstroms ist hier nur noch mäßig, das Klima ist kontinental geprägt und damit kälter. Jahresdurchschnittstemperaturen im Minusbereich sind normal und sieben Monate im Jahr herrscht strenger Winter. Die Pflanzen der hauchdünnen Vegetationsschicht haben sich darauf eingestellt: Sie vermehren sich zweijährig. So verharren die Früchte der Moosbeere nach ihrer Entwicklung aus der Blüte im unreifen Zustand und reifen erst im folgenden Sommer. Eine Bananenschale braucht über ein Jahr, um zu verrotten, und es dauert zehn Jahre, bis neu angelegte Straßenböschungen bewachsen sind.

Es ist daher verständlich, dass die Samen mehr und mehr ihr klassisches Nomadenleben aufgeben und nach ganz normalen Arbeitsplätzen Ausschau halten. Zog früher der gesamte Familienclan im Frühjahr mit der Herde nach Norden, sind es heute noch ein bis zwei

Hirten, die der Herde auf geländegängigen Motorrädern folgen. Häufig sind sie auch nur noch Angestellte eines sesshaften Herdenbesitzers. Die Herden sind in den letzten Jahren immer größer geworden, weil Subventionen pro Rentier gezahlt werden. Die Reaktorkatastrophe von Tschernobyl hat diese Entwicklung beschleunigt. Der Markt für Rentierfleisch war zeitweise völlig zusammengebrochen und das Fleisch wurde, hoch subventioniert, in Nerzfarmen verfüttert. Die Nachfrage hat sich nur langsam erholt, was den Preis fallen ließ und damit zu größeren Herden führte, um das Einkommen zu sichern. Da sonstige Arbeitsplätze fehlen, haben auch die Züchter, die am liebsten die Zucht aufgeben würden, keine Alternative als weiterzumachen.

In **Tangen** verlässt die R93 den Altaelv; folgt man jedoch weiter dem Fluss, gelangt man auf einer Provinzstraße nach **Vina** ⓻⓸, wo der größte Canyon Norwegens, der 6 km lange ***Sautsocanyon**, beginnt, früher ein Naturparadies, durch das im Frühjahr die Rentierherden nach Norden zogen. Ein Staudamm setzt jetzt den Canyon teilweise unter Wasser. Das Kraftwerk wurde trotz massiver Proteste fertig gestellt, obwohl die potentiellen Stromabnehmer ihre Investitionspläne längst zu den Akten gelegt haben.

Bei **Peska** liegen die Schieferbrüche von Alta, die lange Zeit die wichtigste Einnahmequelle des nicht agrarischen Sektors waren. **Av'zi** – im Tangdal – markiert den Übergang von den Küstensäumen zum Binnenland. Durch das enge Tal schäumt das Wasser der Straße entgegen, die auf die Hochebene ansteigt. Bei der **Suolovuopme** (samisch für „Waldinsel") **Fjellstue** ist der höchste Punkt der Strecke erreicht (418 m), und hier kreuzen sich auch die alte und die neue Straße.

Masi ⓻⓹ ist eine kleine Samensiedlung mit einer neuen Kapelle, die bereits die vierte an dieser Stelle ist.

Am **Kautokeinoelv** entlang kommt man in die Hauptstadt der Samen, die bei diesen *Guovdageaidnu* heißt. Die Stadt hat 3000 Einwohner, von denen 85 % Samen sind. Allerdings ist ***Kautokeino** ⓻⓺ auch die Hauptstadt der Mücken, die hier milliardenfach auftreten. Der Ort ist Sitz des **Samischen Instituts**, das architektonisch an ein Samenzelt erinnern soll. Das Institut beschäftigt sich mit samischer Kultur und Lebensweise. Die Hälfte der Einwohner lebt von der **Rentierzucht**, darauf bereitet eine Fachschule vor. Bei der Rentierscheidung im Frühjahr und Herbst werden die für die Wanderung zu schwachen Tiere ausgesondert und geschlachtet. Bei der Frühjahrsscheidung, zu Ostern, bekommen die neugeborenen Kälber ihr Brandzeichen. Zu dieser Gelegenheit findet das große Rentier-Schlittenrennen statt, an dem bis zu 150 Tiere teilnehmen. Die Osterwoche ist zudem die Zeit der Samen-Hochzeiten, bei denen stolz Tracht getragen wird.

Rechts: Sportgerät, aber auch wichtiges Transportmittel – Hundeschlitten in der Finnmark.

Einen Besuch lohnt **Juhls' Silberschmiede**, eine Sammlung kurioser Häuser, die sich ein Däne und eine Deutsche hier gebaut haben und für die sie vermutlich sonst nirgends auf der Welt eine Baugenehmigung bekommen hätten. Man hat auch Gegenstände aus dem Land der Samen gesammelt, so dass die Häuser einerseits eine Werkstatt für modernen Schmuck, der sich an den Traditionen des Lappensilbers orientiert, und andererseits ein Museum sind.

Über Karasjok zum Eismeer

Von Kautokeino sind es 43 km auf der R93 nach Finnland, 35 km auf der R896 zum Zugangspfad zum Reisa-Nationalpark (s. S. 190) und 130 km nach Karasjok. Diese Strecke (R92) beginnt 30 km nördlich von Kautokeino und folgt einem alten Weideweg der Samen. Sie führt durch gewöhnungsbedürftige, aber durchaus reizvolle Waldtundralandschaft, in der kleine Seen oder Rentierherden die größten Abwechslungen sind.

Karasjok ⓻⓻ hat 2900 Einwohner, die zu 85 % Samen sind. Hier steht die älteste erhaltene Kirche der Finnmark (1807 errichtet). Im hiesigen samischen Gymnasium werden Teile des Unterrichts in dieser Sprache gehalten; in den Grundschulen steht das Fach „Rentierzucht" auf dem Lehrplan. **Samiske Samlinger** ist ein Archiv samischer Kultur mit umfangreicher Bibliothek und Ausstellungen. Auch das samische Parlament, **Sámediggi**, ist zu besichtigen. Der Themenpark **Sápmi** versetzt die Besucher mit Hilfe herkömmlicher und moderner Darstellungsweisen in die Welt der Samen.

Von Karasjok führt die E6 nordwärts nach Lakselv an den Porsangerfjord (75 km) oder ostwärts nach Kirkenes (321 km). Die R92 erreicht nach 14 km Finnland; von ihr zweigt nach Süden ein Fahrweg ab (streckenweise am Grenzfluss Anarjåkka entlang) zum

Karte S. 184-185, Info S. 199-201

*Nationalpark Anarjåkka, der in den finnischen Nationalpark Lemmenjoki übergeht: 4400 km^2 Waldtundra- und Moorwildnis ohne Straßen und markierte Wege, ein Eldorado für zivilisationsmüde, aber sehr erfahrene Wanderer mit guter Kondition.

Von Alta nach Hammerfest

Von Alta folgt die E6 dem Altafjord über 22 km. Einige Aussichtspunkte lohnen einen Stopp. Am Ende des **Rafsbotnfjords** steigt die Straße hinauf zur **Finnmarksvidda**. Gut 50 km zieht sie sich durch das Tundragebiet, das durchschnittlich 300 m hoch liegt und auf dem ausgesprochen unangenehme Winde wehen können.

Einzelne kleine Häuser von Fjellsamen und die **Lappenkirche Duodde Sion** sind die einzige Abwechslung in der kargen Landschaft. Bei **Telegrafstue** erreicht die E6 den Fluss **Repparfjordelva**, dessen tief eingeschnittenem Tal sie folgt. Er ist sehr fischreich, und die krüppeligen Birkenhaine stehen voller Birkenpilze, die aber seit Tschernobyl keiner so recht pflücken mag. **Skaidi** ⓻⓼ besteht aus einer Brücke, einer Tankstelle, zwei Hotels und vielen Wochenendhäusern der Leute aus Hammerfest. Dorthin zweigt in Skaidi die R94 ab.

*HAMMERFEST
Die nördlichste Stadt der Welt

Bei **Leirbukt** 79 beginnt das Rentierzuchtgebiet von Hammerfest, häufig liegen die Tiere wiederkäuend auf der warmen Straße. Über den Kvalsund führt seit 1976 eine Brücke, die mittlerweile auch von den lernfähigen Rentieren benutzt wird, die früher durch den Sund schwammen. Vor und hinter der Brücke bieten Parkplätze gute Fotomöglichkeiten. 10 km hinter der Brücke steht der **Akkanjark Stabba** 80, ein samischer Opferstein aus vorchristlicher Zeit. Von hier sind es noch 20 km bis ***Hammerfest** 81.

Die nördlichste Stadt der Welt hat seit 1789 Stadtrechte. Trotz günstiger Voraussetzungen, wie eisfreier Hafen, gute Fischgründe und lange gewährte

Steuerfreiheit, wollte die Stadt nicht so recht gedeihen.

Erst der „Pomorhandel" („Handel über das Meer") mit der russischen Küste – norwegischer Fisch gegen russisches Getreide – brachte die Wende; er war lebensnotwendig geworden, als die Engländer während der napoleonischen Kriege die Schiffsverbindungen der Finnmark nach Süden abschnitten und dieser Landstrich nur durch die Getreidelieferungen aus Murmansk überleben konnte. Auch ein Versuch der Engländer, in Hammerfest zu landen, schlug fehl. In dieser Zeit erwarb die Stadt ihre Stellung als wichtigster Hafen der Finnmark. Der Pelzhandel und einige Polarexpeditionen, die von Hammerfest aufbrachen, verstärkten diese Position weiter, und 1840 gab es hier bereits 400 Einwohner.

Einige Brand- und Sturmkatastrophen zerstörten die Stadt mehrmals. Sie wurde aber immer wieder aufgebaut und erhielt – als erste Stadt Norwegens – im Jahr 1891 elektrische Straßenbeleuchtung – hier, wo vom 22.11. bis zum 21.1. die Sonne nicht aufgeht, war dies sicher eine Notwendigkeit. Die größte Katastrophe erlebte Hammerfest, als im Zweiten Weltkrieg die abrückende Wehrmacht es an mehreren Stellen gleichzeitig anzündete.

Oben: Wo 60 Tage im Jahr die Sonne nicht aufgeht, ist die Straßenbeleuchtung kein Luxus – Blick auf Hammerfest.

Heute lebt Hammerfest nur noch teilweise vom Fischfang und seiner Verarbeitung. Große Bedeutung hat in den letzten Jahren das Ölgeschäft im Nordatlantik gewonnen, viele neu erstandene Häuser bezeugen den Wohlstand der Beschäftigten der Bohr- und Förderplattformen. Eine nicht unbedeutende Rolle spielt auch der Tourismus in die so hoch im Norden liegende Stadt.

Am Ortseingang steht die **Hammerfestkirche**, die an die Eismeerkathedrale von Tromsø erinnert. Auch bei ihr dient als Chorabschluss eine dreieckige Glaswand, die eine Kantenlänge von 8 m hat. Um den Blick auf die abstrakte Glaswand nicht zu verstellen, hat man auf einen Altaraufsatz verzichtet. Dafür hängt im seitlichen Taufraum eine alte,

Karte S. 184-185, Info S. 199-201

naive Altartafel aus dem 17. Jh. Im Sommer werden in der Kirche täglich Orgelkonzerte gegeben. Gegenüber der neuen Kirche steht die alte Friedhofskapelle, die die Brände überdauert hat.

In der Stadtmitte, zwischen Strandveien und Hafenkai, hat man das **Rathaus** errichtet. In ihm ist auch der **Eisbärenklub** untergebracht, der hier ein kleines **Museum** unterhält, unter anderem mit Exponaten aus der Walfängerzeit. Etwas hochtrabend nennt sich der 1963 von zwei Hammerfester Patrioten gegründete Club offiziell *The Royal and Ancient Polar Bear Society*. Auch auswärtige Interessenten können die Mitgliedschaft erwerben, allerdings nur bei persönlichem Erscheinen.

Auf dem **Rathausplatz** finden häufig Märkte statt, und vom Kai aus beginnen Fjordtouren, darunter auch eine Minikreuzfahrt mit dem Katamaran nach Honningsvåg. Auf der Bergseite des Strandveiens hat man einen **Pavillon** mit den Insignien des Eisbärenklubs aufgestellt.

Wenige Meter weiter erreicht man die katholische **Michaelskirche**, an deren Wiederaufbau zahlreiche deutsche Jugendliche mitgewirkt haben. Ihr Kruzifix wurde von einem deutschen Kriegsgefangenen in Narvik geschnitzt, der ihn dann persönlich nach Hammerfest brachte.

An der Kirche führt auch der Fahrweg hinauf zum **Varden**, dem Aussichtspunkt auf dem Hausberg **Salen**. Oben hat man eine Cafeteria eingerichtet, von der aus man vom 17. Mai bis 28. Juli den Ausblick auf die Mitternachtssonne genießen kann.

Nördlich der Stadt, auf der anderen Seite der Hafenbucht, steht die **Meridiansäule**, die an das norwegisch-russisch-schwedische Gemeinschaftswerk der Erdvermessung erinnert. Dieses Unternehmen begann im Jahr 1816 und dauerte über 30 Jahre. Die Ergebnisse waren so exakt, dass man bei späteren Satellitenmessungen nur minimale Abweichungen feststellen konnte.

*NORDKAP
Das Ziel mancher Mühe

Von Skaidi steigt die E6 auf das karge Fjell hinauf und folgt dem Olderfjorddal bis nach **Olderfjord** am **Porsangerfjord**. Dieser ist einer von Norwegens großen Eismeerfjorden und erstreckt sich 120 km tief ins Land. Hier beginnt die E69 zur Nordkapinsel **Magerøya** ❽❷ (Magerinsel). Die Strecke am Porsangerfjord entlang bietet schöne Aussichten auf den Fjord und die Glimmerschieferwände, die die fast vegetationslose Strecke begleiten. Heute ist die Fährüberfahrt zwischen **Kåfjord** und Honnigsvåg überflüssig geworden, denn ein 10,7 km langer Tunnel zur Insel ersetzt seit 1999 die Fähren, die früher in 40 Minuten den Magerøysundet von Kåfjord nach Honningsvåg überquerten.

Honningsvåg ❽❸ (3500 Einwohner) lebt von Fischfang und Tourismus. Im Hafen macht die Hurtigrute fest, und im Sund liegen oft Kreuzfahrtschiffe. In den letzten Jahren sind wegen großer Nachfrage neue Hotels entstanden, die in der Hochsaison immer ausgebucht sind.

Von Honningsvåg führt die E69 quer über die Insel, dabei sind einige schwindelerregende, aber gut ausgebaute Serpentinen zu überwinden. Die Strecke bietet besonders nachts, bei tief stehender Sonne, einige spektakuläre Motive, und auch die Rentiere äsen hier nachts.

Lohnend ist ein Abstecher nach **Skarsvåg**, dem einzigen Eismeerhafen der Insel. Besonders spät abends, wenn die Sonne tief steht, hat man vom Kai einen herrlichen Blick auf das Eismeer. Hier scheint manchmal noch die Sonne, wenn das Nordkap längst im Nebel versunken ist. Oft liegen hier Kreuzfahrtschiffe, wenn der Magerøysund überfüllt ist.

Das ***Nordkap** ❽❹ ist ein 307 m hoher Schieferklotz, der fast senkrecht aus dem Meer ragt. Den Namen hat das

„North Cape" von Richard Chancellor, der 1553 die Nordost-Passage suchte und glaubte, sie hier gefunden zu haben.

Der Tourismus zum Nordkap begann schon früh. Bereits der Italiener Pietro Negri berichtet im 17. Jh. von einer solchen Reise; Louis Philippe, der spätere französische Bürgerkönig, war 1795 hier, und auch Oscar II. hat dem Fels seine Aufwartung gemacht. Damals musste man noch im Sandfjord ankern, und die königlichen Hoheiten wurden inklusive der Damenbegleitung mit Stricken um den Bauch den Felsen hochgezerrt. Seit Oscars Besuch begannen die Kreuzfahrtschiffe um den Felsen herumzufahren, und als die Straße gebaut war, entwickelte sich allmählich der Massentourismus von heute: Über 200 000 Touristen pro Jahr besuchen das Nordkap.

Die alte **Nordkaphalle** ist längst abgerissen, dafür wurde ein Touristenzentrum in den Fels gesprengt, das unterirdisch Souvenirläden, Verkaufsstände für Zertifikate und Stempel, Restaurant, Bar, Multivisionskino und eine Eismeerhalle mit Eismeerbalkon beherbergt.

Oben: Gespanntes Warten auf die Mitternachtssonne am Nordkap.

Die Mitternachtssonne scheint an diesem Punkt, auf 71° 10' 21", vom 14. Mai bis 29. Juli – wenn sie denn zu sehen ist. Hier, am Übergang vom Eismeer zum wärmeren Golfstrom, bilden sich oft Nebelfelder. Aber: Ist es in Honningsvåg neblig, kann es am Nordkap strahlend schön sein oder auch umgekehrt. Statistisch sehen maximal 10% der Besucher die glutrote mitternächtliche Sonnenscheibe, die um 23.21 Uhr (Sommerzeit 0.21 Uhr) ihren Tiefststand erreicht. Am schönsten wirkt sie im Mai und Ende Juli, wenn sie fast das Wasser berührt und dann glutrot erscheint.

Tatsächlich aber liegt die exakte Nordspitze Europas auf 71° 11' 48", am **Knivskjellodden**. Wanderer erreichen ihn von der E69 nach 8 km auf 2-3-stündiger Tour und erhaschen mit etwas Glück einen Blick auf Nordkap und Sonne.

Karte S. 184-185, Info S. 199-201

STIKLESTAD / VERDAL

Stiklestad Nasjon. Kultursenter, Verdal, Tel. 74044200, www.stiklestad.no; tgl. 8-16, Feiertage 11-16 Uhr, während d. St.-Olavs-Spiels Ende Juli länger geöffnet.

Værneskirche, www.destinasjon.no, 10 km östl. Trondheim, Ende Juni-Mitte August tägl. 10-17, sonst Mo-Fr 8.30-16 Uhr. **Steinvikholm**, 20 km nördl. Trondheim, im Sommer Brücke, sonst per Boot, Stjordal Turistkontor Tel. 74834580, s.a. www.steinvikopera.no. **Alstahaugkirche** (Skogn-Freilichtmus.), Juni-Aug. 10-16 Uhr. **Stiklestad-Kirche**, 20.6.-8.8. Mo-Sa 10-18 Uhr.

St.-Olavs-Festival *(Olsokdagene)*, Stiklestad, Freilichtspiele um den 29.7.

STEINKJER

Namdalsveien 11, 7725 Steinkjer, Tel. 74163617, www.rv17.no, www.steinkjer-turist.com; Mo-Fr 9-16, Juli-Mitte Aug. Mo-Sa 9-20, So 12-20 Uhr.

Mærekirche, 13 km südl. Steinkjer, Juli tägl. 11-16 Uhr. **Kirche Steinkjer**, Mo-Fr 8-16 Uhr, Büro Tel. 74145709. **Egge-Museum**, Di-Fr 10-15.30, So 12-16 Uhr.

NAMDALEN

Namsos, Dampskibskaia, Tel. 742266 04, www.namsosinfo.no; www.rv17.no, Mo-Fr 8.30-16 Uhr, Sommer tägl.

Namdal-Museum, 20.6.-20.8. Di-So 11-15 Uhr. **Ranemslettakirche**, 25 km nordöstl. Namsos, Schlüssel i. Nachbarhaus.

Kanu- und **Fahrradverleih**, s.a. Steinkjer- Info, Tel. 74163617. **Bootsafari**, Tel. 74287101, im Sommer.

INSELSTRECKE NACH MOSJØEN

Brønnøysund, Tel. 75018000, www.visithelgeland.com. **Sandnessjøen**, Tel. 75042580, www.helgelandskysten.com.

Galeasen, Brønnøysund, Havnegt. 34 Tel. 75008850; gute norweg.Küche.

Alstahaugkirche, **Pfarrhof**, **Petter-Dass-Museum**, 20 km südl. Sandnessjøen, Mitte Juni-Mitte Aug. tägl. 10-19 Uhr.

5 bzw. 7 Tage **R17-Auto- oder Fahrrad-Paketreisen**: www.rv17.no – mit guter Information zu Tunneln u. Fähren. Felsloch **Torghatten** ab Brønnøysund, www.torghatten.no, Tel. 75008200; Hurtigrute Brønnøysund-Rørvik oder retour. **Vega**: www.verdensarvvega.no, Hafen Rørøy/Vega tägl. ab Brønnøysund oder Sandnessjøn, www.helgelandske.no, Tel. 75064100. Wanderungen **Sieben Schwestern**: Tel. 75044500 u. Touristeninfo. Sandnessjøen. Helgelandske fährt tägl. Sandnessjøen-Stokkvågen-**Træna**.

SNÅSA / GRONG

Snåsa, Pakkhuset, im Zentrum, Tel. 74151250, www.snasa.kommune.no, www.indre-namdal.no, 20.6.-20.8. 9-19, sonst 9-13 u. 17.30-19 Uhr. **Grong** Fritidssenter, Markt, Tel. 74312700, www.grongfri.no; Mitte Juni-Anf. Aug. Mo-Fr 9-19, Sa, So 11-18, sonst Mo-Fr 9-15.30 Uhr.

Snåsa: **Kirche**, **Südsamisches Museum und Kulturzentrum**, Mitte Juni-Aug. Di-Fr 11-17, So 12-17 Uhr. **Gløshaugkirche**, 8 km nördl. Grong, Schlüssel im Küsterhaus, Tel. 74332570.

MOSJØEN

C.M.Havigsgt. 39, 8656 Mosjøen, Tel. 75111240, www.visithelgeland.com; 20.6.-5.8. 9-19 Uhr, sonst 8-15.30 Uhr.

Dolstadkirche, 23.6.-1.8. 8-15.30 Uhr, sonst Tel. 75112530, auch für: **Vefsn-Freilichtmuseum**, 15.6.-15.8. Mo-Fr 10-15.30, Juli 10-21, So 11-15 Uhr. **Øyfjellgrotte**, Besichtigung bei Touristeninformation anmelden, Tel. 75111240.

MO I RANA

Polarsirkelen Reiseliv, Tel. 75139200, www.arctic-circle.no, Mo-Fr 9-16 Uhr, im Sommer erweiterte Öffnungszeiten.

Rana-Museum, Fridtj. Nansensgt. 22, **Naturhistor. Abt.**, Moholmen, beide

Di-Fr 10-15, 20.6.-20.8. zus. Do 18-21, Sa 10-15 Uhr. **Mo-Kirche**, Sommer Di-Fr 9-15 Uhr.

Svartisen-Gletscher, 32 km von Mo, Info s. Mo i Rana. **Grønligrotte** ab Hof Grønli, 22 km von Mo,Tel. 75132586, mobil 47233858, Juni-Aug. tägl. 10-19 Uhr. **Polarkreiszentrum**, 80 km ab Mo, Tel. 75690288, www.polarsirkelsenteret.no, Mai-Mitte Sept.

FAUSKE

Torggaten 21, Tel. 75600600, www.visitnordland.no.

Salten/Fauske Freilichtmuseum, Mitte Juni-Mitte Aug. tägl. 11-17 Uhr. **Marmorbruch**, tgl. außer i. Juli 7-15 Uhr.

BODØ

Sjøgt. 3, Tel. 75548000. www.visitbodo.com; Juni-Aug. tägl. 9-20, sonst Mo-Sa 9-16 Uhr.

Panorama-Restaurant im SAS Hotel, teuer, aber unvergleichlicher Blick.

Bodøsjøen Freilichtmuseum, Freigelände immer offen, Führ. Tel. 7550 3500, www.saltenmuseum.no. **Nordland Museum**, Prinsensg. 116, Mai-Aug. Mo-Fr 9-16, Sa, So 11-16, sonst Mo-Fr 9-15 Uhr. **Norw. Luftfahrtmuseum**, www.luftfart.museum.no, Mitte Juni-Mitte Aug. tägl. 10-18, sonst Mo-Fr 10-16, Sa, So 11-17Uhr.

Im Sommer **Konzert**, Domkirche Bodø, Sa 13 Uhr.

***FLUG**:* Oslo, Tromsø, Trondheim, Kirkenes und zu den Lofoten, mit SAS und Widerøe. ***SCHIFF**:* Sandnessjøen, Lofoten; Stokmarknes (Vesterålen). Insel Røst ab Bodø, Værøy, oder Moskenes (Lofoten). ***BAHN**:* tägl. 2-mal Trondheim mit der Nordlandbahn. ***BUS**:* Svolvær (Lofoten), Harstad (Vesterålen), Narvik mit Anschluss nach Tromsø, Alta, Hammerfest, Kirkenes.

HAMARØY

Hof Hamarøy, Hamsun-Museum, 1.6.-31.8. Mo-Fr 10-20 Uhr.

Fährverbindung Bognes – Lødingen (Vesterålen), 12-mal tägl., 1 Std.

NARVIK

Kongensgt. 57, Narvik, Tel. 76965600, www.destinationnarvik.com; Juni-Aug. 9-20 Uhr, sonst Mo-Sa 9-16 Uhr.

Erzhafenanlagen, 15.6.-15.8. tägl. 15 Uhr ab LKAB-Verwaltungsgebäude. **Gondelbahn zum Fagernesfjell**, 12.6.-1.8. bis 1 Uhr nachts. **Kriegsmuseum**, März-Sept. tägl. 10-16/21, sonst Mo-Fr 11-15 Uhr.

Narvik-Skicenter, nördlichste Weltcup-Arena, Nov.-Juni, Tel. 76941605, www.narvikfjellet.no. **Ofotenbahn** b. schwed. Grenze, Tel. 76923121. **Polarzoo**, Bardu, nö. v. Setermoen, 3 km ab E6, www.polarzoo.no.

TROMSØ

Kirkegata 2, 9253 Tromsø, Tel. 77610000, www.destinasjontromso.no Sept.-Ende Mai Mo-Fr 9-16, Sa 10-14, sonst Mo-Fr 8.30-18, Sa, So 10-17 Uhr.

Peppermøllen Mat- og Vinhus, Storgt. 42, Tel. 77686260, ältestes Haus am Platz. **Emmas Drømmekjøkken**, Kirkegt. 8, Tel. 77637730, elegantes Gourmet-Restaurant. **Compagniet**, Sjøgt. 12, Tel. 77664222, gut und sündhaft teuer. **Ølhallen**, Storgt. 5-13, Tel. 77624580, Restaurant der historischen Mack-Brauerei.

Eismeerkathedrale, Juni-Mitte Aug. Mo-Sa 9-19, So 13-19, sonst 16-18 Uhr. **Domkirche**, Di-So 12-16, So ab 10 Uhr, Kirchenmusik Juli 17.30-18 Uhr. **Fischmarkt**, Mo-Sa 7-11 Uhr. **Polar Museum**, Søndre Tollbugate 11, Arktisgeschichte in einem alten Lagerhaus, tägl. 11-15 Uhr, i. Sommer länger. **Tromsø Universitets Museet**, Lars Thørings veg 10 (Bus 28), www.tmu.uit.no, im Sommer tägl. 10-18 Uhr, u. a. Samikultur, Nordlichtmaschine. **Gondelbahn Storsteinen**, April-Sept. 10-17 Uhr, während der Mitternachtssonne 10-1 Uhr. **Polaria** (polarwissenschaftl. Zentrum), Hjalmar Johansensgt. 12, Tel. 77750100, www.polaria.no, Mitte Mai-Mitte-Aug. 10-19 Uhr, sonst 12-17 Uhr.

Hochseeangeln Tel. 77618559, **Walsafari** Tel. 77624440. **Rundflüge**, www.flytaxinord.no. **Brauerei Mack**, Storgt. 5-13, die nördlichste der Welt: Tel. 77624580.

FLUG: Oslo, Trondheim, Bodø, Kirkenes, Spitzbergen u.a. ***SCHIFF:*** Harstad, Tel. 7701898. Hurtigrute ab Tromsø 15.15 Uhr (nordwärts), 23.45 Uhr (südwärts). ***BUS:*** Alta; Narvik, mehrmals täglich.

ALTA

Parksenteret, Tel. 78445050, www.altatours.no, Mo-Fr 8.30-16.30, Sa 10-14 Uhr.; Bossekop, Altaveien 93, Juni-Aug. Mo-Fr 10-20, Sa, So 11-17 Uhr.

Felszeichnungen von Alta, **Alta Museum**, www.alta.museum.no, Juni-August tägl. 8-21, Mai u. Sept. 9-18, sonst Mo-Fr 9-15 Uhr, Sa, So 11-16 Uhr. **Pæskatun**, Alta-Schiefer-Steinbruch, Tel. 78433345.

Bootsausflug z. Canyon: Alta Friluftspark, Storelvdalen, 9518 Alta, Tel. 78433378. **Hundeschlitten**: Holmen Hundesenter, Holmen, 9518 Alta, Tel. 78436645. **Gargia Fjellstue**, Abenteuer am Sautso-Canyon, Tel. 78433351.

KAUTOKEINO

Bredbuktnesveien 8, Tel. 78486500, www.kautokeino.nu., Mitte Juni-Mitte Aug. 9-16/18, Gemeinde: Mo-Fr. 8-15.30 Uhr.

Juhls Silberschmiede am westlichen Ortsrand, in der Saison 8.30-21 Uhr. **Samisches Kulturhaus**, Mo-Fr 9-16 Uhr, Führungen über Touristeninformation.

Im Winter **Rentier-** u. **Hundeschlittenfahrten** sowie **Motorschlittenverleih**; im Sommer **Bootsfahrten**, **samische Kulturvorstellungen und Speisen**, Cávzo Safari, Máze, Tel. 78487588, www.cavzo.no; **Wandern**.

KARASJOK

Porsangerveien 1, Tel. 78468800 www.sapmi.no, Juni-Mitte August tägl. 9-16/19, sonst Mo-Fr 9-16 Uhr.

Samisches Restaurant in einer Erdhütte im Sápmi – ein Erlebnis!

Sápmi, www.sapmi.no, Samischer Themenpark, Juni-Aug. tägl. 9-16/19, sonst Mo-Fr 9-16 Uhr. **Alte Kirche**, Schlüssel im Touristenbüro. **Samische Sammlung**, März-Okt tägl. 9-18, sonst Mo-Fr 9-15 Uhr. **Sami-Parlament**, Führungen Mo-Sa 13 Uhr.

Tundra-Wanderungen Touren Dez.-April mit **Schneemobilen**, sonst per **Boot**: www.samipath.com, Besuche im **Samencamp**: www.teigmo.no, Tel. 78466507.

HAMMERFEST

Hammerfest Turist, Havnegt. 3, im Rathaus beim Eisbärenclub, Tel. 78413100, www. hammerfest-turist.no.

Pomoren Mat og Dansebar, Storgt. 27, Tel. 78411893, Spezialität: Steinbeißer („Stenbit").

Hammerfest Kirche (ev.), **St. Michaeliskirche** (kath.), vormittags, im Sommer auch nachmittags geöffnet. **Eisbärenclubsammlung** (*Isbjørnklubben*), Rathaus, im Sommer tägl. 9-17 Uhr, sonst 10.30-13.30 Uhr, Tel. 78413100. Samstags malerischer **Markt** auf dem großen Platz vor dem Rathaus.

Hochseeangeln: bieten Hotels. Juni-Aug. **Nordkapp-Cruise**, Finnmark Fylkesrederi,Tel. 78407000, www.ffr.no.

NORDKAP

Fiskerivn. 4D, 9750 Honningsvåg, Tel. 78477030, www.northcape.no.

Nordkaphalle, www.visitnorthcape.no, Post, Souvenirs, Bank, Bar, Information, Nordkapzertifikate; Mitte Okt-April tägl. 12.30-14, zunehm. länger: Mitte Juni-Juli 9-2 Uhr. **Nordkapmuseum**, www.nordkappmuseet.no, Honningsvåg, Juni-Mitte Aug. Mo-Sa 10-19, So 12-19, sonst Mo-Fr 12-16 Uhr.

Mitte Juni **Nordkapfestival** in Honningsvåg.

FJORDE AM EISMEER

DIE ÖSTLICHE FINNMARK
VOM NORDKAP NACH KIRKENES

DIE ÖSTLICHE FINNMARK

Wer Einsamkeit, Weite und Natur sucht, ist an der Eismeerküste richtig. Sobald man den Porsangerfjord hinter sich gelassen hat, taucht man in eine andere Welt ein, wo vieles noch heute so ist, wie es an der norwegischen Atlantikküste in den 1950er Jahren ausgesehen hat. Im ersten Nachkriegsjahrzehnt begann man, auch die Gemeinden der östlichen Finnmark verkehrsmäßig zu erschließen. Gab es vor dem letzten Krieg fast ausschließlich Schiffsverkehr, wurden im Krieg Flughäfen und Schotterpisten angelegt. Nach 1945 blieben die Flughäfen erhalten und man begann, die Pisten auszubauen und zu asphaltieren. Seit 1983 führt die E6, die bis dahin im Tromsø endete, bis nach Kirkenes.

Ökonomisch sind noch immer der Fischfang und die Erzbergwerke von Kirkenes neben der traditionellen Rentierzucht die Motoren des Wirtschaftslebens. Große Hoffnung setzt man in die Möglichkeiten, die sich durch den Fall des „Eisernen Vorhangs“ ergeben haben. An der früher waffenstarrenden Grenze sind einige Übergänge geöffnet worden, die bescheidenen Warenaustausch und auch touristischen Verkehr ermöglichen.

Die Landschaft der östlichen Finnmark ist flacher und bei weitem nicht so schroff wie die norwegische Atlantikküste. Im Süden setzt sie sich in ausgedehnten Tundren fort. Es ist kälter als am Atlantik, aber trotzdem reicht der abgeschwächte Einfluss des Golfstroms noch bis nach Murmansk und hält auch den russischen Hafen eisfrei. Die Fjordränder hier im äußersten Norden waren schon während der Steinzeit besiedelt, doch in historischer Zeit gab es nur einige Fischer in Dörfern an den reichen Fischgründen der Barentssee und die Samen mit ihren Rentierherden. Der Handel mit der russischen Nordküste (Pomorhandel) führte im 18. Jh. zu einem Aufschwung. Daran hatten auch die Finnen und Schweden ihren Anteil, die 100 Jahre zuvor wegen der Hungersnot in ihren Ländern hierher eingewandert waren.

Im Zweiten Weltkrieg war das Gebiet heftig umkämpft. Als in der Folge des Krieges Finnland das Petsamogebiet an die UdSSR abtreten musste und im Kalten Krieg die Machtblöcke entstanden, hatten diese plötzlich eine gemeinsame, schon bald undurchdringliche Grenze. Glücklicherweise sind viele der militärischen Sperrgebiete heute aufgehoben, so dass der Bewegungsfreiheit kaum noch Schranken gesetzt sind.

Vorherige Seiten: Lachsangler am Näätämjoki in der Ostfinnmark. Links: Das weiße Winterfell tarnt Rentiere im Schnee.

VOM NORDKAP NACH KIRKENES

Ab **Olderfjord** folgt die E6 dem Porsangerfjord in südlicher Richtung. In **Kistrand** ❶ ragt ein Felssporn in den Fjord hinein. Hier bietet sich nach einem kurzen Fußweg ein herrlicher Blick über den Fjord, die Insel **Store Tamsøy** und aufs Eismeer. Mitten im Fjord liegt die Insel **Reinøya**, die bei See- und Küstenvögeln eine beliebte Brutkolonie ist, denn das ganze südliche Ende des Porsangerfjords ist heute Vogelschutzgebiet.

Nach 61 km ist **Lakselv** ❷ auf dem Kiesbett der Flussaue erreicht. Der 2500 Einwohner zählende Ort ist Handels- und Dienstleistungszentrum für das gesamte Porsangergebiet und Knotenpunkt für die nordnorwegischen Bus- und Fluglinien. Ansonsten ist Lakselv idealer Standort für Sportangler, denn die vielen kleinen Flüsse sind ebenso fischreich wie der Lakselv reich an seinen Namensgebern ist.

Oben: Mitternachtsstimmung am Tufjord in der Nordfinnmark. Rechts: Kirche und alter Fischerhafen von Vardø.

In Lakselv bieten sich zwei Möglichkeiten der Weiterfahrt, einerseits die R98 nach Norden zum Eismeer, andererseits die Fahrt auf der E6 über Karasjok nach Tana bru, wo sich beide Strecken wieder treffen.

Zwischen Porsangerfjord und Tanafjord – Nordland pur

Am Ostufer des Porsangerfjords wendet sich die R98 nach Norden. **Børselv** ❸ (42 km) ist eine von einigen finnischen Einwanderersiedlungen des 18. Jh., in denen Finnisch noch heute Schulsprache ist. Die Reichsstraße steigt auf das **Børselvfjell**, aber am Porsangerfjord führt ein schmaler, geschotterter Weg entlang, der später die Sværholt Halvøya durchquert und in **Sandbakken** am Laksefjord endet. Besonders für ornithologisch Interessierte ist dieser Abstecher ein großes Erlebnis.

Kurz hinter der höchsten Erhebung des Børselvfjells (190 m) steht direkt an

Karte S. 208-209, Info S. 213

der R98 eine Samenkapelle von 1962. Das Fjell ist seit vielen Generationen Sommerweidegebiet der Kautokeinosamen. Durch das Tal des **Storelv** geht es dann hinab zum **Laksefjord**. Entlang dem südlichen Ende des Fjords gibt es eine Reihe von schönen Rastplätzen; einen Stopp lohnt auch der 37 m hohe **Adamsfoss** ❹ bei **Adamsfjord**.

20 Kilometer weiter wird **Ifjord** erreicht. Hier beginnt die R888 nach Norden. Die Straße ist teilweise nur geschottert und im Winter geschlossen. Sie führt mitten durch die **Nordkinnhalvøya** zu den drei Fischerdörfern **Kjøllefjord** ❺, **Mehamn** ❻ und **Gamvik** ❼ (122 km), die bis in die 1960er Jahre Walfangstationen waren. Hier am Festlandsende Europas hat man bei Ausschachtungsarbeiten 4000 bis 5000 Jahre alte Felszeichnungen gefunden, die sicher die nördlichsten der Welt sind. Auch sind die drei Fischerdörfer ideale Beobachtungspunkte für die Mitternachtssonne, die hier vom 20. Mai bis zum 20. Juli zu sehen ist. Wer den Weg in die Abgeschiedenheit der Eismeerküste wagt, sollte aber nicht vergessen, dass er in jedem Fall nach Ifjord zurück muss, denn über den **Tanafjord** gibt es keine Fähren, und keine Straße führt an ihm entlang.

Die R98 erreicht den Tanafjord über das Ifjordfjell. Die Straße steigt auf 370 Meter Höhe an, und nach wenigen Kilometern grüßt eine weitere **Samenkirche** ❽, sie ist direkt an einem See gelegen. In unmittelbarer Nachbarschaft liegt ein Sammelplatz für Rentiere und einige Sommerhütten der Karasjoksamen.

In **Rustefjelbma** ❾ steht die **Tanakirche**. Der 1964 geweihte Bau hat ein offenes Glockengestühl; der Schiefer, der die Kirche deckt, stammt aus Alta. Lohnender Abstecher: Eine kleine Straße führt 10 km nordwärts nach **Gavesluft**. Von dort hat man einen herrlichen Überblick über den Fjord, dessen Vegetation im Vergleich zu den anderen Eismeerfjorden üppig erscheint.

Die R98 folgt nun dem Tanaelv flussaufwärts nach Süden und erreicht nach weiteren 30 km **Tana bru** ❿. Die wiederaufgebaute 195 m lange Brücke über den Tanaelv ist das Zentrum des Ortes wie der gleichnamigen Großgemeinde. Hier überqueren E75 und E6 gemeinsam den Tana-Fluss, auf dessen östlicher Seite die R890, die so genannte **Eismeerstraße**, in den Nordwestzipfel der Varangerhalbinsel abzweigt.

Halbinsel Varanger

Dieser 135 km lange Abstecher ist landschaftlich sehr reizvoll. Die R890 folgt dem Schwemmsand-Delta des Tanaelv. Bei **Luoftjok**, nördlich von Tana bru, sieht man Fallgruben für wilde Rentiere, die hier gefangen und den halbdomestizierten Zuchtherden zur Blutauffrischung beigegeben werden.

Von **Austertana** steigt die Straße auf fast 300 m Höhe an, um dann ganz langsam zum Meer hin auszulaufen. Die See hat diese Landschaft geformt, denn die Halbinsel war nach der letzten Eiszeit zum großen Teil vom Meer überspült. Vom Druck der bis zu 3000 m dicken Eispanzer befreit, begann das Land sich langsam zu heben; ein Prozess, der bis heute nicht abgeschlossen ist, wie ehemalige Strandlinien beweisen. In der menschenleeren Gegend begegnet man hie und da ein paar halbwilden Rentieren und selten einem anderen Fahrzeug.

In **Gednjehøgda** verzweigt sich die Straße: Die R890 führt über **Kongsfjord** nach **Berlevåg** ⓫ (1400 Einwohner), die R891 nach **Båtsfjord** ⓬. Alle drei Gemeinden lebten früher überwiegend vom Walfang, heute sind es Kabeljau und die heringsähnliche *Lodde*, die hier gefangen und verarbeitet werden.

Da in den nördlichen Gemeinden die Abwanderung groß ist, weil die Lebensbedingungen im langen Winter sehr hart sind, hat man die freigewordenen Arbeitsplätze in den Fischfabriken mit tamilischen Asylanten besetzt. Diese befürchteten anfangs, dass hier der Schnee niemals schmelzen und es nie Tag werden würde.

Zurück in Tana bru lohnt in Skipagurra ein weiterer Abstecher (18 km) nach **Polmak** ⓭, einer Samensiedlung mit über 6000 Rentieren nahe der finnischen Grenze. Auf halbem Weg hat man die Landenge zwischen Tana und dem **Berg Gollevarre** mit Fallgruben für Wildrene bestückt. Über 500 solcher Fallen hat man hier gezählt. Die Kirche von Polmak wurde 1853 errichtet, sie gehört zu den ältesten der Finnmark.

Die E75/E6 führt von Skipagurra auf das **Seidafjell**. Im Sommer und Herbst ziehen Tausende von Rentieren über dieses Fjell, das gleichzeitig Landenge zwischen dem Tana und dem Varangerfjord ist. In **Varangerbotn** ⓮ bietet die kleine Ausstellung **Samiske Samlinger** eine Reihe von Kuriosa aus der Gegend; unter den Exponaten findet man auch merkwürdiges Strandgut. Der Ort wirkt wie die Kulisse eines alten Wildwestfilms.

Vadsø und *Vardø – Der Weg nach Osten

Wer sich bis hierhin vorgewagt hat, sollte den 165 km langen Abstecher nach Vardø und Hamningberg nicht scheuen. Die Strecke (E75) folgt auf den ersten 50 km dem **Varangerfjord**, dem mit 2500 km² größten Fjord. In **Nesseby** ⓯ steht auf einer Halbinsel die einzige Kirche von Varanger, die im Krieg nicht niedergebrannt worden ist. Die Straße bietet einige schöne Aussichtspunkte, speziell am Klubben ⓰, wo der **Fugleåsen** (Vogelfelsen) leicht zugänglich ist.

Vadsø ⓱, Hauptort der Provinz Finnmark, hat 6000 Einwohner und liegt heute auf dem Festland, nachdem

Info S. 213

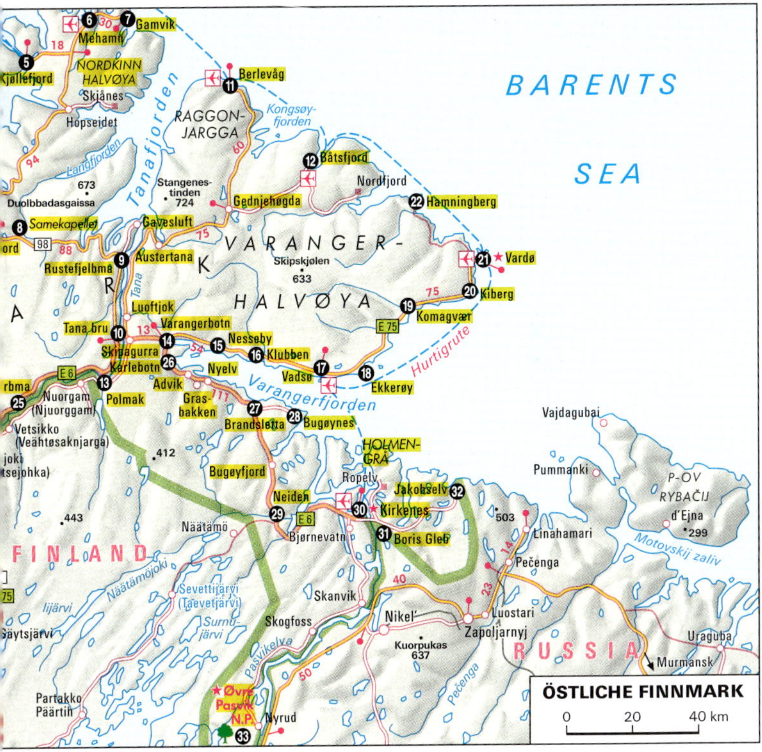

man im 17. Jh. die Siedlung auf der vorgelagerten Insel **Vadsøya** aufgegeben hatte. Die alte Kirche steht noch immer auf der Insel, wie auch der **Ankermast**, an dem Amundsen (1926) und Nobile (1928) ihre Luftschiffe festmachten. Vadsø wurde im 2. Weltkrieg erst von den Deutschen, dann von den Russen zerbombt. Große Fischfabriken stellen hier überwiegend Fischmehl und -öl aus Lodden her. Das **Stadtmuseum** (Tuomainengården) direkt an der R75 dokumentiert die Einwanderung finnischer Volksgruppen seit dem 18. Jh. Der **Esbensengården** gegenüber überstand als einziges altes Patrizierhaus die Bombardements des Zweiten Weltkriegs. Er stammt aus dem frühen 19. Jh. und ist heute Teil des Museums.

Die in den Varangerfjord eingewanderten Königskrabben hat man zur Touristenattraktion gemacht: Auf einer interessanten Fjord-Safari werden die riesigen Exoten – bis 1,80 m Spannweite und 14 kg schwer – gefangen, zubereitet und verspeist.

Die E75 folgt dem hier bis zu 55 km breiten Varangerfjord. In **Ekkerøy** ⓲ entdeckte man Reste eines 900 Jahre alten Frauengrabs, das südnorwegischen Grabanlagen aus der gleichen Zeit überraschend ähnelt. In **Komagvær** ⓳ sind noch die deutschen Befestigungsanlagen aus dem Zweiten Weltkrieg zu sehen, schließlich bildet **Kiberg** ⓴ Norwegens östlichsten Festlandspunkt.

★**Vardø** ㉑ (4000 Einwohner) liegt auf einer Insel und ist erst seit 1983 über einen Tunnel mit dem Festland verbunden. Der Ort erhielt, wie Hammerfest, 1789 Stadtrechte, hat aber eine lange Geschichte: Bereits 1307, als man nur auf dem Seeweg hierher gelangen konnte, weihte Bischof Jørve die erste Kirche; etwa zur gleichen Zeit ließ Håkon V. die **Festung Vardøhus** anlegen. Sie wurde nach 1377 zu einem Schloss umgebaut, nachdem man mit einem Vertrag die Grenzstreitigkeiten mit dem russischen Zaren beigelegt hatte. Die Stadt, weit außerhalb der Reichweite der Handelsmonopole von Bergen und Trondheim gelegen, entwickelte sich gut und war im 19. Jh. Norwegens größte Fischereisiedlung. Nachdem Vardø im Zweiten Weltkrieg fast völlig zerstört worden war, dominieren heute wieder Fischfang und -verarbeitung das Wirtschaftsleben der Stadt. Sie ließ auf dem Festland einen neuen Fischereihafen bauen, nachdem der alte Hafen zwischen den Inseln **Østøya** und **Vestøya** zu klein geworden war. Über diese Inseln, verbunden durch eine schmale künstliche Landenge, erstreckt sich die heutige Stadt.

Auf Østøya liegt die **Sternschanze** von 1732, die Nachfolgefestung von Håkons Bau. Sie war nur 67 Jahre in Betrieb, dann wurde sie eingemottet, und im 19. Jh., als der Grenzstreit noch einmal aufflackerte, kurzzeitig reaktiviert. Die Kanonen der Festung werden alljährlich einmal abgefeuert, wenn nach der langen Winternacht die Sonne zum ersten Mal wieder über den Horizont steigt. Im kleinen Museum in der Sternschanze wird der einzige Balken, der von Håkons Bau erhalten ist, aufbewahrt. In diesem *Kongestokken* (Königsbalken) haben einige Könige ihre Signaturen hinterlassen.

Vor der Alten Kommandantur steht die nördlichste Eberesche der Welt, die im Winter „warm eingepackt" wird, damit sie das Schicksal ihrer sieben Schwestern, die alle erfroren sind, nicht teilen muss. Lohnend sind Ausflüge zu den **Vogelinseln Reinøy** und **Hornøy**. Hornøya ist der östlichste Punkt Norwegens und liegt auf dem gleichen Längengrad wie Jalta auf der Krim.

Empfehlenswert ist die Weiterfahrt nach **Hamningberg** ㉒, einer aufgegebenen Walfänger- und Fischersiedlung 40 km nordöstlich von Vardø. Fantastisch wirkt die Strecke entlang der zerklüfteten Schieferküste mit ihren kleinen Buchten, in denen sich das Strandgut förmlich stapelt. Vor der Kulisse der halb verfallenen, gebleichten Häuser ist mancher Film gedreht worden. Die Mitternachtssonne scheint hier vom 20. Mai bis 20. Juli; es gibt nur wenige Plätze in Nordnorwegen, wo man sie besser beobachten kann, ganz sicher gibt es keinen, an dem man ungestörter ist.

Rechts: Lachse werden mit Angeln und Keschern gefangen.

Zwischen Fjell und Tundra – Von Lakselv nach *Kirkenes

Vom Ort Lakselv führt die E6 über 75 km durch Fjell- und Tundralandschaft nach Karasjok. Über 30 km folgt sie dabei dem Lakselv, dem Eldorado der Lachsangler. Nirgendwo sind die Lachse größer als hier: das Durchschnittsgewicht, das landesweit bei 4,4 kg liegt, wird hier um 2,2 kg überschritten; der Rekordfisch wog gar 36 kg. Überhaupt ist die Finnmark für ihren Lachsreichtum berühmt. Fast ein Drittel der 1300 t, die jährlich in Norwegen gefangen werden, werden in der Finnmark an Land gezogen.

Je weiter man auf der E6 nach Süden vordringt, desto karger wird die Landschaft. Nur wenige Siedlungen säumen die Straße, die aber stark befahren ist, führt doch die „Rennstrecke" zum Nordkap über Finnland und Karasjok.

Bei Porsangermoen unterhält die Nordkalottenarmee ein großes Übungsgelände. **Skoganvarre** ㉓ ist eine Siedlung von 16 Samenfamilien, die zusammen über 8000 Rentiere besitzen. Der beste Ausblick über die weite Fjell-

Karte S. 208-209, Info S. 213

Landschaft bietet sich in **Rivdnjisvadda**, wo man einen kleinen Hügel neben der Straße erklimmen kann. Nach 30 km ist **Karasjok** ㉔ (siehe S. 194) erreicht, von hier folgt die E6 dem Lauf des Flusses Karasjokki bis zur finnischen Grenze. Dort schwenkt die Straße nach Norden und folgt dem Tanaelv über 180 km durch die Tundra zur Tana bru, der einzigen Brücke über den Fluss. Meist ist die Fahrtstrecke nur gesäumt von den unendlich langen Rentierzäunen. Diese sollen die Herden Finnlands und Norwegens voneinander trennen, denn der Fluss stellt für die Tiere kein Hindernis dar.

Sirbma ㉕ ist ein alter Sammelplatz für Rentiere, noch heute sieht man die großen Pferche.

Über Tana bru und Varangerbotn erreicht die E6 das Südufer des Varangerfjords. Bei **Karlebotn** ㉖, wo die Strandlinien der früheren Ufer deutlich zutage treten, hat man steinzeitliche Wohnplätze entdeckt: in **Advik**, wurde eine ganze Siedlung ausgegraben, aber auch in **Grasbakken** und in **Nyelv** ist man fündig geworden. In **Brandsletta** ㉗ bilden die Strandlinien ganze Terrassen, die unter Denkmalschutz stehen. Ein Abstecher von 15 km führt nach **Bugøynes** ㉘, dem einzigen Fischerdorf, das im Zweiten Weltkrieg nicht zerstört worden ist. Hier sind noch einige Häuser aus der Vorkriegszeit erhalten geblieben, die deutlich russischen Einfluss verraten. **Bugøyfjord** ist die Heimat des bekanntesten samischen Künstlers, Johan Savio (1902-1938), von dem allein sieben Holzschnitte im Nationalmuseum in Oslo hängen.

Neiden ㉙, der Hauptort des gleichnamigen Distrikts, gehörte bis 1826 zu Russland, dann wurde der gesamte Distrikt Norwegen zugeschlagen, während der Nachbardistrikt Pasvik zwischen beiden Anrainern geteilt wurde. Aus der russischen Zeit stammt die St. **Georgskapelle**, die einzige orthodoxe Kirche in Norwegen. Der heilige Trifon, ein Mönch, der hier im 16. Jh. missioniert hat, soll das winzige Kirchlein eigenhändig gebaut haben. Die **Neidenkirke** von 1902 imitiert den Stabkirchenstil, sie ist ausgesprochen farbenprächtig.

★**Kirkenes** ㉚ (6000 Einwohner) ist Endstation der Hurtigrute. Es liegt auf einer Landspitze zwischen dem Langfjord und dem Mündungsdelta des breiten **Pasvikelv**. 11 km südlich der Stadt schlug bis 1996 ihr ökonomisches Herz: in den Erzgruben von Bjørnevatn. Seit 1906 hatte man dort Magnetit gefördert, es vor Ort auf 60% Eisengehalt angereichert und über Kirkenes exportiert. Aber schon viel früher war in der Gegend nach Erz gegraben worden: Die so genannten Labyrinthe auf der Halbinsel **Holmengrå** und der Insel **Kjøøy** beweisen den frühen Bergbau, wenn auch ungeklärt ist, ob die Grubengänge schon in der Eisenzeit oder erst im Mittelalter angelegt wurden. Während der Kämpfe um Kirkenes versteckten sich viele Einwohner in den Gruben.

Seit dem Fall des „Eisernen Vorhangs" ist es möglich, den nahegelegenen russischen Ort **Boris Gleb** ㉛ zu besuchen, zu dem man früher nur schauen durfte. Bus- und Schiffsausflüge nach Murmansk und zur Halbinsel Kola werden angeboten; auch auf russischer Seite belebt sich der Fremdenverkehr. Das Interesse am Ausflug ins Grenzdorf **Jakobselv** ㉜ (41 km) ist geschwunden, seit der „Zaun" durchlässig geworden ist. Wichtigste Attraktion ist heute die Steinkirche von 1869.

Oben: Eine aufgegebene Tagebaugrube der Erzbergwerke von Bjørnevatn, die nur nach Voranmeldung zu besichtigen ist.

Sibirische Taiga im Kleinformat bietet der 1970 ausgewiesene ★**Nationalpark Øvre Pasvik** ㉝ am finnisch-russisch-norwegischen Dreiländereck. Schützenswert ist sein mehrhundertjähriger Kiefernbestand. Diesen Urwald erreicht man nach 90 km Fahrt auf der R885 durch das Tal des Pasvik und weiteren 25 km Waldweg. In diesem Grenzgebiet leben Braunbären.

An der R885 wechseln sich traditionelle Grassodenhütten mit schmucken neuen Häusern ab, dazwischen lange Strecken Moorlandschaft mit unendlichen Wollgrasfeldern. An den wenigen Aussichtspunkten, so bei **Høyde** und **Gjøkåsen**, schweift der Blick weit ins russische Riesenreich; doch trübt noch manches Sperrgebiet die Fotofreude.

Karte S. 208-209

PORSANGER / LAKSELV

Ortsmitte, E6, Tel. 78460700, www.visitarcticnorway.no, www.porsanger.no, Mo-Fr 8.30-16, im Sommer tägl. 9/10-17 Uhr.

Lachsangeln Angelkarten: Touristeninformation. **Safaris, Jagd**: **Stabbursdalen Feriesenter**, www.stabbursdalen.no, Tel. 78464760 Feb.-Dez. **Ruderboote** für Angeltouren auf dem Porsangerfjord vermietet **Russenes Camping**, www.russenes.no, Tel. 78463711. **Stabbursnes Naturhus**, Infozentrum Nationalpark Stabbursdalen, 15.6.-8.8. 9-20, restl. Juni u. Aug. 11-18, sonst Di, Do 12-15, Mi 12-18 Uhr. Führung Ausstellung/Wanderungen: Anmeldung Tel. 78464765.

Tägl. Flüge Oslo-Finnmark, zentraler Busbahnhof für die östliche Finnmark.

BÅTSFJORD / BERLEVÅG

Hindberggt. 8, **Båtsfjord**, Tel. 7898 3400, Mo-Fr 8-15.30 Uhr; **Berlevåg**, Havnegt. 8, Tel. 78981610, Mitte Juni-Mitte Aug. tägl. 10-20, sonst Mo-Fr 9-16 Uhr.

KJØLLEFJORD

Tel. 78498151, Saison Juli-Mitte August.

VADSØ

Kirkegata 15, Tel. 78940444, www.varanger.com; 20.6.-20.8. Mo-Fr 9-18, Sa-So 10-16, sonst Mo-Fr 9-15 Uhr.

Vadsø Museum, Hvistendalsgt. 31, www.museumsnett.no/vadsomuseet, 20.6.-20.8. Mo-Fr 10-17 Uhr, Sa, So 10-16 Uhr, sonst Mo-Fr 10-15 Uhr. **Kirche** (neu), im Sommer 9-14 Uhr, sonst Tel. 78942980, alte Kirche geschl.

Meeresrafting, www.varangeropplevelser.no, Tel. 78954511. **Wildmark-Touren**, Basmaveien 11, Tel. 99030090, www.villmarksturer.no. **Wildnis-Reiten**: Friluftsmærran, Tel. 93037368, www.friluftsmerran.no. **Lachsfischen** im Jakobselv, 17 km westl., **Königskrabben-Safari**, **Vogelbeobachtung**: Varangerpanorama, Strandg. 2, Tel. 40001878, www.varangerpanorama.no.

VARDØ

Hafenpromenade, Tel. 78986907, Mitte Juni-August Mo-Fr 10-19, Sa, So 12-19 Uhr, sonst Mo-Fr 8-15.30, Tel. 78943300.

Festung Vardøhus, Mitte Juni- August tägl. 8-21, sonst 10-18 Uhr, Tel. 7898 6217. **Vardøhusmuseum**, www.vardomuseene.no, 15.6.-15.8. Mo-Fr 9-18, Sa, So 11-18 Uhr, sonst 16-17 Uhr, Tel. 78988075

Vogelinseln Reinøya und **Hornøya**, Norwegens östlichster Punkt, Vardø Havn KF, Tel. 78987275, April-Mitte Okt. Ausflug zur aufgegebenen Siedlung **Hamningberg**, örtl. Führer durch Touristeninformation.

NEIDEN

St. Georgskapelle, alljährl. Freilichtmesse a. letzten Augustsonntag, **Neidenkirche**, Besichtig.: über Kirkenes Touristeninformation.

KIRKENES

Presteveien 1, Tel. 78992544, www.kirkenesinfo.no, Juni-Aug. Mo-Fr 8.30-18, Sa, So 10-17, sonst Mo-Fr 8.30-16 Uhr.

Andersgrotte, **Erzlabyrinth**, im Luftschutzbunker wird ein Dokumentarfilm zum II. Weltkrieg gezeigt, Tel. 78970540. **Sør-Varanger Museum**, Førstevannslia, www.sor-varanger.museum.no, Geschichts- und Kunstmuseum, Juni-Mitte Aug. tägl. 10-18, sonst 10-15.30 Uhr.

Touren nach **Murmansk** u. a. grenznahe Orte Russlands (Visum erforderlich): Radius Kirkenes, Tel. 78970540, www.radius-kirkenes.com; Pasvik Turist, Tel. 78995080, www.pasvikturist.no. Ausflüge im **Pasvikdalen**, Tel. 78999818, www.pasvikdalen.no.

Tägl. Flüge nach Oslo, mehrmals pro Woche nach Murmansk. Kirkenes ist Endstation der Hurtigrute, tägl. Ankunft morgens, Abfahrt am frühen Nachmittag. Tägl. fahren Expressbusse nach Lakselv und Alta sowie Regionalbusse in die östliche Finnmark, FFR-Filiale Tel. 78993970, www.ffr.no.

LOFOTEN, VESTERÅLEN UND SVALBARD

LOFOTEN
VESTERÅLEN
SVALBARD

DIE **LOFOTEN
Kabeljau und Kormorane

„Das schönste Stück Norwegens" nannte Knut Hamsun die Lofoten, den südlichen Teil der großen Inselkette Nordnorwegens. Diese Inseln, in Norwegen in ihrer Gesamtheit *Vesterålen* genannt, heißen in Mitteleuropa nach ihrer südlichen Inselgruppe ****Lofoten**. Sie ist 240 km lang und erstreckt sich von Andenes an der Nordspitze der Vesterålen bis nach Refsvik an der Südspitze der Lofoteninsel Moskenesøy.

Die vier Hauptinseln der Lofotengruppe – **Austvågøy**, **Vestvågøy**, **Flakstadøy** und **Moskenesøy** – sind wild zerklüftet und von unzähligen Fjorden und Sunden durchzogen. Bizarre Berge steigen auf über 1000 m an. Dem Fischfang verdankt die Inselgruppe ihre Berühmtheit, der Zauber ihrer Landschaft macht sie zum begehrten Touristenziel. Die E10 von Fiskebøl bis zur ihrem Südende ist Nationale Touristenstraße.

Der **Vestfjord** trennt die Inseln vom Festland und lockte im Spätwinter die Kabeljaubestände des Eismeers zum Ablaichen an. Der breite Fjord verengt sich nordwärts, so dass das Golfstrom-Wasser sich hier staut und länger warm bleibt als im offenen Meer. Da der Kabeljau die wärmeren Temperaturen in der Laichzeit vorzieht, kam er einst in großen Schwärmen hierher, von Januar bis zum Höhepunkt und Ende im April.

Vorherige Seiten: Malerisches Inselpanorama der Lofoten bei Reine. Links: Stockfisch, ein wichtiges Exportprodukt der Lofoten.

Bereits im 11. Jh. schickten Wikingerhäuptlinge des Trøndelag ihre Hörigen zum Fischfang auf die Inseln, und im 12. Jh. befahl König Øystein, für diese Fischer so genannte *Rorbuer*, Hütten mit Schlafplätzen, Vorrats- und Geräteraum, anzulegen. Damals entstanden auch die ersten Siedlungen und Kirchen. Mehr und mehr beteiligten sich auch freie Bauern und Fischer am Kabeljaufang der Lofoten, für den dann feste Regeln entwickelt wurden. So teilten die Landbesitzer den Ankömmlingen die Fischgründe zu und vermieteten ihnen auch Rorbuer; die Miete lag bei 20 bis 30 Fischen pro Tag. Daneben hatten die Pächter zudem noch 2% ihres Fangs an die Landbesitzer, die gleiche Menge an die Kirche und 4% an den Staat abzuliefern.

Der Fang wurde getrocknet oder eingesalzen, von den Gehilfen der Hanse oder des Bergen-Trondheimer Monopols versandfertig gemacht und nach ganz Europa verschifft. Die Preise für die verderbliche Ware waren allerdings gerade in der Fangsaison am niedrigsten – bis J. Ippe im 17. Jh. in Molde begann, in Salzlake eingelegten Fisch durch Trocknung auf den nackten Insel-

klippen haltbar zu machen (Klippfisch). Damit wurde auch die Konservierung der Fänge Aufgabe der Fischer, deren Verweildauer auf den Lofoten sich verlängerte; häufig ließen sie sich auch ganz hier nieder, blieben allerdings abhängige, lehenspflichtige Fischer.

Dies änderte sich erst im 19. Jh., als die Fischerei freigegeben wurde, doch damit begann auch die Überfischung der Bestände. Die unglaublich harte Arbeit der Lofotenfischer in arktischer Nacht, Kälte und Nässe hat zahlreiche Geschichten und Lieder entstehen lassen, deren bekannteste Johan Bojer in seinem Roman *Die Lofotenfischer* verarbeitet hat.

Heute haben viele Fischer den Fang ganz aufgegeben und züchten in Fischfarmen Lachs und Forellen. Die dazu notwendigen Konzessionen erteilt der Staat, der darauf achtet, dass bestimmte Betriebsgrößen nicht überschritten werden, um das Entstehen von Großbetrieben zu verhindern.

Oben: Ein Farbrausch am Abend – Sommerhimmel über den Lofoten.

Auch der Tourismus hat viele Arbeitsplätze in der Fischerei ersetzt. Manche Rorbu ist zum Ferienhaus umgebaut worden, viele Hotels und Restaurants sind neu entstanden, und auch die Infrastruktur ist in den letzten Jahren erheblich verbessert worden. Heute sind die Hauptinseln der Lofoten und der Vesterålen untereinander mit Brücken- und Tunnelbauwerken verbunden, die Vesteråleninsel Hinnøy auch mit dem Festland. Bis zur Eröffnung der Lofast-Schnellstraße war man auf die Fähre zwischen Melbu auf den Vesterålen und Fiskebøl auf der nördlichen Lofoteninsel angewiesen, seither geht der Weg auf die Lofoten über Land.

Der Weg über die Lofoten

Kommt man von Süden, lässt sich Moskenes auf der Insel Moskenesøy von Bodø aus in 4 Stunden per Schiff erreichen (3-mal täglich), von Osten dauert die Fährüberfahrt von Skutvik nach Svolvær 2 Stunden (8-mal täglich). Doch seitdem die E10 dank der neuen Brücke **Raftsundbrua** ohne

Info S. 227

Fähre vom Festland bis zum Süden von Moskenesøy durchgängig zu befahren ist, sind die Lofoten sozusagen landfest geworden. Nun spart man sich den Weg über die Vesterålen-Insel Langøya und die Fährüberfahrt Melbu-Fiskebøl.

Beginnt man die Lofotentour auf der **Insel Austvågøy**, in **Fiskebøl** ❶, folgt man auf der E10 für wenige Kilometer dem **Budalenfjord**. Schon hier zeigt sich die typische Lofotenvegetation: Wenige Fjellbirkenhaine an geschützten Stellen und baumlose Felshänge, die dicht mit Moosen und Flechten bewachsen sind und in allen erdenklichen Grüntönen schimmern. Hinter **Budalen** überquert die E10 die Landenge auf der Insel Austvågøy und gibt dann den Blick frei auf den **Higravstinden**, den mit 1146 m höchsten Berg der Lofoten. Bei **Higrav** wird der **Austnesfjord** erreicht, und bei **Vestpollen** führt ein kleiner Fahrweg zur Westküste von Austvågøy, an der in geschützten Buchten kleine Rorbuerdörfer stehen.

Über Helle, wo sich der Flughafen befindet, wird die Stadt **Svolvær** ❷, erreicht. Die heutige Hauptstadt der Lofoten (4000 Einwohner) hat dank ihres verzweigten, tiefen Naturhafens diese Funktion von Kabelvåg übernommen, als der dortige Hafen zu klein wurde. Das Zentrum von Svolvær mit Marktplatz (*Torvet*), Touristeninformation, Souvenirgeschäften, Banken und dem *vinmonopolet* gruppiert sich mit moderner Architektur um das alte Hafenbecken. Hier legt die Hurtigrute an und während der Kabeljau-Fangsaison von Februar bis April sind noch immer bis zu 3000 Fischer im Einsatz.

Der Hafen ist Ausgangspunkt vieler Ausflugsfahrten zur vorgelagerten **Insel Skrova**, entlang der Lofotenwand, in den Austnesfjord und in den herrlichen ***Trollfjord**, einen schmalen Seitenfjord des Raftsunds. Dort steigen die Felswände auf fast 1000 m an – ein beliebtes Ziel für Freistilkletterer. Überhaupt werden von Svolvær aus auch alpine Touren angeboten, von ein-

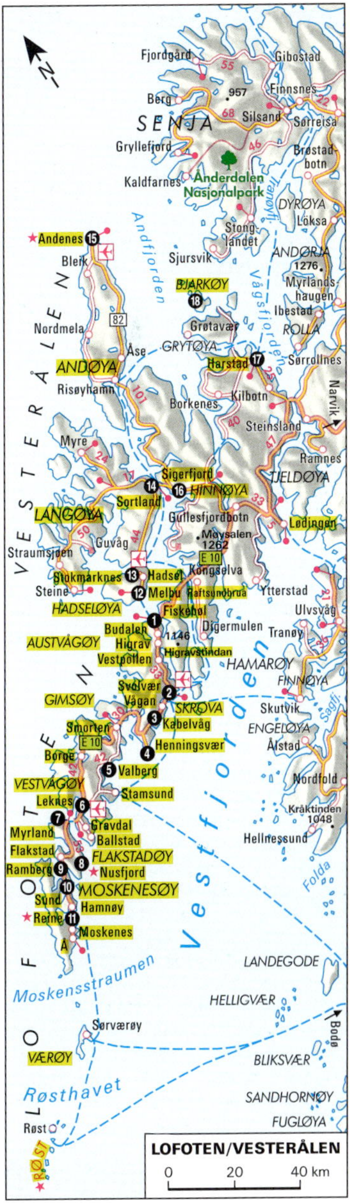

Info S. 227

fachen Wanderwegen bis zu Klettertouren. Zum Schwimmen gibt es zahlreiche flache Sandbuchten, in denen an den langen Sommertagen die Wassertemperatur auf 22 °C ansteigen kann.

Die grandiose Landschaft der Lofoteninseln hat schon früh im 19. Jh. Maler angezogen. Für die Pinselartisten von heute hat man auf der **Felsinsel Svinøya** ein Gästehaus errichtet, in dem auch nichtskandinavische Künstler leben und arbeiten können. Als weitere Attraktion der Stadt gilt die **Svolværgeita**, ein Gesteinsbrocken in Ziegenform, den man vom Friedhof aus am besten sieht.

Verlässt man Svolvær südwärts, erreicht man nach 3 km **Vågan**. Hier steht die größte hölzerne Kirche der Lofoten, **Lofotenkathedrale** genannt. Sie stammt aus dem Jahr 1898 und hat 1200 Sitzplätze. Hans Egede, der „Grönlandapostel", gehört zu den Pastoren, die hier gewirkt haben.

Oben: Nach dem Trocknen wird der Stockfisch sortiert. Rechts: Nusfjord – ein ganzes Dorf unter Denkmalschutz.

Kabelvåg ❸, der erste Fischereihafen der Lofoten, hat seinen Namen von der Kapelle (*kappel*), die König Øystein mit den ersten Rorbuer hier hatte errichten lassen. Der alte Haupthafen der Lofoten führt heute ein Schattendasein, man hat sogar einen Berg gesprengt und ins Hafenbecken geschüttet, um Bauland zu gewinnen. In Kabelvåg lohnt ein Besuch des **Lofotmuseums**, das in einem alten Handelshof 3 km außerhalb untergebracht ist. Es zeigt die Geschichte des Lebens und der Fischerei der Lofoten. Ganz in der Nähe befindet sich das **Lofot-Aquarium**, in dessen Becken sich alle Arten von Meeresbewohnern tummeln, die es in der Region gibt.

Lohnend ist ein Ausflug nach **Henningsvær** ❹, einem kleinen, sehr fotogenen Fischerort auf blanken, felsigen Schäreninseln, auf denen riesige Stockfischgestelle stehen. Auf den kleineren Inseln sieht man oft Kormorane hocken, die ihr Gefieder trocknen. Ihre Zahl ist stark zurückgegangen, seitdem sie, neben den Robben, für das Ausbleiben der Kabeljauschwärme verantwort-

Karte S. 219, Info S. 227

lich gemacht werden. Zwar stehen im Hafen noch Lagerhäuser für getrocknete Fische, aber die Forschungsstelle für Schwertwale **Ocean Sounds** (mit meeresbiologischem Informationszentrum) läutet hier die neuen Zeiten ein.

Die Lofotenstraße E10 berührt in ihrem weiteren Verlauf die kleine **Insel Gimsøy**, die durch Brücken mit ihren Nachbarinseln verbunden ist. Sie gilt als eine der ältesten Siedlungsstätten der Lofoten, wie archäologische Funde aus der Stein- und Eisenzeit beweisen.

Auf der **Insel Vestvågøy** führt die E10 über **Borge** nach Leknes. Nahe Borge bezeugen Ausgrabungen, dass das Klima hier vor 2000 Jahren für Ackerbau und Viehzucht ausreichte. Ein **Wikingermuseum** mit Häuptlingshaus und Schiff laden zu einem Stopp ein.

Landschaftlich sehr interessant ist es auch, von **Smorten** über die R815 und die R817 nach Leknes zu fahren. Man folgt dabei der Ostküste von Vestvågøy und erreicht mit **Valberg** ❺ und **Stamsund** zwei der größeren Fischerorte der Insel. **Leknes** ❻ mit seinen 1500 Einwohnern ist das Dienstleistungs- und Einkaufszentrum der Insel und besitzt zusammen mit **Gravdal** und **Ballstad** die größten Fischveredelungsbetriebe der Gegend.

Unter dem **Nappstraum**, der Vestvågøy und die **Insel Flakstadøy** trennt, verläuft heute ein 1750 m langer Tunnel. Wenn der Himmel wolkenlos ist, könnte sich ein Abstecher von Napp nach **Myrland** ❼ lohnen: Dort sind häufig spektakuläre Sonnenuntergänge oder auch die Mitternachtssonne zu bewundern.

Kurz hinter **Kilan** lohnt ein Ausflug nach ***Nusfjord** ❽. Das Fischerdorf, wie von Spielzeugmachern in die Bucht geschnitzt, zieht nicht nur Fotografen an, sondern auch Liebhaber historischer Bauwerke, die touristischer Nutzung zugänglich gemacht werden. Die unter Denkmalschutz stehende Anlage ist nicht verändert worden und die malerischen Rorbuer aus dem 19. Jh. werden vermietet. Ein schöner Wanderweg führt direkt am Vestfjord entlang über das Fjell zum verlassenen Fischerdorf **Nesland**.

In **Flakstad** steht eine alte, knallrot gestrichene Kirche von 1780, die als schönste des Archipels gilt. Ursprünglich bestand sie ganz aus Treibholz. **Ramberg ❾**, der Hauptort der Insel, hat ungewöhnlich lange Sandstrände, von denen aus man einen herrlichen Blick über den **Selfjord** und den **Fuglehug** (Vogelfelsen) auf dem gegenüberliegenden Ufer genießt.

Über eine 160 m lange Brücke wird die **Insel Moskenesøy** erreicht. Der alte Handels- und Fischereiort **Sund ❿**, der älteste der Insel, bietet ein kleines, aber interessantes **Fischereimuseum**.

Der Ort **Hamnøy** ist das administrative Zentrum der Insel. Hier im **Kirkefjord** werden viele Aquakulturen gehegt, und im Hafen sieht man Walfangboote; hier werden gelegentlich noch Zwergwale erlegt. Forschungsfahrten zu den Walen (Oktober bis Januar) sind heute aber eher die Regel, auch Touristen stehen solche meeresbiologischen Touren offen.

Kurz vor ***Reine ⓫**, direkt an der Straße, liegt ein Felsen mit einer großen Brutkolonie von Dreizehenmöwen. Der Ort selbst gilt als das Künstlerdorf der Lofoten; die gewaltige Bergkulisse des Kirkefjords hat schon im 19. Jh. viele Maler angezogen. **Moskenes** ist der Fährhafen zu den kleinen südlichen Lofoteninseln **Værøy** und ***Røst** mit ihren Fischerdörfern und großen Vogelkolonien (insbesondere Papageitaucher). Auch die Fähre nach Bodø legt hier ab.

Südlich von Moskenes liegen die Fischerorte **Sørvågen** und **Å**. Gerade letzteres zieht die Touristen an, die einmal im Dorf mit dem kürzesten Namen der Welt gewesen sein wollen. Die Meeresströmung zwischen Moskenesøy und Værøy, der **Moskenstraum**, gilt als eine der gefährlichsten der Welt – Edgar Allen Poe und Jules Verne haben sie als den „großen Mahlstrom" literarisch verewigt.

Rechts: Nyksund, eine aufgegebene Walfängersiedlung auf den Vesterålen.

DIE *VESTERÅLEN

Weizen und Wale

Die nördliche Fortsetzung der Lofoten bildet die Inselgruppe der ***Vesterålen**. Die Hauptinseln **Hadseløya**, **Langøya**, **Hinnøya** und **Andøya** sind durch Brücken miteinander verbunden, so dass man die wichtigsten Vesteråleninseln ohne Fährpassage besuchen kann.

Obwohl die Vesterålen einen ähnlichen geologischen Aufbau wie die Lofoten haben, sind sie landschaftlich gänzlich anders. Weite, flache und teils moorige Küstensäume wechseln mit sanften Hängen, die von Wiesen und Wäldern bedeckt sind. Im Gegensatz zu den schroffen Lofoten ist hier intensive Landwirtschaft mit Tierhaltung und dem Anbau von Sommerweizen möglich. Hauptwirtschaftszweig der Inselgruppe ist jedoch traditionell der Fischfang, bei dem, im Gegensatz zu den Lofoten, der Hering im Mittelpunkt des Interesses steht, der sich in den schmalen, engen Sunden und Fjorden besonders gut zusammentreiben und fangen lässt.

Der enge, 26 km lange Raftsund zwischen den Lofoten und Vesterålen wurde im 19. Jh. sogar zum Schauplatz kriegerischer Auseinandersetzungen: In der so genannten Trollfjordschlacht von 1890 griffen aufgebrachte Fischer die ersten Dampfschiffe an, die im Raftsund auf Heringsjagd gingen, und schlugen sie in die Flucht. Der Walfang, der von der Nordspitze der Vesterålen aus betrieben wurde, ist durch touristisches *whale watching* ersetzt worden. Heute setzen die Bevölkerung und die Regierung große Hoffnung auf die Öl- und Gasfunde sowie auf den Tourismus, der die Vesterålen bisher nur in bescheidenem Ausmaß erreicht hat.

Auf den Vesterålen

Die Inselgruppe der Vesterålen erreicht man von Narvik über die E10 und

Karte S. 219, Info S. 227

R85 oder von den Lofoten her über die Fähre Fiskebøl-Melbu. **Melbu** ⓬, ganz im Süden der kleinen **Insel Hadseløya**, ist ein alter Wikingerhandelsplatz, der heute vom Fischfang und dem Touristenverkehr lebt. Hier gibt es auch ein kleines Museum, das an die Wikingersiedlung erinnert, die nicht am heutigen Hafen von Melbu, sondern weiter nördlich in **Hadsel** lag. In der Nähe der Kirche sieht man noch heute den 35 m hohen **Hügel von Skipsnausthaug**, einer alten Thingstätte, die in Verbindung zu einem Häuptlingshof stand.

Stokmarknes ⓭ ist das administrative Zentrum der Insel. Der 3500 Seelen zählende Ort besitzt einen Flughafen. Am Anleger der Hurtigrute informiert das moderne **Hurtigrutenmuseum** über die Postschifflinie.

Eine mit 33 m für den Schiffsverkehr ausreichend hohe und über 1000 m lange Brücke stellt die Verbindung zur benachbarten **Insel Langøya** her. Wie auf Hadseløya folgt die R82 der geschützten Ostküste. Wild zerklüftete Landschaft zeigt die Insel auf dem Weg nach **Sortland** ⓮, dem Zentrum der mittleren Vesterålen, wo eine weitere Brücke den **Sortlandssund** zur Insel Hinnøya überspannt. Bleibt man auf Langøya, kann man über die R820 und die 821 den Westteil der touristisch unerschlossenen Insel kennen lernen. Besonders ornithologisch Interessierte werden dabei auf ihre Kosten kommen: hier lassen sich Papageitaucher, seltene Möwenarten, Kormorane und Seeadler in jedem der kleinen Fjorde beobachten.

Hinnøya ist mit über 20 000 km^2 Norwegens zweitgrößte Insel. Ihre Größe und die nur schmalen Sunde, die sie vom Festland trennen, lassen allerdings nicht das Gefühl aufkommen, auf einer Insel zu sein. Direkt hinter der Brücke über den Sortlandssund zweigt die R82 zur **Insel Andøya** im Norden ab. Die 99 km lange Strecke durch mooriges Gebiet ist gut ausgebaut; eine Brücke verbindet die beiden Inseln.

Die Walfängersiedlung von ***Andenes** ⓯ hat sich heute ganz auf Waltourismus verlegt. Bei gutem Wetter laufen täglich Boote zu **Walsafaris** aus, bei denen sehr gute Chancen bestehen, die großen Meeressäuger in „freier Wildbahn" zu sehen. Zudem hat man am Hafen ein **Walinformationszentrum** eingerichtet. Alljährlich im Juli findet ein Meeresfischereifestival statt.

Bleibt man auf der Insel Hinnøya auf der R85, passiert man **Sigerfjord** ⓰, wo eine neue Kapelle mit einer alten Olavsfigur auf den Besucher wartet. Die R85 durchquert hier die schmalste Stelle der Insel. Sie vereinigt sich dann eine Strecke lang mit der E10, bis sie nach **Lødingen** am **Tjeldsund** abbiegt, wo eine Fähre die Verbindung zur E6 nach Bognes herstellt. Die E10 führt zur **Tjeldsundbrücke**, und damit zum Festland. Auf beiden Seiten der Brücke laden Parkplätze mit herrlicher Aussicht über die Vesterålenlandschaft zum Verweilen ein.

Hier lohnt ein Abstecher zur Hauptstadt der Vesterålen, nach **Harstad** ⓱, nur 25 km über die R83. Die Stadt, deren mildes Licht schon immer viele Maler angezogen hat, hat heute 22 000 Einwohner. Ihr Aufschwung begann in den so genannten „Heringsjahren" des frühen 19. Jh., als man im Vågafjord Heringe mit der Mistgabel fangen konnte. Der älteste noch seetüchtige Schoner der Welt, **Anna Rogde**, beschwört hier als Touristenschiff verflossene Zeiten herauf. Schiffbau und Textilindustrie ersetzten den abnehmenden Fischfang. Heute ist Harstad eine Hauptbasis der nordnorwegischen Öl- und Gaswirtschaft; der hier angesiedelten Verwaltung verdankt die Stadt ihr Wachstum.

Sehenswert ist in Harstad vor allem die älteste romanische Kirche des Nordens, die **Trondenes Kirke**, 3 km nördlich der Stadt auf einer Halbinsel. Sie geht auf eine hölzerne Kirche zurück, die König Øystein im 12. Jh. errichten ließ. Die heutige Steinkirche wurde um 1250 gebaut und mehrmals umgestaltet. Im Inneren finden sich noch drei Altäre aus dem Mittelalter. Sowohl die mächtige Kirchhofsmauer als auch die Reste zweier seegerichteter Festungstürme deuten auf die ursprüngliche Funktion als Wehrkirche hin. In der Kirche wurden sowohl Hans Egede, der „Apostel der Eskimos", als auch Olav Engelbrektsson, der letzte Erzbischof von Trondheim, getauft. Die Reste des Festungswalls krönt noch heute eine Riesenkanone aus dem Zweiten Weltkrieg.

Rechts: Ganzjährig treiben Eisschollen im Hafen von Longyearbyen auf Spitzbergen.

Lohnend ist eine Bootsfahrt nach **Bjarkøy** ⓲, bedeutender Wikingersitz und Vogelinsel, auf der man früher Brutplätze für Eiderenten unterhielt, um nach der Brutzeit die Daunen bequem einsammeln zu können.

Kehrt man von Harstad zum Tjeldsund zurück, gelangt man über die Brücke zum Festland und über die E10 entlang dem Ofotfjord nach Bjerkvik zur E6.

*SVALBARD

Die Inseln der kalten Küsten

***Svalbard** nannten die Wikinger die arktische Inselgruppe zwischen dem 74 und 81° nördlicher Breite, die sie spätestens im 12. Jh. entdeckt hatten. Der Name für den Archipel zeigt das geringe Interesse an ihm: Für „kalte Küsten" konnten sich auch die Wikinger nicht erwärmen.

So versank das Wissen über die Inselgruppe im Dunkel der Zeiten, bis sie 1596 vom Holländer Willem Barents wiederentdeckt wurde. Er war auf der Suche nach dem Seeweg nach China, hielt sich daher hier nicht lange auf und glaubte überdies, dass die Inselgruppe ein Teil Dänisch-Grönlands sei. Da er auf der südlichsten Insel einen Bären erlegte, nannte er dieses Eiland „Bäreninsel" (Bjørnøya), zur Hauptinsel mit ihrer markanten, gezackten Silhouette fiel ihm als Name „Spitzbergen" ein. Trotzdem war sein Besuch der Auftakt zu langen Auseinandersetzungen zwischen Dänisch-Norwegen, Holland und England, wobei es vor allem um die Frage der Walfangrechte ging. Als man zu Beginn des 19. Jh. die Wale fast aus-

 Karte S. 219, Info S. 227

gerottet hatte, schlief der Dauerstreit ein; einzige Bewohner blieben einige russische Eremiten, die ihr Dasein als Pelzjäger fristeten. Der Streit flammte erst wieder auf, als zu Beginn des 20. Jh. große Kohlevorkommen auf Spitzbergen entdeckt wurden.

Erst nach dem Vertrag von Sèvres (1920) konnte Norwegen 1925 die volle Souveränität über die Inselgruppe erhalten, musste sich aber verpflichten, auch wirtschaftliche Aktivitäten der weiteren 41 Signatarstaaten zu dulden und den Archipel frei von jeder militärischen Einrichtung zu halten. Dies hatte zur Folge, dass Norwegen und die Sowjetunion dort Kohle abbauten und Siedlungen errichteten, in denen mehr als 95 % der rund 2800 Einwohner der Inseln leben. Obwohl der Kohleabbau wirtschaftlich eher sinnlos ist, setzten die Machtblöcke des Kalten Kriegs den Abbau allein deshalb fort, um die eigene Präsenz weiter zu rechtfertigen. Heute haben Verhandlungen begonnen, den Abbau einzustellen und die Inseln denen zu überlassen, die hier schon immer Hausrecht genossen: den Eisbären, Robben, Vögeln, Polarfüchsen und Wildrenherden – interessantes Arbeitsfeld für Wissenschaftler. Eine internationale Samenbank bewahrt hier, tiefgekühlt, offiziell seit 2008 die Vielfalt der Flora der Erde. Auch ein behutsamer Tourismus darf sich entwickeln.

Der 63 000 km² große Archipel von Svalbard besteht aus acht Hauptteilen: **Spitzbergen** nimmt mehr als die Hälfte der Fläche des Archipels ein; **Nordaustland** ist 15 000 km² groß; östlich liegen **Kvitøya** und **Kong Karls Land**, **Edgeøya** und **Barentsøya** im Südosten und **Bjørnøya** und **Hopen** ganz im Süden. Die Inseln sind zerklüftet, haben bis zu 1700 m hohe Berge und sind von vielen Fjorden durchzogen, in die Gletscher kalben. Das Klima ist für die arktische Lage ausgesprochen mild: Die Temperaturen steigen zwar im Sommer kaum über 10 °C, fallen aber im Winter nicht unter -20 °C. Flora und Fauna sind arktisch, aber es gibt immerhin fünf Säugtierarten, mehrere hundert Vogelarten und fast 200 verschiedene Pflanzen, die auf Svalbard leben und gedeihen. Neben zahlreichen Vogel-

schutzgebieten besitzt Spitzbergen inzwischen sechs Nationalparks.

Viele Touristen kommen mit Kreuzfahrtschiffen nach Svalbard, die möglichst in die Fjorde einfahren, in denen spektakuläre Eisberge zu sehen sind – nicht ganz ungefährlich, wie die Eisberg-Kollision der *Maxim Gorki* vor einigen Jahren bewies. Im Normalfall ist die Fahrt mit dem Kreuzfahrtschiff jedoch die bequemste und spektakulärste Art, Svalbard zu besuchen.

Für individuell reisende Naturliebhaber ist ein Kurzaufenthalt in der abgelegenen Natur nicht ausreichend, und so hat sich der Archipel längst auf Übernachtungsgäste eingestellt: Die Bandbreite der Unterkünfte reicht von der Luxusherberge bis zum kargen Campingplatz. Geschäfte und Restaurants in Longyearbyen bieten eine für diese Gegend respektable Auswahl und das kulturelle Leben ist erstaunlich vielseitig.

Regelmäßigen Schiffsverkehr gibt es nicht mehr, seit Hurtigruten die Linie hierher eingestellt hat. Man fliegt von Oslo oder Tromsø zum Hauptort **Longyearbyen** ⑲ (1800 Einw.), einst eine Grubenstadt. Von dort verkehren Boote oder Kleinflugzeuge unregelmäßig und wetterabhängig nach **Ny-Ålesund** ⑳, der Polarforschungsstation im Norden von Spitzbergen und zur norwegischen Kohlenmine nach **Sveagruva** ㉑ am Ende des **Mijenfjords**. Daneben gibt es Bootsverbindungen zwischen Longyearbyen und der russisch-ukrainischen Bergwerkssiedlung **Barentsburg** ㉒ am ***Isfjord**, der auch Ziel vieler Kreuzfahrtschiffe ist. Unregelmäßig finden auch kleinere Schiffstouren statt, die mehrere Svalbardinseln berühren und auch Landausflüge einschließen.

Für individuelle Ausflüge ist ein geladenes Gewehr unabdingbare Voraussetzung, denn Eisbären können ohne Vorwarnung angreifen. Expeditionen außerhalb des sogenannten Managementgebiets 10, der Region vom Isfjord bis zum Bellsund, brauchen die Genehmigung des *Sysselmanns*, des Verwaltungschefs von Svalbard, sowie eine Unfallversicherung. Die Besucherzahl ist limitiert. Mehrere spezialisierte Expeditionsagenturen bieten auf Svalbard ihre Dienste an und sind meist auf Naturbeobachtung sowie Jagd und Angeln spezialisiert.

Geführte Ausflugstouren gibt es per Snowmobil, Ski oder per Hundeschlitten, daneben auch zu Fuß – sogar eine Stadtrundfahrt in Longyearbyen per Bus ist möglich. Die ehemalige russische Bergbaustation **Pyramiden** ㉓ am inneren Isfjord ist mit Hubschraubern zu erreichen. Bei schönem Wetter sind sie ideal für Rundflüge; besonders eindrucksvoll präsentiert sich dabei der **Magdalenenfjord** im Nordwesten.

Spektakulär ist die **Mitternachtssonne**, die hier vom 20. April bis zum 26. August – und damit doppelt so lange wie am Nordkap – zu sehen ist. Dafür beginnt aber auch bereits am 14. November die Polarnacht, die erst am 29. Januar endet – das „Long Year" im Namen des anno 1906 von einem amerikanischen Kohlemagnaten gegründeten Hauptorts ist vielsagend...

SVOLVÆR (LOFOTEN)

Torvet (Markt), Tel. 76069800, www.lofoten.info; Juni-Aug. tägl. 9-20, sonst Mo-Fr 11-16 Uhr.

Svolværkirche, Juni-Aug. Mo-Sa 10-22 Uhr. **Lofotenkathedrale**, Vågan, 3 km südlich von Svolvær, Mo-Sa 12-15 Uhr. **Lofotaquarium**, Storvågan, www.lofotakvariet.no, Juni-Aug. tägl. 10-19, Mai 11-15, sonst So-Fr 11-15 Uhr, Dez.-Jan. geschl. **Ocean Sounds**, Henningsvær, www.oceansounds.no,Tel. 76071828, u.a. Forschungstouren: Wale Okt.-Jan., Kabeljau Mai-Sept.

Bootsfahrten in den **Trollfjord**, entlang der **Lofotenwand** und zur Künstlerinsel **Svinøya**: Lofotcruise, Tel. 99303999, www.lofotcruise.com.

NUSFJORD (LOFOTEN)

Flakstad, 15 km westlich von Nusfjord: **Treibholzkirche**, wird vom Kirchendiener geöffnet. Sommerkonzerte in der Flakstadkirche.

Å (LOFOTEN)

Lofoten Tørrfiskmuseum (Trockenfischmuseum), Juni-Aug. tägl. 10-17 Uhr, sonst n. V., Tel. 91150560.

Über den Moskenesstraumen nach **Værøy** und **Røst** (schaukelt gewaltig, ist aber lohnend), die beste Möglichkeit bietet die Autofähre nach Bodø, die auf beiden Inseln stoppt, ganzjährig.

STOKMARKNES (VESTERÅLEN)

Postboks, Tel. 76152955, geöffnet 1.6.-31.8. 9-20 Uhr.

Hurtigruten-Museum, Tel. 76118190, www.hurtigrutemuseet.no, und Kulturhaus mit wechselndem Programm, Hotel- und Kongresszentrum, stimmungsvolles Restaurant auf dem historischen Walfangschiff *Isqueen*, www.hurtigrutenshus.com.

ANDENES (VESTERÅLEN)

Hamnegata 1 c, Fyrvika, Tel. 7614 1203, www.andoyturist.no.

Leuchtturm, herrlicher Blick auf die Mitternachtssonne. **Walzentrum**, Tel. 76115600 www.whalesafari.com, Ende Mai-Mitte Sept. 8.30-16, Mitte Juni-Aug. 8.30-19 Uhr, tägl. auch 3-5-stündige **Walsafaris**, wetterabhängig. **Polarmuseum**, Mitte Juni-Mitte Aug., tgl. 10-18 Uhr, www.museumnord.no.

Seehundsafaris ab Stave/Andøy, Tel. 97680018, www.sealsafari.no.

HARSTAD (VESTERÅLEN)

H. Egedesgt. 3, Tel. 77018989, www.destinationharstad.no; Juni-Mitte Aug. Mo-Fr 8-18 Uhr, sonst Mo-Fr 8-15.30 Uhr.

Trondeneskirche, Anf. Juni-Mitte Aug. Führungen So-Fr 16 und 17 Uhr, sonst n.V. Tel. 77018989, www.visitharstad.com. **Kirche von Harstad**, Åsveien, moderner Bau von 1958, Öffnungszeiten im Kirchenbüro erfragen: Tel. 77016500.

Im Sommer Ausflüge, z.B. m. Schoner-Veteran *Anna Rogde* (www.annarogde.no), zur Beobachtung der **Mitternachtssonne** (23.5.-22.7.), zur Insel **Bjarkøy** o. a.

Anfang Juni **Angel- und Heringsfestival**, zur Mittsommernacht **Nordnorwegen-Festspiele**.

SPITZBERGEN (SVALBARD)

Næringsbygget, Longyearbyen, Tel. 79025550, www.svalbard.net, Mai-Sept. tägl. 10-17, sonst 12-17 Uhr.

ANREISE: Per Flugzeug ab Oslo oder Tromsø, evtl. Frachtschiff-Mitfahrten ab Tromsø.

Aktivitäten außerhalb der *management area 10* um Longyearbyen müssen vom *sysselmann* (Gouverneur) genehmigt werden: www.sysselmann.svalbard.no; auf dieser Homepage auch detaillierte Karten.

Exkursionen: Einen guten Überblick auf die vor Ort angebotenen ein- und mehrtägigen Ausflüge gibt Spitzbergens offizielle Website.

HURTIGRUTE
Die Kreuzfahrt ohne Etikette

Das kleine Schwarze darf ebenso zu Hause bleiben wie das Dinnerjacket, denn es sind nicht unbedingt die gesellschaftlichen Veranstaltungen auf dieser außergewöhnlichsten Kreuzfahrt der Welt, die oft lange im Voraus ausgebucht ist: Die wichtigste Rolle spielt das Naturerlebnis der ungemein langen und vielseitigen norwegischen Küste.

Die Hurtigrute war anfangs eine Postschiffverbindung, die Ende des 19. Jh. eingerichtet wurde, um 70 Häfen an der langen norwegischen Küste miteinander zu verbinden und den Bewohnern der nördlichen Hafenstädte und deren Hinterland ein zuverlässiges öffentliches Verkehrsmittel zu bieten sowie eine regelmäßige Versorgung mit Post und anderen Gütern zu gewährleisten.

Vorherige Seiten: Stabkirchen – Norwegens Beitrag zur europäischen Kirchenarchitektur (Hopperstad bei Vik). Oben: Mit der „Harald Jarl" unterwegs auf der Hurtigrute. Rechts: Neptuntaufe am Polarkreis.

Erst als nach dem Zweiten Weltkrieg die Straßenverbindungen und das Flugnetz in Norwegen ausgebaut wurden, ging das Passagieraufkommen der Hurtigrute zurück. Diese Lücke wurde von den zahlreicher werdenden Touristen gerne genutzt. Wenn auch der Transport von Touristen heute eine der Haupteinnahmequellen der königlichen Postschifflinie ist, so definiert sie ihren Zweck nach wie vor mit der regelmäßigen, ganzjährigen Versorgung der norwegischen Häfen zwischen Bergen und Kirkenes. Noch immer brauchen die Schiffe für die 2500 sm (4630 km) lange Strecke von Bergen nach Kirkenes und zurück elf Tage und verkehren täglich nach einem festen Fahrplan, wenn auch nur noch 34 Häfen angelaufen werden. Nur die Größe der Schiffe hat sich geändert: Waren es früher kleine Dampfer von ca. 2500 BRT, so sind die Schiffe der Flotte heute moderne und elegante Cruiseliner mit vibrations- und geräuscharmem Antrieb, haben über 300 Kabinen und ein paar Dutzend Luxussuiten, in denen auch ein Whirlpool nicht fehlt.

Früher hängte der Postmeister den roten Briefkasten der königlichen Post in jedem Hafen an die Gangway. Noch heute kommen Einwohner der Hafenstädte, um Pakete in Empfang zu nehmen und Neuankömmlinge zu beäugen. Das gesellschaftliche Leben an Bord älterer Schiffe war einst bescheiden. Auf den heutigen renovierten und neuen Schiffen wie *Finnmarken*, *Trollfjord*, *Midnatsol* oder *Fram* (Bj. 2007) dagegen gibt es Panoramasalons, opulente Buffets und gut bestückte Bars.

Das Schiff verlässt Bergen am Abend und passiert am folgenden Morgen das Vestkapp. In der Schärenwelt vor Ålesund kommt man direkt an der Vogelinsel Runde vorbei. Trondheim wird immer frühmorgens angelaufen, und die vier Stunden Aufenthalt ermöglichen den Besuch der Altstadt und des Nidarosdoms. Nach dem Blick auf die Svartisen-Gletscher bei Mo i Rana schreitet „Neptun" zur Polarkreistaufe.

Nördlich von Bodø weicht das Schiff auf das offene Meer aus, eine manchmal stürmische Überfahrt, für die man aber durch den Anblick der steil aufragenden Lofotenwand entschädigt wird. Bereits einen Tag später ankert das Schiff gegenüber der Eismeerkathedrale von Tromsø und gelangt dann durch die nordnorwegische Inselwelt nach Hammerfest und Honningsvåg, wo ein Ausflug zum Nordkap möglich ist. Der weitere Verlauf der Fahrt nach Kirkenes bietet einige kleine Fischereihäfen, Norwegens östlichsten Punkt vor der Insel Hornøya und die besten Gelegenheiten zur Beobachtung der Mitternachtssonne über dem Eismeer.

Die Liegezeiten in den Häfen genügen für eine Besichtigung der Sehenswürdigkeiten; daneben werden Landausflüge zu entfernteren Attraktionen angeboten, deren Dauer auf die Liegezeiten der Schiffe abgestimmt ist. Dies alles erfordert präzise Vorausplanung, denn jeder Stopp und jeder Schiffswechsel sollte mindestens 3-4 Monate vorgebucht sein. Auf kurzfristig frei

werdende Plätze zu hoffen, ist ein Vabanque-Spiel. Jede Norwegenreise – sei es per Flugzeug, Bahn oder PKW – lässt sich mit einem Stück Hurtigrute kombinieren: An Häfen mit Flugplätzen gibt es Transferbusse zum Hafen, für Orte mit Bahnhöfen ebenfalls; für Autos stehen Parkplätze zur Verfügung.

Dazu kommt das überaus freundliche Bordpersonal, das es manch kurz entschlossenem Passagier schon ermöglicht hat, einen nicht vorgesehen Landausflug zu machen. Im Gegenzug wird von den Gästen erwartet, dass sie Be- und Entladearbeiten nicht behindern, rechtzeitig von Ausflügen zurückkehren und sich pünktlich zu den Mahlzeiten einfinden, denn in erster Linie fährt man mit einem Versorgungsschiff, auf dem die Kreuzfahrtgäste zwar sehr wichtig sind, diese aber den Ablauf der Reise nicht bestimmen können – denn der ist ausschließlich vom Wetter und vom Fahrplan abhängig.

Informationen und Fahrpläne gibt es unter www.hurtigruten.de. Neuerdings brechen einige Schiffe der Flotte sogar zu weltweiten Kreuzfahrten auf.

STABKIRCHEN

Die hölzernen, auf langen Masten („Stäben") ruhenden und mit Drachenköpfen geschmückten Kirchenbauten, Stabkirchen genannt, seien der einzige originäre Beitrag Norwegens zur europäischen Kirchenarchitektur; die christianisierten Wikinger, die sie errichtet haben, hätten ihre Boote quasi auf den Kopf gestellt, um in den umgekehrten Schiffsrümpfen ihren ersten Messen beizuwohnen – so oder ähnlich wird oft die Entwicklung der Stabkirchen dargestellt. Nichts an dieser These ist grundlegend falsch, doch greift sie in jeder Hinsicht zu kurz, weil sie die spezifische Form der Bauten nur an ihren Erbauern festmacht, statt sie in jenen gesamteuropäischen Kontext zu stellen, der ihre Entwicklung erst möglich gemacht hat.

Zwei Dinge sind dabei wesentlich: Erstens war die Christianisierung in Europa immer erst dann erfolgreich, wenn man die „Feuer und Schwert"-Methode durch subtilere Formen ersetzte. Zweitens sind alle Kirchen Europas ganz bewusst in konträrem Stil zu den Häusern der Gemeinde errichtet worden, um die Einzigartigkeit Gottes architektonisch zu manifestieren. Dies gilt auch für Norwegen.

Die norwegische Christianisierung beginnt mit den Kaperfahrten der Wikinger in die Normandie, wo sie sesshaft, Christen und dem französischen König lehenspflichtig wurden. Über die nie abreißenden Familienbande drang die Kunde von dem neuen Glauben zu den frühen norwegischen Königen, die die Chance begriffen, mit Hilfe dieser monotheistischen Religion – und sich selbst an der Spitze – ein einiges Königreich zu schaffen. Diese Versuche misslangen, solange der neue Glaube – wie unter Olav Tryggvasson – mit Gewalt durchgesetzt werden sollte. Erst als Olav Kyrre mit seinem Vater nach England zog, lernte er dort, dass sich Christentum und heidnische Gottheiten und Gebräuche durchaus miteinander verschmelzen ließen. Fortan galt in Norwegen die Regel „Soviel heidnisches Brauchtum wie möglich und soviel Christentum wie nötig", und mit dieser Politik trat das Christentum in Norwegen auch seinen Siegeszug an.

Weil man den heidnischen Göttern auch noch christliche Heilige als Korrelat zur Seite gab, war der Traditionsbruch für die Bevölkerung so abgemildert, dass die neue Religion nur als Weiterentwicklung der alten erschien. Damit war das Volk auch bereit, dem neuen Gott Kultstätten zu errichten, die mit den Symbolen des alten Glaubens geschmückt wurden. Um 1250, als das Land durchgehend christianisiert war, soll es zwischen 700 und 1000 Stabkirchen gegeben haben.

Warum aber gerade dieser Kirchentyp? Hier tritt das spezifisch Norwegische zu Tage: der Reichtum an Holz und die Erfahrung im Umgang damit hatten zwei völlig verschiedene Techniken hervorgebracht: einerseits den Bau von festen, wärmeisolierten Häusern aus Baumstämmen und andererseits die Konstruktion von leichten, tragfähigen Schiffen. Wollte man also die Häuser Gottes in einem anderen Stil bauen als die Blockhäuser der Bevölkerung, blieb nur die Möglichkeit, sich am Stil des Schiffbaus zu orientieren, denn größere Steinbauten waren damals in Norwegen noch unbekannt. So entstand der Gedanke, die Schiffsarchitektur zu nutzen, aber das Schiff umzustülpen. Dies ist sicher leichter erdacht als getan, denn ein auf dem Kopf stehendes Schiff, noch dazu auf dem Trockenen, birgt eine Fülle statischer und konservatorischer Probleme. So muss die Zahl der Masten so erhöht werden, dass die schwere Last des hohen Dachstuhls getragen werden kann, aber die Masten dürfen nicht isoliert stehen, sondern müssen elastisch

Rechts: Senkrechte Stäbe tragen das Dachgestühl der Stabkirchen (Urnes).

so miteinander verbunden sein, dass sich das Bauwerk nicht gegen den Wind stellt, sondern sich gleichsam in ihm wiegt. Mit der Knaggentechnik, die den Spanten im Schiffsbau entspricht, und den neu entwickelten Querkreuzen, die schon bald den Namen des Märtyrers Andreas trugen, bekam man diese Probleme in den Griff. Schwieriger war es, eine Konservierungsmethode zu finden, die die Tragmasten vor Fäulnis schützen konnte, denn bei einfachem Eingraben in die Erde wären diese binnen kürzester Frist durchgefault.

Man löste das Problem dahingehend, dass man den Kirchengrundriss aus Steinplatten herstellte, auf denen mächtige Balken die genaue Kirchenform anzeigten. An diesen wurden die Stäbe mit Holzdübeln befestigt und so lange provisorisch abgestützt, bis der Dachstuhl aufgelegt werden konnte – mit ihm bekam der Bau eine erste Stabilität. Dann begann man, die Stäbe untereinander zu verbinden, wobei man nur hölzerne „Nägel" verwendete, um einer Rissbildung vorzubeugen. Zuletzt verplankte man die Außenwände mit senkrecht angebrachten Bohlen und deckte das Dachgestühl mit harzreichen Lärchenschindeln, die man – wie den gesamten Bau – mit Holzteer imprägniert hatte.

Aus Gründen der Stabilität und der besseren Wärmedämmung verzichtete man weitgehend auf Fenster in den unbeheizbaren Kirchen, sie wurden aber mit Kerzen und Kienspänen illuminiert. Die Unbeheizbarkeit, die Pest und das offene Licht waren Gründe, warum es von den fast 1000 norwegischen Stabkirchen nur noch 30 gibt. Viele sind abgebrannt. In der Pestzeit starben drei Viertel der Bevölkerung, und die Holzkirchen verrotteten; später zogen die Gemeinden moderne, heizbare Steinkirchen vor.

Bei der Verzierung der Portale und Dächer ihrer Stabkirchen bedienten sich die alten Baumeister jener magischen Ornamente, Ranken und Symbole, die bereits ihre Schiffe vor Geistern, Götterzorn und Nornen geschützt hatten. So kommt es, dass Odin gleichsam für den christlichen Gott Wache schiebt.

DIE SAMEN

Die ältesten menschlichen Siedlungsspuren in Skandinavien sind die der Kromsakultur an den Küsten der heutigen Finnmark. Vieles spricht dafür, dass diese frühen Siedler aus Sibirien eingewanderte Samen („Sumpfleute“) waren. Insofern könnte man sie als die Ureinwohner Skandinaviens bezeichnen. Lückenlos beweisbar ist die samische Besiedlung Skandinaviens erst seit der Eisenzeit (800-300 v. Chr.), in einer Zeit, als sich die Germanen gerade anschickten, in den Norden vorzudringen.

Den aggressiven Germanenstämmen hatten die Samen wenig entgegenzusetzen. Ihre Überlebenstechnik war das Zurückweichen und nicht der Kampf. So beschreibt es auch im 9. Jh. Ottar von Hålogaland in einem Bericht an König Alfred den Großen von England, dem ältesten schriftlichen Zeugnis über

Oben: Vier Zipfel an der Samenmütze – vier Himmelsrichtungen, in die ein Same gehen kann. Rechts: Kunsthandwerk der Samen.

die Lebensweise der Samen. Hier finden sich aber auch schon die Überheblichkeit und Arroganz der Wikinger gegenüber den unkriegerischen, „feigen“ Samen, denen man schon bald den abwertenden Schimpfnamen „Lappen“ gab. Sie galten überdies als Land- und Nahrungskonkurrenten, die man aber von ihren Siedlungen und Weideflächen vertreiben konnte, ohne dass sie sich zur Wehr setzten. Daneben konnte man mit ihnen vorteilhafte Geschäfte machen, denn vom wirklichen Wert der bei ihnen eingetauschten Edelmetalle und Pelze hatten sie nur wenig Ahnung. Soweit sie sich in wirtschaftlich unbedeutende Regionen, wie die kargen Weiten der Finnmark, zurückzogen, sich zwangschristianisieren ließen, brav Steuern bezahlten und auch sonst nicht weiter störten, durften sie als verachtete Minderheit weiter dahinvegetieren.

Doch genau diese Tendenz, die Samen in Ungunstregionen, in denen sie nur als nomadisierende Hirten von Rentierherden überleben konnten, abzudrängen, hat die heute so schützenswerte Samenkultur hervorgebracht, mit Hütten (*gammen*), Zelten, Trachten, Rentierschlitten (*akja, pulka*) und Skiern. Bis dahin hatten die Samen durchaus auch Ackerbau und Fischerei betrieben, was sie aber mit dem Verlust der Ackerflächen und der Küstenlandstriche aufgeben mussten. Sie waren damit gezwungen, ihre Lebensweise, ihre Ernährung und ihren Lebensrhythmus ganz auf das einzige Nutztier abzustellen, das ihnen geblieben war: das Rentier. Was daran nicht verzehrbar war, diente als Rohstoff zur Herstellung von Bekleidung und Gerätschaften. Als weiterer Rohstofflieferant stand nur die karge Waldtundra mit Krüppelbirken, Moosen und Steinen zur Verfügung. Einziger Luxus waren einige wenige Schafe, deren Wolle die Samen zu ihren Trachten, Bandschnüren und Mützen verwoben. Die vier Zipfel ihrer Mützen stehen für die Himmelsrichtungen und

die Freiheit, in jede Richtung ziehen zu können. Eine Änderung solcher Ausgrenzungspolitik der Samen ergab sich erst zu Beginn des 20. Jh. Gut gemeint und doch völlig verfehlt, begann man, den Samen die Segnungen des Sozialstaats überzustülpen, sie in der Art eines gütigen Kolonialherrn zu „zivilisieren“.

Erst nach dem Zweiten Weltkrieg reifte die Erkenntnis, dass die alte Kultur der Samen nur aus sich selbst heraus, „von innen“, erhalten werden könne – insbesondere die finno-ugrische Sprache – und dass das Brauchtum der Samen ein wichtiger Baustein gesamtskandinavischer Entwicklung sei. Daraufhin errichtete man samische Schulen und Kulturhäuser, zahlte Einkommensbeihilfen und Stipendien. Seit 1990 gibt es in Karasjok ein „Samisches Parlament“, das aber nur beratende Funktion hat. Viele Samen gaben ihre traditionelle Lebensweise und ihre Herden auf, wurden sesshaft und damit Konkurrenten um die ohnehin knappen Arbeitsplätze im strukturschwachen Norden. Es mussten daher neue, oft hoch subventionierte Arbeitsplätze in der Land- und Forstwirtschaft geschaffen werden, um die Samen im Land zu halten. Ob dies aber auch ihre Kultur erhält, ist fraglich, denn ihre Handwerkskünste, ihre Sagen und Gesänge (*joik*) und ihre weit reichenden Großfamilienbande sind aus dem entbehrungsreichen Nomadenleben entstanden. Und feste Arbeitsplätze erfordern auch feste Wohnungen, wobei solche aber meist auf Kleinfamilien zugeschnitten sind. Das Problem besteht darin, eine Lebensweise, die aus Verzicht hervorgegangen ist, mit den „Segnungen der Zivilisation“ zu verschmelzen, die in Form von Wohnwagen, Fernseher, Motorschlitten und Geländemotorrad auch bei den noch nomadisierenden Samen längst Einzug gehalten haben.

Heute sind es kaum mehr als 2000 der 20 000 norwegischen Samen, die eine „modifizierte“ traditionelle Lebensweise praktizieren und sich mit dem Verkauf von Bandwebereien und Souvenirs aus Birkenrinde, Rentierfell, Horn oder Knochen ein Zubrot verschaffen.

BERGWANDERN IN NORWEGEN

Mit fast 20 000 km markierten Wanderwegen ist Norwegen ein Paradies für Wanderer. An die 300 Hütten, über alle Regionen verstreut, stehen Wanderern zur Verfügung. Die bewirtschafteten Hütten haben einen hohen Standard und sind fast Berghotels.

Für selbstbewirtschaftete Hütten leiht man sich beim norwegischen Wanderverein DNT (s. S. 247) einen Schlüssel und findet dort auch umfangreichen Proviant – ein einmaliges System, das großes Vertrauen in die Benutzer setzt.

Der norwegische Winter dauert sehr lange, noch im Mai kann man Ski laufen. Vor Ende Juni sollte keine Wanderung begonnen werden. Normalerweise öffnen die Hütten am letzten Wochenende in Juni, dann sind auch alle Brücken wieder montiert. Zu Beginn der Wandersaison ist noch mit hohen Wasserständen in den Flüssen zu rechnen. Je nach Höhenlage geht man auch im Sommer immer wieder über Schneefelder. Hauptsaison, mit den größten Hüttenbelegungen, ist von Mitte Juli bis Mitte August. Als ideal wird der August angesehen: der Wasserstand in den Flüssen ist am niedrigsten, die Schneeschauerwahrscheinlichkeit sehr gering und anhaltende Sonnenperioden sind häufig. Beeindruckend ist die Herbstfärbung Anfang September; Mitte September schließen dann die Hütten.

Bei der Tourenplanung sollten Norwegen-Neulinge berücksichtigen, dass die Bedingungen in 1000 m Höhe in Norwegen denen auf 2000 Höhenmetern in den Alpen entsprechen. Im Westen und in Fjordnähe herrscht zudem selten stabiles Wetter, das bedeutet für Wanderer: unbedingt für jedes Wetter gerüstet sein, mit gutem Regenzeug und festen Wanderschuhen. Stellen Sie sich auf recht steinige Wege ein, die „Hinschauen“ erfordern. Auch wenn die „Wege“ durch rote T's oder Steinmännchen gekennzeichnet sind, sollten Sie nicht ohne Karte und Kompass gehen.

Die Tagesetappen liegen zwischen 4 und 7 Stunden Gehzeit, konditionell sollten Sie darauf vorbereitet sein. Je leichter der Rucksack, umso leichter die Tour! Anzustreben sind 8 kg für Frauen, 10-12 für Männer. Das erreicht man nur mit äußerst sorgfältigem Packen. Die bewirtschafteten Hütten verfügen fast alle über Trockenräume, so dass unterwegs etwas gewaschen werden kann.

Jotunheimen: In diesem Nationalpark im Zentrum Südnorwegens befinden sich die höchsten Berge des Landes; der höchste, der Galdhøpiggen, erreicht 2469 m. Dieses alpinste Gebiet Norwegens weist mehr als 150 Bergspitzen über 2300 m auf, mit vielen Gletschern, an einigen Stellen werden Gletschertouren angeboten. Die markierten Wege gehen durch grüne Hochtäler, öfter über Geröll und Blockgestein und bieten imposante Ausblicke auf grandiose Gipfel.

Hardangervidda: *Vidda* bedeutet „Weite“, und die scheint in der Hardangervidda grenzenlos. Dieses größte Hochplateau Europas ist zwar relativ flach und nur im Westen bei ca. 1700 Höhenmetern gebirgiger. Aber trotz der relativ geringen Durchschnittshöhe von 1100-1300 m dürfen die Anforderungen nicht unterschätzt werden: Die Baumgrenze liegt bei 900 m, und die Vegetation ist bereits arktisch; immer wieder sind kleine Moore und unzählige Wasserläufe zu überwinden und deshalb wasserdichte Schuhe sinnvoll. Von West nach Ost nimmt die Niederschlagsmenge deutlich ab. Die Hardangervidda ist reich an Spuren alter Jagdkultur und alter Handelswege (z. B. die Route der *Nordmannsslepa*).

Rondane: Ein beliebtes Wandergebiet; im Osten des Landes und deshalb mit trockenem, stabilem, sonnenreichem Klima gesegnet. Zehn Berge ra-

Rechts: Von der Sognefjell-Hochstraße zu erreichen – die Hurrungane-Berge (zwischen Kossbu- und Fannaråken-Hütte).

gen über 2000 m hinaus, wurden aber in der Eiszeit rund geformt und sind dadurch relativ leicht zu begehen. Die manchmal etwas monotone Landschaft mit steinigen Trogtälern und Moränen bekommt durch den üppigen Flechtenwuchs ein farbiges Bild, das im Herbst besonders leuchtet. Auch für Norwegen-Neulinge eignet sich Rondane gut als Wandergebiet.

Trollheimen: Nördlich vom Dovregebirge und südlich von Trondheim liegt das schöne Wandergebiet Trollheimen. Eine vielgestaltige Landschaft, die den Wanderer mit steilen Auf- und Abstiegen immer wieder herausfordert. Kalkreicher Schiefer sorgt für besonders üppige Vegetation, und man findet seltene Pflanzenarten. Das Innerdalen ist besonders reizvoll; es wird beherrscht vom Innerdaltaarnet. Kletterer kommen hier auf ihre Kosten; der DNT veranstaltet Kletterkurse (s. S. 247).

Setesdalheiene: Ganz im Süden des Landes erstreckt sich, oberhalb der Baumgrenze, dieses sehr abwechslungsreiche Wandergebiet. Setesdalheiene, Sirdalheiene, Suldalsheiene: Namen, die man geografisch unter Rogaland-Hochland zusammenfassen könnte. Setesdalheiene ist als Wanderregion geprägt von viel Abwechslung und häufigen Auf- und Abstiegen. Offene Täler mit saftig grünen Wiesen stehen in Kontrast zum nackten Fels, der ungewöhnlich zerklüftet und mit vielen kleinen Steinen gesprenkelt ist. Hier gibt es viele Flüsse und auch Seen, die zum Teil künstlich entstanden sind. Dieses bisher im Ausland wenig bekannte Wandergebiet ist von Hamburg aus über Kristiansand leicht erreichbar und schont den Geldbeutel, da hier selbstbewirtschaftete Hütten überwiegen.

Femundsmarka: Diese eher stille Gegend gehört ebenfalls zu den „vernachlässigten“ Gebieten. Von Røros aus gelangt man gut in diese von urwüchsigen Kiefernwäldern geprägte Landschaft. Auf dem See besteht regelmäßiger Schiffsverkehr, so dass man die Route abwechslungsreich gestalten kann. Die höchste Erhebung misst 1305 m, die Wanderwege liegen auf 800-900 m Höhe.

MITTERNACHTSSONNE UND NORDLICHT

Wer es nicht erlebt hat, glaubt es nicht. So ist es auch nicht weiter verwunderlich, dass die Schilderung des Phänomens der nächtlichen Sonne, die frühe Skandinavienreisende verfasst haben, in Mitteleuropa auf Skepsis stieß.

Dabei ist das Phänomen „Mitternachtssonne" astronomisch recht einfach zu erklären: Die Erde umkreist im Laufe eines Jahres einmal die Sonne, wobei die Erdachse aber nicht senkrecht auf der Umlaufebene steht, sondern gegenüber dieser um 23° 27' geneigt ist.

Dies führt dazu, dass die Sonne im Nordsommer, wenn das nördliche Ende der „schiefen" Erdachse zur Sonne hin zeigt, über den Nordpol hinweg auf die Nachtseite der Erde scheinen kann. Im günstigsten Fall, nämlich am 21. Juni zur Mittsommernacht, ist sie daher auch „nachts" so viele Breitengrade weit südlich des Pols zu sehen, wie die Erdachse gegenüber der Erdumlaufbahn geneigt ist. Da der Pol auf 90° liegt und die Erdachse um 23° 27' geneigt ist, muss dies auf 66° 33' nördlicher Breite der Fall sein; eben dieser Breitenkreis heißt Polarkreis, und dort geht in der Sonnwendnacht die Sonne nicht mehr unter.

Das Phänomen der Dämmerungsnächte, in denen es nach dem Sonnenuntergang relativ hell bleibt, ist noch südlich vom Polarkreis bis 50,5° zu erleben. Direkt am Pol dagegen beginnt der 187 Tage dauernde „Polartag" am 21. März und endet am 23. September. Wandert die Sonne dann weiter nach Süden, ist sie, sobald sie den Äquator überquert hat, am Nordpol nicht mehr zu sehen, und die 178 Tage lange (Nord-) „Polarnacht" beginnt.

Wenn die Sonne schließlich den südlichen Wendekreis erreicht hat, ist sie tagsüber dann auch am nördlichen Polarkreis nicht mehr zu sehen, dies ist die Wintersonnenwende.

Oben: Mitternachtssonne über den Lofoten. Rechts: Sonnenpartikel glühen in der Atmosphäre und erzeugen das Polarlicht.

Ein typisches Polar-Phänomen ist auch die Rotfärbung der Sonne: je tiefer sie um Mitternacht am Horizont steht, desto intensiver ist ihr Rotton. Dies liegt daran, dass beim Durchgang des Sonnenlichts durch die Atmosphäre der Tagseite und zusätzlich durch die der Nachtseite die kurzwelligen blauen und ultravioletten Bestandteile des Lichts stärker herausgefiltert werden, als dies bei einfachem Atmosphärendurchgang der Fall wäre.

Ein faszinierendes Himmelsleuchten in Form farbiger Lichtschleier tritt – besonders nach starker Sonnenfleckenaktivität – in den Polarregionen der Erde auf: das Polarlicht. Es lässt sich oft in langen, klaren Winternächten beobachten. In Norwegen ist es als Nordlicht manchmal noch weit südlich des Polarkreises zu erleben.

Der Grund für diese Erscheinung ist der Sonnenwind, ein Strom von elektrisch geladenen Teilchen, den die Sonne ständig aussendet. Das Magnetfeld der Erde fängt diese Teilchen ein und lenkt sie zu den erdmagnetischen Polen hin ab.

Dort, in den oberen Schichten der Atmosphäre, zwischen 70 und 400 km Höhe, kollidieren die Sonnenteilchen mit den ionisierten, elektrisch geladenen Teilchen der Atmosphäre. Die Energie der Sonnenteilchen überträgt sich dabei auf Atmosphärenatome, die in charakteristischem Licht aufleuchten. Diese Lichterscheinungen, die in fortwährender Bewegung über das Firmament zucken, reichen von bläulich leuchtenden, durchscheinenden Vorhängen bis zu grünlichen wallenden Schleiern, manchmal mit gelblichen und rötlichen Einsprengseln versehen. Sie bilden ein faszinierendes kosmisches Feuerwerk.

Die Erscheinung des Nordlichts hat sich als eine gute Möglichkeit herausgestcllt, Genaueres über die Natur des Sonnenwinds zu erfahren. Da die Zusammensetzung der Atmosphäre relativ gut bekannt ist, lässt sich aus den Eigenschaften wie z. B. den Farben der Leuchterscheinungen auf die Art der Kollisionspartner schließen. So ist das Nordlicht gleichsam der Bote, der einige Vorgänge auf der Sonne verrät.

REISEVORBEREITUNGEN

Norwegen in Zahlen

Fläche: 385 155 km^2
(davon Svalbard: 61 020 km^2)
Einwohner: 4,6Mio.
Bevölkerungsdichte:
Oslofjord: 118 Einwohner/km^2
Finnmark: 1,6 Einwohner/km^2
Städte:
Oslo (550 000)
Bergen (240 000)
Trondheim (156 000)
Stavanger (114 000)
Kristiansand (77 000)
Tromsø (63 000)
Höchster Berg: Galdhøpiggen (2469 m)
Staatsform: Konstitutionelle Monarchie
Lage: Am Westrand der Skandinavischen Halbinsel
Bevölkerung: Über 90 % Norweger, größere Minderheiten sind Samen (Lappen) und Kvener (Kwänen)
Religion: u. a. Angehörige der ev.-lutherischen Staatskirche
Sprache: Norwegisch und finno-ugrische Sprache der Samen.

Information

Fremdenverkehrsämter: **Deutschland**: Innovation Norway, Prospektversand Tel. 01805/001548, Pf. 113317, D-20433 Hamburg, Tel. wie oben, Fax 01805/667929; kein Publikumsverkehr, www.visitnorway.no.

In **Österreich** und der **Schweiz** übernimmt jeweils die Botschaft diese Aufgabe (Adressen s. S. 245).

Einreise

Zur Einreise nach Norwegen wird von den Einwohnern der Europäischen Union und assoziierter Staaten ein gültiger Personalausweis oder Pass verlangt. Bei der Einreise über ein anderes skandinavisches Land gibt es wegen der Passunion keine Ausweiskontrolle. Kinder bis16 Jahre brauchen einen Kinderausweis (ab 10 Jahren mit Bild).

Die Mitnahme von Haustieren ist sehr kompliziert und verlangt eine sechsmonatige Vorbereitungszeit (siehe www.norwegen.no und www.mattilsynet.no).

Nur mit Sondergenehmigung eingeführt werden dürfen: Feuerwerkskörper, Kartoffeln, Pflanzen, Gifte, Munition; bei der Einfuhr einer Waffe muss der heimische Waffenschein an der Grenze vorgelegt werden, um einen drei Monate gültigen norwegischen Waffenschein zu erhalten. (s. auch „Zoll", S. 246)

Medikamente dürfen nur für den persönlichen Gebrauch eingeführt werden, evtl. die ärztliche Bescheinigung mitführen. Zollkontrollen können gelegentlich, besonders gegenüber Einreisenden per PKW, recht intensiv ausfallen. Siehe auch Hinweise unter „Zoll" S. 246.

Die nationalen Kraftfahrzeugdokumente der EU-Staaten sind in Norwegen drei Monate gültig und müssen während der Nutzung des Fahrzeugs mitgeführt werden.

Geld

Die Währung ist die Krone (NOK) zu 100 Øre. Kleinste Münzeinheit ist das Fünførestück. Daher wird an den Kassen auf- und abgerundet. Wechselkurs: 1 € = ca. 7,90 NOK, 1 CHF = ca. 5,00 NOK. Geldautomaten, die EC-Karten annehmen, sind fast überall vorhanden. Euroschecks und Postsparbücher werden nicht mehr akzeptiert. Reiseschecks kann man unbegrenzt einführen und gegen eine Gebühr einlösen. Weit verbreitet sind Kreditkarten, besonders Mastercard und Visa, die von allen Geldautomaten, auch in den kleinsten Orten, genauso akzeptiert werden wie in Hotels, Tankstellen, aber auch für Fahrkarten oder Flugtickets und im Krankenhaus.

Gesundheitsvorsorge

Das norwegische Gesundheitssystem ist gut ausgebaut und sehr effizient. Die Erstbehandlung eines Kranken oder eines Unfallopfers erfolgt in der Regel durch die Aufnahmestation eines *Sjukhus* (Krankenhaus) und nicht durch einen privaten Arzt. In Notfällen weiß jeder Norweger, wo das nächste Krankenhaus zu erreichen ist; die Notdienst-Nummer steht im Telefonbuch unter *legevakt*.

Es wird empfohlen, eine Auslandskrankenversicherung abzuschließen, falls eine solche nicht bereits durch ADAC-Mitgliedschaft oder sonstwie besteht.

Apotheken akzeptieren nur von norwegischen Ärzten ausgestellte Rezepte, auch werden in Norwegen einige Medikamente unter anderen Namen vertrieben als im Heimatland, daher sollte man benötigte Medikamente von zu Hause mitnehmen.

Mückenschutzmittel, die in feuchten Wald- und Moorgebieten Norwegens notwendig sind, kauft man besser im Land.

Klima und Reisezeit

Der Golfstrom beschert Norwegen trotz seiner hohen Breitenlage Durchschnittstemperaturen, die in etwa denen des nördlichen Mitteleuropa entsprechen. Bei einer Längenausdehnung von über 1700 km bleibt es nicht aus, dass im Land ganz unterschiedliches Wetter herrschen kann. Durch den feuchten, stetigen Westwind ist die Niederschlagsmenge in Norwegen erheblich höher als in Mitteleuropa. Auch wechselt das Wetter häufiger, so dass man bei schönem Wetter am Morgen noch lange nicht auf einen durchgehend schönen Tag rechnen kann und umgekehrt.

Die Sommer-Hauptsaison beginnt in Norwegen im Mai, wenn an den südnorwegischen Fjorden die Frühlingsblüte beginnt. Dann sind viele Bergstraßen noch gesperrt. Ab Anfang Juni sind alle Hauptverkehrsstraßen im Land befahrbar. Mai und Juni sind die trockensten Monate in Norwegen. Juli und August sind die eigentliche Hauptreisezeit, wenn auch ab Anfang August die Mitternachtssonne am Nordkap schon nicht mehr zu sehen ist. In diesen Ferienmonaten sind die Preise selbstverständlich auch am höchsten und die Hotels häufig ausgebucht. Relativ trocken und noch angenehm warm ist auch der September, ein sehr schöner Reisemonat, wenn man nicht unbedingt in den ganz hohen Norden will.

Im Winter liegt die Hauptsaison zwischen Weihnachten und Ende Januar. Da die Skigebiete – auch im Süden – bereits Ende November und bis in den April schneesicher sind, können Skifahrer auch die preiswertere Nebensaison nutzen.

Kleidung

Zweckmäßig ist es, sich nach dem Zwiebelprinzip zu kleiden: Mehrere dünnere Kleidungsstücke übereinander, die man nach Bedarf an- und ausziehen kann. Eine Regenjacke sollte man immer dabeihaben, denn Regenschirme sind bei den kräftigen Winden an der Küste nutzlos. Außerhalb der Städte ist festes Schuhwerk angebracht. Wer in Jugendherbergen oder einfachen Hütten zu übernachten gedenkt, sollte auch einen Schlafsack und Handtücher mitnehmen.

In der Kleiderordnung sind die Norweger leger. So zieht man sich zum Mittagessen nicht um, und auch zum Dinner kleidet man sich eher zwanglos, wenn es sich nicht um eine offizielle Einladung handelt.

REISEWEGE NACH NORWEGEN

Flug

SAS, Lufthansa, Austrian Airlines u. a. sowie Billigflieger Norwegian Airshuttle bieten Linienflüge nach Oslo Gardermoen und anderen Städten an, Billigflieger auch nach Torp (südw. von Oslo) und Moss (66 km südöstl. von Oslo im Ort Rygge neben der E6) und anderen Orten. Direktverbindungen in andere größere Städte wie Bergen oder Tromsø gibt es während der Saison (Sommer, Winter) von wenigen ausländischen Flughäfen oder als Charterflug. Oft gibt es Wochenendsondertarife.

Bahn

Von Deutschland gibt es keine durchgehende Bahnverbindung nach Oslo. Wer aus dem östlichen Teil Deutschlands kommt und über Saßnitz reist, muss daher in Göteborg, wer aus dem Westteil kommt, in Kopenhagen umsteigen. Von dort verkehrt ein Nachtzug mit Schlaf- und Liegewagen, der nach rund 10 Std. Oslo frühmorgens erreicht.

Fähre / Schiff

Fähre ab Deutschland: **Kiel – Oslo** mit Color Line, Norwegenkai, D-24143 Kiel-Gaarden, Tel. 0431-73000, www.colorline.com; die Überfahrt dauert rund 19 Stunden.

Direkte Fähren ab Dänemark:

Color Line bedient auch die Route **Hirtshals – Stavanger – Bergen**.

Kopenhagen – Oslo mit DFDS Seaways, Högerdamm 41, D-20097 Hamburg, www.dfdsseaways.de, Tel. 040-389030; 16/14 Std.

Frederikshavn – Oslo mit Stena Line, Schwedenkai 1, D-24103 Kiel, Res.: Tel. 01805-916666, Info Tel. 0431-9099, www.StenaLine. de; ca. 9 Std.

Hirtshals – Oslo (ca. 9 Std.).

Hirtshals – Kristiansand (3 Std. 15 Min., Schnellfähre im Sommer 2 Std. 20 Min.) www.colorline.de.

Frederikshavn – Larvik (ca. 6 Std.).

Hirtshals – Langesund (– Strømstad) mit Kystlink, www.kystlink.de.

Fjord Line AS fährt **Hanstholm – Egersund** (7 Std.) **– Haugesund – Bergen** (sowie **Newcastle – Stavanger – Bergen**). Agentur in Deutschland: Kleine Johannisstr. 10, 20457 Hamburg, Tel. 040-37693350, www.fjordline. com.

Eine preiswerte Schnellfähre für die Strecke **Hanstholm – Kristiansand** ist der Katamaran von Masterferries (www.masterferries.com).

Es gibt eine Fülle von Sondertarifen.

Bus

Europabusse verkehren von vielen europäischen Städten nach Oslo (längste Strecke: Lissabon – Oslo). Auskünfte: Deutsche Touring Frankfurt, Tel. 069-79030. NOR-WAY Bussekspress fährt mindestens dreimal wöchentlich die Strecke Hamburg – Kristiansand – Stavanger und Berlin – Rostock – Göteborg – Oslo, www.nor-way.no (Tel. Hamburg 040/ 249818, 2804538).

Auto

Drei Hauptmöglichkeiten bieten sich für Autofahrer zur Fährpassage. Von Berlin und der weiteren Umgebung aus benutzt man am besten die Fähren über Rostock-Gedser (2 Std.) und Helsingør-Helsingborg (20 Min.; *Scandlines*, Tel. 01805-116688), um dann über Göteborg an die norwegische Südgrenze zu gelangen. Die Strecke ist mit 800 km ebenso lang wie der Weg von Hamburg über die Vogelfluglinie zum Svinesund (schwedisch-norwegische Grenze an der E6). Auch hier sind zwei Fähren zu benutzen: Puttgarden-Rødby und Helsingør-Helsingborg, die ebenfalls von *Scandlines* betrieben werden (wer Fähren nicht mag, kann letztere durch die Öresundbrücke zwischen Kopenhagen und Malmö ersetzen). Die Fährzeit beträgt hier insgesamt 1 Std und 10 min.

Wer zuerst an die norwegische Süd- oder Westküste will, kann auch den Weg von Hamburg über Flensburg durch Jütland nach Frederikshavn, Skagen, Hirtshals oder Hanstholm wählen

(520 km), von wo die Fährüberfahrt nach Moss, Larvik, Kristiansand bzw. Egersund/Bergen erfolgt. Für Reisende nach Oslo ist diese Strecke in der Hauptreisezeit eine rasche Alternative.

Alle genannten Fährverbindungen sind kombinierte Passagier- und Autofähren, Vorausbuchung in der Hauptsaison bzw. am Wochenende wird dringend empfohlen.

REISEN IM LAND

Auto

Norwegens Straßenverkehrsbestimmungen sind praktisch identisch mit denen Mitteleuropas, doch gelten einige Zusatzbestimmungen: Es ist immer mit Abblendlicht zu fahren; bei Ortsdurchfahrten gilt für den Fahrer absolutes Rauchverbot; die Promillegrenze liegt bei 0,2; Geschwindigkeitsbegrenzungen werden in Norwegen auch in der Nacht auf ausgebauten Strecken eingehalten. Die Ortsgeschwindigkeit liegt auf Durchfahrtsstraßen meist bei 50 km/h, auf Landstraßen bei 80 km/h und auf Autobahnen bei 90, selten 100 km/h, wenn es nicht anders angeordnet ist. Das Telefonieren im Auto ist nur mit einer Freisprechanlage erlaubt.

Der Straßennotdienst heißt NAF, Notruftel.: 81000505. An den großen Straßen stehen auch Notrufsäulen.

Einige Neubaustrecken, speziell solche, die Fähren ersetzen, sowie viele Privatstraßen, auch die Einfahrten in einige Städte, wie Oslo, Bergen, Trondheim u.a., kosten Maut (*bompenger*). Eine Übersicht über die staatlichen Mautstrecken gibt die Straßenbaubehörde im Internet: www.vegvesen.no. Hier wird auch das Verfahren des Kassierens erklärt und auf die Möglichkeit des elektronischen Mauteinzugs hingewiesen (www.autopass.no). Nützlich für alle Autofahrer sind auf der Vegvesen-Homepage auch die praktischen LKW-Fahrer-Hinweise unter „Truckers Guide Donna Diesel".

Bahn

Drei Haupt-Bahnlinien gibt es in Norwegen, wenn man von den Strecken Göteborg und Stockholm nach Oslo absieht: die Sørland (Südlandbahn) Oslo-Stavanger, die mit vielen kleinen Stichstrecken an der Südküste entlangführt; die Bergenbahn über die Hardangervidda, mit ihrem Abstecher nach Flåm, der spektakulären sehr lohnenden Flåmbahn; und die Nordlandbahn bzw. die Rørosbahn, die durch das Lågendal bzw. durch das Glåmadal nach Trondheim führen; die Züge, die auf diesen Strecken verkehren, zeichnen sich durch großen Komfort aus. Von Trondheim geht es per Bahn bis Bodø (Fauske). Im Sommer bedienen auch Personenzüge die Erzbahnstrecke zwischen Kiruna und Narvik, so gelangt man über Schweden per Bahn nach Narvik.

Bus

Zu allen Orten, die die Eisenbahn nicht berührt, führen Buslinien, deren bekannteste die Strecke Fauske – Kirkenes (1260 km) bedient. Es gibt eine Schnellverbindung zwischen Oslo und der Finnmark, die Oslo um 9 Uhr verlässt und über Schweden in 26 Stunden Alta erreicht.

Buslinien zu kleineren Orten verkehren oft nur einmal pro Tag oder gar pro Woche. Fahrpläne gibt es bei den Fremdenverkehrsämtern; regionale Fahrplanauskunft: Tel. 177; es gibt Touristenkarten.

Auskunft in Deutschland: NOR-WAY Bussekspress, Adenauerallee 78, 20097 Hamburg, Tel. 040-249818, 2804538. Übersicht, Infos und Buchung auch: www.nor-way.no.

Fähren

Alle Fähren innerhalb Norwegens gelten als Teil der Landstraßen. Auf ihnen genießen Einwohner der Region, Transportfahrzeuge und Linienbusse sowie Taxis Vorrecht. Alle anderen Reisenden haben sich einzureihen und zu warten, bis sie an der Reihe sind. Es gibt keine Vorbuchungen für staatliche Fähren. Reservierungen können aber notwendig sein für einige kleinere, privat betriebene Fähren, wie z. B. am Lysefjord.

Die Fähren verkehren nach festen Fahrplänen, die in jedem Hotel, auf jedem Campingplatz und in jedem Touristenbüro ausliegen und in der NRI-Fahrplanbroschüre (auch im Internet: www.nriguide.no) verzeichnet sind. Es gibt feste Preise nach Wagengröße und Personenzahl.

Fjordfahrten: In und durch die norwegischen Fjorde werden zahlreiche Schiffstouren angeboten; besonders im Süden und Südwesten des Landes und zunehmend bis hinauf zum Nordkap. Viele dieser Touren werden nach festem Fahrplan veranstaltet. Pläne mit Abfahrtszeiten und Preisen gibt es bei den örtlichen Touristenbüros.

Inselverbindungen: Zu den 2000 bewohnten norwegischen Inseln gibt es Schiffsverbindungen, deren Häufigkeit zwischen mehreren täglichen Verbindungen und einer im Monat schwankt. Zu den großen Inseln verkehren Autofähren, zu den kleineren nur Personenfähren, manchmal auch nur Privatboote. Infos über die Touristenbüros.

Telemark-Kanal: Das norwegische Gegenstück zum schwedischen Götakanal ist der Telemark-Kanal zwischen Skien und Dalen. Auf 110 km überwindet der Kanal 72 Höhenmeter in 18 Schleusen. In der Hauptsaison gibt es tägliche Abfahrten in beide Richtungen, in jeder Richtung dreimal pro Woche. Die Fahrt dauert ca. 10 Stunden; Bustransfers zu den Abfahrten werden angeboten (s. S. 67).

Küstenschifffahrt / Hurtigrute: Die bekannteste, aber bei weitem nicht die einzige Küstenschifffahrtslinie ist *Hurtigruten*, die zwischen Bergen und Kirkenes (2315 km) verkehrt. Sie legt in der Sommersaison täglich um 20 Uhr in Bergen ab und kommt nach 11 Tagen um 14.30 Uhr wieder zurück. Jeder Abschnitt zwischen zwei Häfen ist buchbar, die Strecke wird ganzjährig befahren. Die größeren Schiffe können auch bis zu 50 PKW mitnehmen. Eine Tagesreise lässt sich meist noch spontan buchen, für größere Strecken ist eine längerfristige Vorausbuchung unbedingt erforderlich.

Daneben gibt es in der Sommersaison regionale Küstenschiffffahrt, so von Tromsø oder Hammerfest zum Nordkap, deren Komfort jedoch hinter dem der Hurtigruten-Group zurückbleibt.

Abenteuerlustige können sich auch in den jeweiligen Hafenämtern nach einer Mitfahrgelegenheit auf einem der unregelmäßig verkehrenden Frachtschiffe erkundigen.

Information und Buchung Hurtigruten: NSA, Norwegische Schiffsagentur, Kleine Johannisstr. 10, 20457 Hamburg, Tel. 040-376930, Fax 364177, sowie unter www.hurtigruten.de.

Flugzeug

Das innernorwegische Flugnetz umfasst mehr als 50 Flughäfen, die sternförmig miteinander verbunden und aufeinander abgestimmt sind.

Das Flugnetz, das zwischen seinen Knoten sehr dicht ist, dünnt zu seinen Rändern hin aus; zu bestimmten Orten gibt es manchmal nur eine tägliche Verbindung. Die Flugpläne der Gesellschaften SASBraathens und Widerøe sind aufeinander abgestimmt, die Tickets haben untereinander Gültigkeit. Auch Billigflieger Norwegian Air Shuttle fliegt einige innernorwegische Orte an.

Mietwagen

An allen größeren Flughäfen und in allen größeren Städten kann man Wagen mieten. Führerschein, Ausweis und eine Kreditkarte genügen (ohne Kreditkarte muss eine hohe Kaution hinterlegt werden). Bei den großen Autovermietern ist es meist kein Problem, den Wagen an einem anderen Ort zurückzugeben. Wegen der höheren norwegischen Mehrwertsteuer liegen die Mietpreise über den deutschen.

Ein norwegischer Wohnmobilverleiher mit großem Netz ist z. B. Touring Norway; Zentrale in Gardermoen bei Oslo, Tel. 63978850. Billigverleih: Rent-a-Wreck, Tel. 81522050.

PRAKTISCHE TIPPS VON A BIS Z

Alkohol

In Norwegen dürfen nur Leichtbier (*lettøl*) und alkoholfreier Wein frei verkauft werden. Höherprozentiges (*brennevin*) unterliegt staatlicher Kontrolle und wird nur im *Vinmonopol* an Personen über 21 Jahren verkauft. Das *Vinmonopol* ist Mo-Fr von 10 bis 17 und Sa von 9 bis 13 Uhr geöffnet.

Lizenzierte Restaurants und Bars dürfen bis 15 Uhr nur Bier und Wein ausschenken. Erst danach darf Hochprozentiges geordert werden. Sonntags ist der Ausschank von Schnaps gänzlich untersagt. Es werden auch nur einfache Drinks ausgeschenkt, die aber dafür doppelt so groß sind wie mitteleuropäische Normaldrinks. Die Preise für Alkohol sind extrem hoch. Es ist unter hohen Strafen verboten, zollfrei eingeführten Schnaps zu verkaufen.

Beliebt ist der norwegische „Linje-Aquavit", ein Kartoffel-Kümmel-Schnaps, der in „bewegten" Sherryfässern reifen soll und deshalb zweimal im fahrenden Schiff den Äquator („Linie") überquert.

Angeln

An Küsten und in Fjorden darf man ohne Angelschein angeln. Für Binnengewässer benötigt man eine Angellizenz (*Fiskekort*), die landesweit gültig ist und bei jedem Postamt erworben werden kann. Die Angelausrüstung muss in Norwegen desinfiziert worden sein, Die Bescheinigung darüber ist mitzuführen.

Für die Lachssaison (1. Juni-15. September) benötigt man eine weitere, nur regional gültige Angellizenz, über die die Touristenbüros informieren.

Banken

Das Bankennetz ist relativ dicht, aber die Öffnungszeiten sind in kleineren Orten kurz, meist Montag bis Freitag von 9 Uhr bis 15.30 Uhr, donnerstags oft bis 17 Uhr. Geldautomaten gibt es in jeder Ortschaft mit über 200 Einwohnern.

Botschaften / Konsulate

Deutschland: Oscarsgate 45, 0244 Oslo, Tel. 23275400.

Österreich: Thomas Heftyesgt. 19-21, 0244 Oslo, Tel. 22552348.

Schweiz: Bygdøy Allé 78, 0268-Oslo, Tel. 22430590.

Norwegen:

Rauchstr. 1, D-10787 Berlin, Tel. 030-505050, www.norwegen.no.

Reisnerstr. 55-57, A-1030 Wien, Tel. 01-7156692, www.norway.at.

Bubenbergplatz 10, CH-3011 Bern, Tel. 031-3105555, www.amb-norwegen.ch.

Einkaufen

Größere Geschäfte öffnen Mo-Sa zwischen 9 und 10 Uhr und schließen Mo-Mi ca. 17 Uhr, Do, Fr 18-20 Uhr und Sa ca. 15 Uhr.

Kioske haben auch sonntags geöffnet. Sie schließen Mo-Sa um 22 Uhr. Vielen Tankstellen, die häufig 24 Stunden geöffnet sind, ist ein Supermarkt mit Videothek und Souvenirshop angeschlossen.

Ca. 3000 TAX FREE-Geschäfte geben bei Einkäufen über 300 NOK einen

Scheck über die Mehrwertsteuer aus, sie wird bei Ausreise auf allen aus Skandinavien hinausführenden Fähren beim Zahlmeister gegen Vorlage des Ausweises und der versiegelten Ware erstattet (www.globalrefund.com/norway).

Elektrizität

Die elektrische Spannung beträgt 220 Volt; deutsche Stecker passen.

Essen und Trinken

Fischgerichte (Lachs, Dorsch, Hering, Seeteufel, Heilbutt, Forelle) werden in zahlreichen Variationen angeboten. Lammfleisch fehlt selten auf der Speisekarte; Rentierbraten (*rein*) und luftgetrocknete Hammelkeule (*spekkamat*) gelten als Delikatessen. Salate sind immer Teil eines Menüs.

Schnellgerichte wie Nudeln oder Pizza halten mehr und mehr Einzug in norwegische Restaurants. Ein beliebtes Dessert ist *rømmegrøt*, Rote Grütze mit Eis oder Sahne. *Geitost* heißt der norwegische Ziegenkäse; *mysost* ist eine braune, eher süßliche Käsesorte.

Frisches, kostenloses Wasser gehört ebenso zu einem Menü wie der Kaffee danach. Hat man in einer Cafeteria einen Kaffee bezahlt, kann man sich hinter der Kasse kostenlos nachschenken. Das kalte Büffet, das oft auch zum Abendessen angeboten wird, nennt man *kolbord*.

Frühstücksbüffets bestehen in Norwegen in der Regel aus einer Vielzahl von kalten und warmen Speisen, selbstverständlich sind Müsli, Cornflakes, Milchprodukte und Obst.

Feiertage und Feste

Die kirchlichen Feiertage entsprechen den evangelischen Feiertagen, zusätzlich Gründonnerstag.

Weltliche arbeitsfreie Gedenktage sind der 1. Mai und der 17. Mai als Verfassungstag, dazu kommt der 23. Juni als Mittsommertag, der kein offizieller Feiertag ist; auch Neujahr ist Feiertag.

An Festen und Festivals hat es in den letzten Jahren eine wahre Inflation gegeben. Jede Region hat heute ihr spezifisches Festival, das von Folklore bis Jazz und Rock reichen kann. Diese Veranstaltungen finden immer in der Zeit zwischen Ende Mai (Bergen Festival) und Mitte September (Lillehammer Jazzfestival) statt. Ein Veranstaltungsplan ist im offiziellen Norwegenkatalog des Fremdenverkehrsamts enthalten.

Notfall

Es gibt in Norwegen einheitliche Notrufnummern. Die Nummern für Polizei: 112; Krankenwagen: 113 und Feuerwehr: 110; bei Bootsunfällen: 120 sind zwar in den Telefonzellen angeschlagen und kostenlos zu benutzen, es kann aber dauern, bis man eine Telefonzelle findet. Meist ist es daher besser, den nächstbesten Wagen anzuhalten, denn fast jeder Norweger besitzt ein Handy.

Preisniveau

Das Einkommen ist in Norwegen generell hoch, dem entspricht auch das Preisniveau. Grundnahrungsmittel bleiben erschwinglich; Preisbeispiele für Lebensmittel (ca.): 1 l Milch 11 NOK, 250 g Butter 10 NOK, 100 g Salami 21 NOK, 1 l Orangensaft 15 NOK, 0,5 l Bier 23 NOK.

Ein belegtes Brötchen am Imbiss kommt auf ca. 35 NOK, ein einfaches warmes Gericht auf 75 NOK. Essengehen ist teuer: In Restaurants muss man für ein Hauptgericht ab ca. 200 NOK rechnen, ein Glas Wein ca. 75 NOK.

20 Zigaretten kosten ca. 80 NOK.

Rauchen

Rauchverbot gilt in Norwegen in allen öffentlichen Gebäuden, auch Bahnhöfen, Flughäfen, Büros, Restaurants und Cafés. Zigaretten darf man erst ab 18 Jahren kaufen.

Telefon und Internet

In allen Telefonzellen (manche befinden sich in speziell gekennzeichneten Privathäusern), kann man international telefonieren und sich anrufen lassen. Kartentelefone sind häufiger als Münzautomaten. Anstelle von Telefonkarten sind seit 2008 nur noch Kreditkarten zum Telefonieren geeignet.

Das Telefonieren im Land ist preiswert, auch internationale Verbindungen sind billiger als in vielen Ländern Mitteleuropas, wenn man nicht gerade vom Hotel aus telefoniert. Innerhalb Norwegens gibt es keine Vorwahlnummern für Städte oder Regionen. Die **Landesvorwahl** für Norwegen ist **0047**. Mit einem mitgebrachten Handy (GSM 900/1800) telefoniert man günstiger unter Verwendung einer norwegischen Prepaid-Karte („SIM-Kort"). Internet-Zugang bieten zahlreiche Internet-Cafés.

Zeit

In Norwegen gelten Sommer- und Winterzeit wie in den anderen europäischen Ländern der MEZ.

Zoll

Norwegen gehört nicht zur EU. Die zollfreie Einfuhr von Zigaretten ist auf 200 Stück (400 weitere gegen Zoll) oder 250 g anderer Tabakwaren beschränkt (Mindestalter 18 Jahre). Ab 20 Jahren (ab 18: 5 l Bier, aber keine Spirituosen) dürfen auch 1 Liter Schnaps plus 1,5 Liter Wein (oder 3 l Wein), sowie 2 Liter Bier zollfrei eingeführt werden, zusätzlich gegen Zoll weitere 4 Liter Spirituosen oder 27 Liter Bier bzw. Wein. Ausgeführt werden dürfen max. 15 kg selbstgeangelte Meeresfische.

Die Einfuhr von Waffen zu Jagdzwecken erfordert die Vorlage des Waffenscheins. Am besten wendet man sich an einen Jagdveranstalter. Max. 10 kg landwirtschaftliche Erzeugnisse dürfen eingeführt werden (siehe www.norwegen.no).

SPRACHFÜHRER

danke . . . . *takk*
bitte . . . . *vær så god*
Guten Morgen . . . . . . *god morgen*
Guten Tag. . . . . *god dag*
Auf Wiedersehen . . . . *farvel*
rechts . . . . *til høyre*
links. . . . . *til venstre*
alt . . . . *gammel*
neu . . . . *ny*
was kostet...? . . . . . *hva koster ... ?*
teuer . . . . *dyr*
heute . . . . *i dag*
gestern . . . . *i går*
Arzt . . . . *lege*
Zahnarzt . . . . *tannlege*
Übernachtung . . . . . . *overnatting*

Im Restaurant

essen . . . . *spise*
trinken . . . . *drikke*
Rechnung . . . . *regning*
bezahlen . . . . *betale*
Speisekarte . . . . *spiseseddel*
gebraten . . . . *stekt*
gekocht . . . . *kokt*
Fleisch . . . . *kjøtt*
Rind . . . . *okse*
Schwein. . . . . *svin*
Lamm . . . . *lam*
Rentier . . . . *rein*
Wurst . . . . *pølse*
Fisch . . . . *fisk*
Dorsch . . . . *torsk/skrei*
Forelle . . . . *ørret*
Hering . . . . *sild*
Garnele . . . . *reke*
Gemüse. . . . . *grønsaker*
Bohnen . . . . *bønner*
Erbsen . . . . *erter*
Kartoffel . . . . *potet*
Kopfsalat . . . . *hodesalat*
Obst . . . . *frukt*

Apfel . . . . *eple*
Birne . . . . *pære*
Erdbeere . . . . *jordbær*
Milch . . . . *melk*
Sahne . . . . *fløte*
Wasser . . . . *vann*
Brot. . . . . *brød*

Verkehr, Auto

langsam . . . . *sakte*
verboten . . . . *forbudt*
geschlossen . . . . *stengt*
geöffnet . . . . *åpen*
Bankette . . . . . . *svake veikanter*
Ausfahrt . . . . *utkjørsel*
Einfahrt . . . . *innkjørsel*
Baustelle . . . . *veiarbeide*
abschleppen. . . . . *ta på slep*
Ersatzteil . . . . *reservedel*
Führerschein . . . . *sertifikat*
Reifen . . . . *dekk*
Reparaturwerk. . . . . . . *bilverksted*
Tankstelle . . . . *bensinstasjon*

Sonstiges

Brief . . . . *brev*
Briefmarke . . . . *frimerke*
Postamt . . . . *postkontor*
Telefonbuch . . . . . . *telefonkatalog*
Telefonzelle . . . . *telefonkiosk*
Frost . . . . *frost*
Gewitter . . . . *uvær*

Zahlen

1 . . . . *en*
2. . . . . *to*
3 . . . . *tre*
4 . . . . *fire*
5 . . . . *fem*
6. . . . . *seks*
7 . . . . *syv*
8 . . . . *åtte*
9. . . . . *ni*
10 . . . . *ti*
11 . . . . *elleve*
12 . . . . *tolv*
13. . . . . *tretten*
14. . . . . *fjorten*
15. . . . . *femten*
16 . . . . *seksten*
17 . . . . *sytten*
18 . . . . *atten*
19 . . . . *nitten*
20 . . . . *tjue*
25 . . . . *tjuefem*
30. . . . . *tretti*
40 . . . . *førti*
50 . . . . *femti*
60 . . . . *seksti*
70 . . . . *sytti*
80 . . . . *åtti*
90 . . . . *nitti*
100. . . . . *hundre*
150 . . . . *hundre og femti*
200 . . . . *to hundre*
1000 . . . . *tusen*

Der Buchstabe ø wird im Norwegischen wie ö gesprochen, å wie ein langes, offenes o und æ wie ein ä. Ansonsten entspricht die Aussprache im Wesentlichen der deutschen.

AUTOREN

Gerhard Lemmer, Project Editor und Hauptautor dieses Buches, arbeitet weltweit als Studienreiseleiter. Während und nach seinen Studien der Soziologie, Politik, Geschichte und Kunstgeschichte führten ihn zahlreiche Reisen um die Welt, bis er 1983 das Hobby schließlich zum Beruf machte. Mehrmals im Jahr bereist er dieses europäische „Randgebiet", in dem Landschaft und Kultur auf so einzigartige Weise verschmolzen sind.

Elke Frey studierte Geologie und Geografie und machte ihr Interesse am Kennenlernen von Ländern und Leuten zur Profession. Ihr Interesse gilt besonders den langsamen, beschaulichen Arten der Fortbewegung, für die sie überwältigende Naturlandschaften bevorzugt. So ist es auch verständlich, dass sie für so unterschiedliche Weltengegenden wie Sri Lanka, Tansania, Kuba und auch Norwegen als Autorin zeichnet. Sie verfasste die Kapitel „Geografie" und „Südnorwegen" und aktualisierte die vorliegende Ausgabe des *Nelles Guide Norwegen.*

Birgit Krämer studierte Romanistik und Kunstgeschichte. Die Verbindungen zwischen der Normandie und Norwegen weckten ihr Interesse an Skandinavien. Seit mehreren Jahren bereist sie Norwegen als Studienreiseleiterin.

Helga Rahe organisiert und leitet Wandertouren in Norwegen und ist deutsche Repräsentantin des norwegischen Bergwandervereins DNT. („Bergwandern in Norwegen")

Der Dank der Autoren gilt **Michael Endter**, der das Entstehen dieses Buchs freundlich und kritisch begleitet hat.

FOTOGRAFEN

Amberg, Gunda 21,116
Archiv für Kunst und Geschichte, Berlin 12, 17, 20. 23, 24
Begsteiger, A.M. 49
Bousquet, Claude 29, 68/69, 80,112, 117, 156, 168
Butzke, Peter 30, 34, 38/39, 46, 86, 89, 94, 103, 118, 120, 128, 162/163, 178, 192, 193, 195, 214/215, 218, 223, 234
Credner, Barbara 83, 109, 129, 146
Diemer, Jürgen (Silvestris) 8/9, Cover
Eisenschink, Gerhard 133
Fuchs, Donatus 125, 148, 149
Gaßner, Andreas 115
Glaser, Thomas (Silvestris) 122
Gruber, Martin (Silvestris) 105
Haafke, Udo 65, 92/93, 164, 207
Hansen, J.P. (JPH-Naturfilm) 173, 211
Hausmann, Frank (Photo-Press) 15
Hoffmann, Per-Andre 62, 79, 99, 189, 190, 196, 239
Janicke, Volkmar E. 25, 32, 35, 181
Köhler, Wolfram 127
Krämer, Birgit 191
Kuh, Bernhard (Photo-Press) 198
Liese, Knut 14, 18, 43, 56, 76, 85, 101, 104, 121, 138, 140, 142, 143, 152, 169, 175, 228/229, 238
Lochstampfer, Uwe (Silvestris) 27, 70, 136/137, 186
Mosler, Axel M. 22, 48, 54/55, 61, 73, 88, 107, 123, 151, 157, 171, 174, 176, 179, 182, 216, 220, 221, 230, 231, 233
NHPA (Silvestris) 204
Pinter, Raimund 10/11, 37, 119, 131, 153, 235
Rahe, Helga 237
Rosing, Norbert (Silvestris) 111
Schlierbach, Karl-Heinz (Photo-Press) 63, 206
Schmidt, Friedrich 159, 225
Schneider-Will (Silvestris) 31, 64
Scholten, Jo 202/203, 212
Schraml, Oskar (G.Amberg) 108
Schröder, Dirk 19, 40, 50, 60, 77, 82, 84, 124, 126, 188
Schwirtz, Norbert (Silvestris) 100
Warter, Klaus (Silvestris) 172.

Nelles Verlag

Norwegen

Hotelverzeichnis

HOTELVERZEICHNIS

Hotels gibt es in Norwegen in jedem Standard; alle sind relativ teuer. Die Kategorien der Hotels bedeuten:
$$$ (*Luxus*) = über 1000 Kronen
$$ (*Mittel*) = 450-1000 Kronen
$ (*Einfach*) = 200-450 Kronen.
Bei Hotelketten gibt es Scheckarrangements, bei denen man eine bestimmte Anzahl von Übernachtungen im Voraus im Reisebüro bezahlt. „Sommerhotels" sind in der Regel Studentenapartments, die während der Semesterferien vermietet werden. Sie liegen meist außerhalb der Städte. „Hütten" reichen von einfachen „Heuschobern" bis zu luxuriösen Wochenendhäusern. Auf vielen Campingplätzen kann man Hütten mieten.
Auch ist es ratsam, die erste geplante Übernachtung, sei es Hotel, Jugendherberge, Hütte, oder Campingplatz, vorzubuchen. Das Fremdenverkehrsamt gibt Hotel-, Camping- und Hüttenverzeichnisse heraus. Auch die örtlichen Touristeninformation vermitteln Übernachtungsmöglichkeiten (Telefonnummern in den Infoboxen der Reisekapitel).
Hüttenvermietung: Neben den überregionalen Vermittlern, wie Novasol, Dansommer oder DanCenter, hier einige lokale Anbieter: **Den Norske Hyttevormidling**, Postboks 3404 Bjølsen, 0406 Oslo, Tel. 22356710. **Fjordhytter**, Lille Markeveien 13, 5005 Bergen, Tel. 55232028. **Narbo Ferie A/S**, 6410 Midsund, Tel. 71278200, **Valdreshytteutleie**, 2900 Fagernes, Tel. 61360400. **Bed & Breakfast**: **Norbooking AS**, Tel. 32073070.
Infos zu **Wanderhütten des DNT** (Norwegischer Bergwanderverein), Storgata 3, 0101 Oslo, Tel. 22822822. **DNT** in Deutschland: H. Rahe, Drostestr. 3, 48157 Münster, Tel. 0251-324608, www.huettenwandern.de, dort auch DNT-Ausweise online und Schlüssel.

Camping

In Norwegen gibt es über 1400 Campingplätze; das Fremdenverkehrsamt (s. „Informationen"), verschickt ein kostenloses Verzeichnis. Es enthält u. a. Details zu Standard und Service der Plätze und ist auch Nicht-Campern nützlich durch die Angabe von Miethütten und Gemeinschaftseinrichtungen.
Wohnwagen und -mobile müssen Campingplätze benutzen: Das in „vortouristischer" Zeit entstandene „Jedermannsrecht" wurde nach zunehmend rücksichtslosem Verhalten von immer mehr Reisenden eingeschränkt. Wer nur einfach zeltet, darf dies für eine Nacht auch auf Privatgelände, wenn man sich weit genug vom Wohnhaus entfernt hält, nicht stört und seinen Abfall mitnimmt. Bei längerem Aufenthalt ist unbedingt die Genehmigung des Eigentümers einzuholen. Achtung: Vom 15.4. bis 15.9. ist es streng verboten, im Freien offenes Feuer zu machen.

2 OSLO

Halden

$$ **Grand Hotel**, Jernbanetorget 1, Tel. 69187200 (eigener Golfplatz). **Park Hotel**, Marcus Thranesgt. 30, Tel. 69211500 (gutes norwegisches Restaurant).
▲ **Fredriksten Camping**, Fredriksten Festning, Tel. 69184032.

Fredrikstad

$$$ **Hotel Fontenen**, Nygaardsgt. 9/11, Tel. 69300500, www.hotelfontenen.no.
▲ **Fredrikstad Motel og Camping**, Torsnesvn. 16, 1630 Gamle Fredrikstad, Tel. 69320315, Hütten und Zimmer.

Moss

$$ **Hotel Refsnes Gods**, Godset 5, Tel. 69278429 (Tennisplätze, Fahrradverleih).
$ **Mossesia Kro & Motell**, Strandgt. 27, Tel. 69253131 (typisches Motel).

Insel Jeløy

▲ **Nes-Camp**, Tel. 69270176.

Drøbak

$$$ **Reenskaug Hotel**, Storgt. 32, Tel. 64989200 (herrliches Hotel direkt am Fjord, exzellentes Restaurant, Golf, Tennis und Segeln).

Oslo

$$$ **Grand Hotel**, Karl Johansgt. 31, Tel. 23212000 (gediegener Luxus mitten in der Stadt, Hallenbad). **Holmenkollen Park Hotel**, Kongevn. 26, Tel. 22922000 (bester Blick über